JN058910

はじめての

授業の
デジタルトランス
フォーメーション

DIGITAL TRANSFORMATION

Chromebook と
Google Workspace for Education
を活用した授業改善

高橋純

編著

東洋館出版社

はじめに

デジタルトランスフォーメーション（DX）やGIGAスクール構想を前提としたよりよい授業づくりとは何か，機能や操作法だけではなく，考え方や先進的な実践事例も知りたい，このようなニーズに沿うべく本書は企画されました。

本書では，児童生徒一人一台端末やクラウドを活用し始めたばかりの教員や教育委員会を対象に，授業でのICT活用のイメージや考え方をお伝えしています。特に，Chromebookや，Google Workspace for Education の事例を取り上げておりますので，これらを導入された地域で使いやすくなっています。

各章における趣旨は次のようになります。

■理論編

DX，一人一台端末，授業づくり，教員研修や学校経営など，授業実践の基盤となる考え方を解説しました。

■共通操作編

授業で，ChromebookやGoogle Workspace for Education を活用するに当たり，共通して知っておくと望ましい基本的な操作法をまとめました。詳細な操作法はネットに溢れており，アプリはすぐにバージョンアップされますので，更に詳しくはネットをご参照いただきたいですが，本章の項目自体が，操作法の教員研修等で学ぶべき項目となるように選定しました。

■アプリ活用編

授業実践の第一歩は，授業の一場面で，単独のアプリを活用することです。そこで，授業でよく使われるアプリを選定して，最初にアプリの主な機能や操作法を簡単に解説し，その後に，実践事例を掲載しました。

■授業実践編

最終的に，複数のアプリを自在に使いこなし，授業にICTが違和感なく溶け込んでいくことになります。授業にICTが溶け込み始めている実践から，より高度な小・中・高の実践までを掲載しました。現時点で目指すべき授業実践として，そのコツやノウハウが伝わるようにまとめました。

先生も児童生徒もまずは操作法からと考えるのであれば，「**共通操作編**」や「**アプリ活用編**」をご参照ください。何から授業実践を始めたらよいかを知りたい方は，「**アプリ活用編**」や「**授業実践編**」が役立つでしょう。先端実践とはどんな実践かと思われる方は，「**授業実践編**」がよいでしょう。「GIGAスクール構想を知りたい」「時流に流されずじっくりと考えたい」「教員研修を知りたい」と思う方は「**理論編**」をご参照ください。このように，読者のニーズに合わせて，役立ちそうなところから読んでいただくことも意図しています。

小・中・高全ての実践を混ぜて掲載することも試みました。GIGAスクール構想は，小・中で一斉にスタートしており，発達段階こそ違いはありますが，最初に学ぶべきことに校種間の差がないことも多いです。加えて，ICT活用の経験値に大きな地域差がありますので，実態に応じて，校種を読み替えていただきたいと思います。

例えば，Google Jamboard は小学校低学年における中心的な活用になりそうですので，小学校低学年の実践を多く掲載していますが，決して低学年のみに活用してほしいわけではありません。実際には，大学でも学会でも活用しています。一方，中学，高校の事例であっても，しばらくすれば小学校でも実施可能なアイディアが詰まっているように思っています。校種や学年が合わないから活用しないということではなく，ぜひ，先生方の学校の実態に合わせて，事例以上の実践を進めていただきたいと願っています。

本書のタイトルには大胆にもDXと書きました。

DXは，人々のこれまでの営みを単にデジタルへと置き換えるものではなく，その対象を根底から変化させ，革新をもたらすものとされています。今後，道具はもちろん，組織や制度，人々の行動様式まで，デジタルによる変化が及ぶことでしょう。ただ，実際には革新は目に見えて起こるわけでもなく，気が付けばそうなっていたと，数年後に振り返って分かる程度のことかもしれません。今の時点で将来をイメージすることは難しいと思います。

それでも，例えば，携帯電話（ガラケー）からスマートフォンへの移行を振り返れば，学ぶべき点が多くあります。ご存じのとおり，ガラケーは「電話」を始点にコンピュータを付けたものであり，スマホは「コンピュータ」を始点に電話の機能「も」付けたものです。そもそも比較のケタが異なるものでしたが，最終的にスマホが市場を席巻しました。つまり，現状をコンピュータで最適化していこうという考え方ではなく，コンピュータを中心に据え，発想の転換を図ったスマホという道具が受け入れられたのです。道具のDXは，こういう姿なのかもしれません。

現在，似たことが自動車で起こっていると思います。従来からの自動車メーカーは，車に次々とコンピュータを追加して車の最適化を図っています。一方で，テスラという米国の新興自動車メーカーは，まさにコンピュータにタイヤを付けたような車を開発しています。購入後でも，次々とバージョンアップして機能が追加されていきます。今は一見，両者は同じような車に見えます。しかし，未来はどうなるのでしょうか。

そして，GIGAスクール構想です。授業のあらゆる場面でコンピュータが活用可能になります。今，我々は授業のDXの入り口にいます。これまでの授業を一層最適化するためにコンピュータを活用するのか，コンピュータを中心に据えて，授業や学校を根底から変化させていくのか，本書を制作するに当たり悩みました。

今回は，現実的に考え，今，最も先端的と考えられる授業実践をゴールに，はじめの一歩から示していくことにしました。しかし，本来の意味でのDXを願ってのことであり，そのための土台を本書が少しでも担えればと願っています。

それでも本書の授業実践を振り返ると，授業中，常に情報共有が行われ，多かれ少なかれ常に協働的な学びが行われている事例ばかりでした。クラウドを活用することで自然と起こってきたことでもあります。この結果，従来からの一般的なICT活用授業の分類である「一斉学習」「個別学習」「協働学習」は，常に協働的に学ぶクラウド時代の授業づくりには，変化を余儀なくされると感じます。また，「共同編集」は，「協働編集」と表したほうが実態に即しているのではと思います。意図せずとも，小さくDXは始まっています。

こうした感覚は，クラウドの機能だけを詳細に知っている人や，DXを頭だけで考えている人には分かりにくいことです。一部の自治体において，クラウドに強い規制をかけているところもあると聞き及びますが，それはこうした感覚が重視されていないのかもしれません。たっぷりと「活用」や「実践」をしてこそ，DXの感覚が分かってきます。まずは「触ってみる」「やってみる」ことだと，本書の制作を通してますます感じています。

発行に当たり，Google for Education のみなさまには，並々ならぬお世話をおかけいたしました。東洋館出版社の大場亨氏には，一つ一つ丁寧に編集を行っていただきました。ここに記して深謝申し上げます。

本書が，GIGAスクール構想の実現に日々努力している読者に少しでも役立てればと，執筆者一同願っています。

2021年2月

編著者　高橋　純

CONTENTS

アプリ活用編

授業実践編

理論編

本編で理解できます!

- 「デジタルトランスフォーメーション」
  「GIGAスクール構想」とは?

- 「一人一台」で授業はどう変わる?

- 情報活用能力を育てるためには?

01 社会と学校のデジタルトランスフォーメーション

1 ICTの生活や社会への「トケコミ」

今，「情報社会の進展が急速に進み……」などと聞けば，なんて使い古された表現だと誰もが思うでしょう。しかし，再びこうした表現を書かねばならぬほど，近年の情報化の波は大きいように思います。

特に，最新のデジタル技術やインフラは，多くの人々のニーズを容易に汲み取ることができるレベルに向上してきています。例えば，コロナ禍において，多くの人がビデオ会議システムを活用したり，ファイル共有をしたり協働作業をしたのではないでしょうか。そして，思ったよりも実用的だと感じたはずです（図01-1）。

クラウド，AI，ビッグデータ，IoT，光ファイバー，4G，4Kなど多くの技術がありますが，これらの技術について，名前くらいは知っているかもしれませんが，仕組みも分からず，大したトレーニングもなく，知らず知らずに使っているのです。特に本書の大きなテーマであるクラウド技術は，スマホをお使いの方なら，連絡帳の同期をはじめ当然使っていますが，そもそも使っていることやその仕組みを意識していない方も多いと思います。

こうした近頃の情報化の波を，デジタルトランスフォーメーション（DX）と呼ぶことがあります。DXとは，人々のこれまでの営みを単にデジタルへと置き換えるものではなく，その対象を根底から変化させ，革新をもたらすものとされています。ただ，これまでも「情報革命」「IT革命」とか言われてき

ました。それらと，何が違うの？　またか？　と思われるかもしれませんし，身構えるかもしれません。しかし，今回の情報化の波は，気が付かないうちに使っていることも多いですし，使ってみれば従来以上に大したことがないと感じることも特徴です。その効果は何かといえば，言葉にはしにくいですが，肌感覚で当たり前に感じられます。まるで携帯電話やスマホを初めて使ったときのようです。最終的にデジタル技術が人々のあらゆる生活場面に溶け込んでいき，気が付けば後戻りができないほど変化しているイメージです。つまり，DXとは，ICTの生活や社会への「トケコミ」といえます。

「トケコミ」が前提であれば，特別に取り上げなくても，自然と溶け込んでいくはずだという意見もあります。つまり本書も不要です。しかし，いち早く溶け込ませるために，あえて取り上げる必要があるという考え方です。電子マネー，新商品や試食品のキャンペーン，デジタル庁の新設など，こうした「特出し」は過去にも日常的に行われています。一見，矛盾するようですが，携帯電話やスマホのときと同じように，体験して初めて分かることも多くありますので，最初は意識的に活用してみるステップがあります。つまり，いち早く溶け込ませるための迂回路として，今はあえて特別扱いし，最終的にはトケコミを狙うのだと考えます。

2 なぜ学校にICTが必要か
～生涯にわたって能動的に学び続ける～

ご存じのとおり，我が国は急速に人口減少と高齢化が進んでいます。内閣府の令和元年版高齢社会白書によれば，今の小学4年生が40歳となり社会の中核で活躍する2050年頃には，人口は1億人程度に減少し，65歳以上が37.7％を占めると予想されています（図01-2）。高齢者に18歳未満の子供たちを加えれば，人口の半分程度の人々が働いて，経済を支えることが考えられます。これまで以上に少ない人数で成果を上げようと思えば，何らかの道具をうまく活用して，最大限の成果を上げるしかなく，その一つがICTといえます。手段としてICTを使いこなす力に加えて，更に，それらを発展させていく力も求められています。

社会は複雑化しており，次々と新しい事象が生ま

図01-1　コロナ禍において教室から保護者説明会の動画を作成している例。教室にある汎用の機器でも実用的なレベルであった

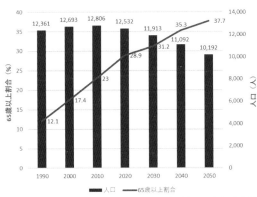

図01-2 我が国の人口と65歳割合の動向（令和元年版高齢社会白書より作成）

図01-3 ロボット制御のためのプログラミングなど，情報処理や情報科学の学習も重要

れる世の中にあって，単純に前例に倣えば解決できるわけではありません。そのためには，学習指導要領にも書かれているとおり「生涯にわたって能動的に学び続ける」必要があります。学校を卒業して，成人して，保護者からも教師からも独立しても，学び続けるためにはどのようにしたらいいのでしょうか？　本から新しい知識を手に入れるかもしれませんが，近頃は本を探したり手に入れたりする際にもPCを用います。著書の先生を詳しく知りたいと思えば検索くらいするでしょうし，かかる費用をまとめたりするには表計算ソフトを使うかもしれませんし，先生から学ぶためにはテレビ会議が必要かもしれません。そもそも先生という存在もなく，様々なフィールドで働く同じ興味をもった人たちと切磋琢磨するかもしれません。その際には様々なICTを用いて，出会ったり協働作業を行ったりすることでしょう。つまり，学校で全くICTを扱わないで卒業し，続きは各自でどうぞ，とはなりません。学校で学んでいるときから，当たり前のようにICTを活用しているからこそ，シームレスに生涯学習に移行できるのです。しかも，ICTで学ぶことが当たり前になれば，学校教育だとか，生涯学習だとか，そういった学びの境界もなくなっていくかもしれません。まさに学びのDXでしょう。

　これまで手段としてのICT活用を見てきましたが，目的としてのICT活用もあるでしょう。情報社会の一層の発展のためには，情報社会に関する人文社会的な高度な学習や研究，ソフトウェアやハードウェアの開発や研究が欠かせません。これらに対応するように，PISA調査の読解力では，PC活用や情報活用の力が問われていますし，プログラミング教育，情報モラル教育なども新学習指導要領に示されています（図01-3）。これまで以上に充実させていく必要があります。

　中央教育審議会では，2019年12月に諮問「新しい時代の初等中等教育の在り方について」の論点取りまとめにおいて，「新しい時代を見据えた学校教育の姿」として「変化を前向きに受けとめ，豊かな創造性を備え持続可能な社会の創り手として，予測不可能な未来社会を自立的に生き，社会の形成に参画するための資質・能力を一層確実に育成」と示しました。この直後に，新型コロナウイルスが蔓延，まさに「予測不可能な未来社会」となり「変化を前向きに受けとめ」ることが求められました。その際，我々を支えたものの一つはICTでした。予測不可能ですので，予めの準備は不可能という意見もありますが，少なくとも国が整備指針を示し，地方財政措置もされている程度のICT環境すらない学校，児童生徒のICT操作スキルや情報モラル指導が十分ではない学校は，特に苦労をされたのではないでしょうか。

　学校教育において，従来から我が国で大事にされてきたことは継続しつつ，ICTも積極的に取り入れて，コロナ禍の際のような苦労を子供たちに再び味わわせないように，準備や指導を重ねる必要があります。

3 学校DXの最初の一歩は ～「便利」「楽」「質の向上」～

　まずは学校生活で毎日のように行っていることを，「便利」で「楽」にしたり，「質の向上」を目指したりすることが考えられます。

　小さな学校DXの例として，プリンタ複合機の普通教室への常設があります。現在，技術的な進展もあり，安価で大量にカラー印刷できたり，ネットワ

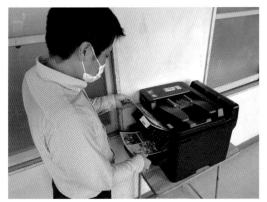
図01-4　カラー印刷が安価にできるプリンタ複合機が廊下にあることで，「便利」「楽」「質の向上」

ークでスキャンができたりします（**図01-4**）。そこで，教科書を忘れた児童生徒にカラーコピーを取ってあげたり，先に課題が終わった児童生徒に新しい課題プリントを渡したり，学級通信を隙間時間に印刷したり，臨機応変にできます。また，児童生徒の原稿用紙をスキャンして保存しておき，翌年に後輩のお手本に使えば，それを乗り越えていく子供が見られます。つまり，事前に予想していなくても臨機応変に対応できることが増える点で「便利」「楽」であり，カラーや保存などは「質の向上」につながります。そもそも廊下にプリンタ複合機があることで，職員室に戻る回数が減り，歩数も減ったという文字どおり体力的にも「楽」になったという研究成果も小学校で得られています。

そして，職員室も含めPCから直接プリント，スキャンがいつでも臨機応変にできるようになると，従来の，一度プリンタで紙に印刷してから印刷機でマスターを作る手間，廃マスターの廃棄作業の面倒さ，休み時間等での印刷の順番待ち，そもそもなぜ印刷室というスペースが必要なのかなど，当たり前に思っていたことへの疑問が次々と生まれます。一度，改善モードに火が点くと，そもそも印刷が必要なのかということにも気持ちが及ぶかもしれません。

DXは，こうした身近で，あれば便利で楽だけれど，なぜか思いついていなかったような小さな改善の繰り返しから取り組んでいくのが最初の一歩だと思います。将来，振り返ってみれば変革だったと思えるでしょう。

4 何に革新がもたらされそうか
〜「学ぶ場所」「学ぶ時間」「教わる先生」〜

しかし，これらは従来の活動をよりよくするレベルでの発想です。先に述べた「その対象を根底から変化させ，革新をもたらす」という視点に欠けます。それは具体的に何であるかは現在進行中ですから，いずれ革新だったと思えることが出てくるのだと思います。

ただ，現時点での想像ですが，学校のDXにおいて分かりやすく破壊力があるのは，「動画」をはじめとした学習コンテンツの活用だと思います。「学ぶ場所」「学ぶ時間」「教わる先生」から自由になる可能性があります（**図01-5，6**）。

「学ぶ場所」については，授業をビデオ会議システムで行うことや，授業の動画コンテンツの活用が挙げられます。教室に限らず，自宅でも病室でもどこでも学びが継続できます。特に動画コンテンツの活用は「学ぶ時間」からも解放される可能性があります。視聴する時間が自由であったり，自分のペースで休憩を入れたりしながら学ぶこともできます。「教わる先生」については，例えば今でも動画サイトには多くの先生が同じテーマについて授業を行っていますので，自分の性格や勉強の仕方にぴったり合う先生を選ぶことができます。この単元は，この

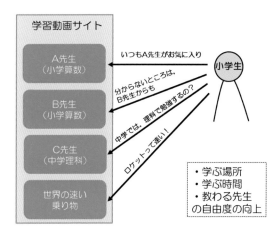
図01-5　小学生が速さを動画で学習イメージ

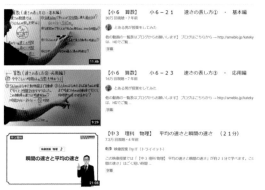
図01-6　YouTubeでも「速さ　授業」で検索すると，多くの学習コンテンツがある（YouTube）

説明がうまい先生に習い，他の単元では別の先生に習うこともできます。途中で先生を替えたり，複数の先生の授業を見たりして，よりよく理解することができるのです。まさに，学習者の個人差といった適性と，教授法などの処遇を適切に組み合わせる必要性を説いた適性処遇交互作用（ATI）に対応した学びの世界が実現するかもしれません。

　従来は，決められた場所，決められた時間に出向き，決められた先生から習うことが常でした。教師側も，全ての児童生徒に合うような授業を心がけてはいますが，特に上位層と下位層の差が大きい場合の指導などにおいては，結果的にどの児童生徒にとっても都合がよくないのではという矛盾を感じたりしていました。これらから解放される可能性があります。

　もちろん，実現には多くの問題があります。こうした学習コンテンツが有効なのは，個別的な知識や技能の習得を対象にした場合であるといった資質・能力の領域の問題，誰もが自律的に学べる学習者ではないといった問題，学習コンテンツから得られる情報量や体験量の少なさといった問題など，たちまち多くの問題点が挙がってきます。しかし，これらは従来からの考え方を始点に考えていただけであり，新しい様々なICTツールや制度を組み合わせたり，活用法を割り切ったりすると，大した問題ではない可能性もあります。いずれ，技術的な問題を克服し，我々のマインドという障害も乗り越えたとき，根底からの変化が起こっているかもしれません。

　そのとき，教師の役割はどうなっているのでしょうか？　一斉で個別的な知識を教えるだけの授業は，動画に置き換わる可能性があるとしたら，何をしたらよいのでしょうか。

　このように考えたとき，残されるのは，子供同士や大人と共に関わり協働しながら学ぶべき領域であると考えられます。「思考力，判断力，表現力等」「学びに向かう力，人間性等」などが当たるでしょうし，もう少し具体的に学習活動でいえば，ICT活用を前提とした探究学習といえるかもしれません。ただし，こうした学習指導は，我々自身も受けてきたことがあまりありません。我々自身が，探究学習を，ICTを活用して探究することを通して学んでいく。特に，自らで指導者を探したり，自ら有用な資料を探したりすると，自分自身も根底から変化が起こっているかもしれません。ただ，本書を読まれているような先生にはまさに釈迦に説法ですね。

学習コンテンツの選択とは，つまり我々教師が，お店に並んでいる商品のように，消費者意識の高い子供に選択される身になるかもしれない悲しさもありますが，身近に子供に接している生身の教師であるからこそできることは何かと自問していくことは必要といえるでしょう。

5　今，学校での一人一台PC導入は効果があるの？

　将来に向けてDXの重要性は分かったとして，たった今，学校で一人一台PCを導入して，効果があるのか，役に立つのかといった質問を受けることがあります。

　まず，学校でのICTの使い道は，次の二とおりに分けられます。
　1）情報活用能力の育成
　2）ICT活用

　つまり，ICT操作スキル，情報の扱い方，情報科学など，ICTそのものを学ぶことが目的になる「情報活用能力」の育成と，教科等の理解を深めるためや，連絡や学習管理等の手段としての「ICT活用」です。ニュース等では，これらを混ぜて「ICT教育」ということが多いように思いますが，文部科学省では両者を区別しています。

　情報活用能力の育成ですが，今後の情報社会の発展を考えれば，専門家レベルとしても，利用者レベルとしても重要であり，そのためにも普段から学習や業務にICTを活用する「慣れ」から始めるべき段階です。こうした効果は，一人一台PC導入でまず得られやすいと思います。

　ICT活用のうち，教科等の理解を深めるための活用は，紙に特化した学習法，試験法や価値観が根強くあり，ICT「慣れ」から始める必要を鑑みても効果が出るまでに時間がかかるかもしれません。一方で，連絡手段，一人一人の学習状況の把握などの高度化や効率化のためであれば，便利で楽で即効性が高いといえます。特に，学校通信や面談予約などの連絡の電子化は多くの保護者も望んでいることでしょう。

　多くの人にとって，教科の理解が深まるかとか，教科のテストの点が上がるかどうかばかりに関心があるように思います。しかし，一人一台PCは，もっともっと広域な効果が期待されています。次稿以降で詳述していきます。

1 GIGAスクール構想の実現
～クラウドコンピューティングの活用による一人一台の実現～

GIGAスクール構想が着々と進行しています。これまで20年かかっても進まなかったことが，わずか数か月で進んでいる自治体もあります。本稿では，なぜ児童生徒一人一台なのか，GIGAスクール構想とはどのように生まれたのかについてまとめたいと思います。

2019年12月5日に閣議決定された「安心と成長の未来を拓く総合経済対策」における「Society 5.0時代を担う人材投資，子育てしやすい生活環境の整備」の項目で，次のように示されました。

> 国の将来は何よりも人材にかかっている。初等中等教育において，Society 5.0という新たな時代を担う人材の教育や，特別な支援を必要とするなどの多様な子供たちを誰一人取り残すことのない一人一人に応じた個別最適化学習にふさわしい環境を速やかに整備するため，学校における高速大容量のネットワーク環境（校内LAN）の整備を推進するとともに，特に，義務教育段階において，令和5年度までに，全学年の児童生徒一人一人がそれぞれ端末を持ち，十分に活用できる環境の実現を目指す

Society 5.0とは，狩猟社会，農耕社会，工業社会，情報社会に続く，日本が提唱する未来社会の考え方です。デジタルをフル活用した超情報社会と言うべきかもしれません。

まず，令和元年度補正予算において，令和元年度から令和5年度までの計画として2318億円が計上され，その後，新型コロナウイルス感染症の感染拡大を踏まえて編成された令和2（2020）年度一次補正予算において，「一人一台端末」整備の前倒しなどに必要な予算として2292億円が計上されました。総額4610億円の巨額予算です。更に翌年度以降も，更なる追加がなされるといわれています。

GIGAスクール構想の目的は，①Society 5.0という新たな時代を担う人材の教育，②誰一人取り残すことのない公正に個別最適化され，創造性を育む学びの実現，であり，それらは学習指導要領の一層高度な実現につながります。

ICT環境整備の大きな柱は，

・児童生徒の端末整備
・学校ネットワーク環境の全校整備
・GIGAスクールサポーターの配置
・緊急時における家庭でのオンライン学習環境の整備

です。特に，児童生徒用のPCは，1台当たり4.5万円と積算され，従来，学校に導入されているPCと比較して大幅に安価です。

これは「クラウドサービス」の活用を前提としているからです。GIGAスクール構想に先立つ，令和元年6月に文部科学省は「新時代の学びを支える先端技術活用推進方策（最終まとめ）」を公表し，①パブリッククラウドに基づくクラウドコンピューティングが極めて有力な選択肢，②クラウドベースで安価な端末を提供する Google Chromebook が2018年には世界の35%，アメリカの総購入数の60%を占めるほか，MicrosoftやAppleも300ドル以下の低価格帯の端末の提供に集中，としています。この文書では，アメリカの特定のメーカー名を記述し，更に特定の Chromebook といった商品名まで具体的に示し，一方，国産メーカーには触れていないという異例ともいえる内容でした。児童生徒一人一台PCを実現するためには，新しい発想が必要であることが，GIGAスクール構想が公表される以前から準備されていたといえます。その後，予算執行・整備段階において，文部科学省は，「GIGAスクール：全く新しいICT環境」とし，クラウド活用とは「全く新しい」のだと特徴を繰り返し述べています（**図02-1**）。

つまり，児童生徒一人一台PC環境の実現は，ク

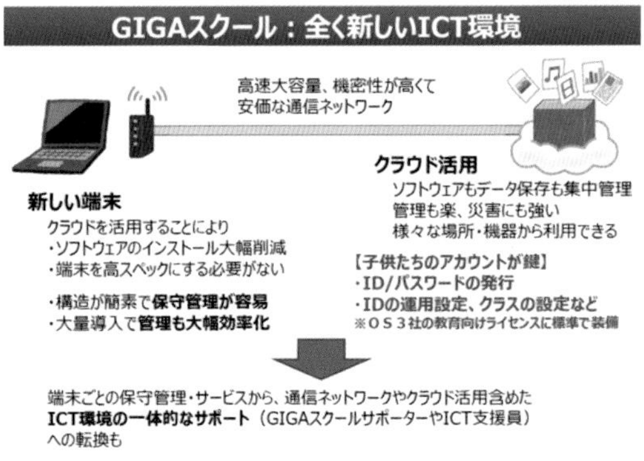

図02-1 GIGAスクール：全く新しいICT環境（文部科学省）

ラウド活用といった技術的な進展からも機が熟したからであり，新しいICT環境で，新しい時代に対応していこうと見るべきでしょう。

しかし，機種選定段階やその活用想定の段階において，各自治体において，こうしたことが意識されてきたかの心配はあります。従来の発想に基づきOSやハードの優位性で選定されていなかったか。実際のところは，クラウドシステムの優位性で選定すべきであったといえます。しかも，幸か不幸か，各社のクラウドサービスが無償かそれに近い形で提供されるケースが多く，予算計上が不要であるがゆえに，十分な検討もされていない例もあったと聞きます。いずれにしても，GIGAスクール構想の実現は，全く新しいICT環境であるクラウドサービスを生かして，未来につなげていくことが重要でしょう。

2 PC活用と共に能力が測定される時代へ

一人一台PCの必要性は，前述の技術的な側面だけではなく，人の評価が変わりつつあることへの対応もあります。例えば，資格試験などが次々とコンピュータで受験する形式に変化してきています。CBT（Computer Based Testing）と呼ばれる方式は，今後，更に普及していくでしょう。フィンランドでは2019年に大学入学資格試験がCBT化されました。今後，全国学力・学習状況調査もCBT化されるべきという意見もあります。

また，従来の試験をCBT化していくのみならず，人の能力をPC活用を前提として測定することも行われています。

例えば，2013年に行われたOECD国際成人力調査（PIAAC）という24か国・地域の16歳から65歳の成人が対象の調査です。結果は，読解力，数的思考力，ITを活用した問題解決能力の全てにおいて我が国は1位でした。ただし，「ITを活用した問題解決能力」は，コンピュータを使った調査を受けた人だけの結果であり，コンピュータ調査を受けなかった者も母数に入れると，10位と大幅に低下します。紙での調査を受けた者の割合は36.8％とOECD平均の24.4％を大幅に上回っていました。紙のテストには強いけれども，PC込みだと負けてしまう状況といえます。たとえるならば，陸上競技で，裸足で走ると速いけれど，スパイクを履くと負けてしまう，そのような状況といえます。今時，裸足では走りませんし，スパイク込みで走力が測定されるわけですから，同様のことがPC活用にもいえます。加えて，年代別の習熟度を見ると，「ITを活用した問題解決能力」は，16歳から24歳の段階で，数的思考力などと比較して個人差が大きいことが分かります。特に若者の個人差が大きいというのは，教育が行き届いていない可能性もありえます。

2018年1月に，ガートナー社が行ったビジネスパーソンを対象にした7か国の国際比較調査におい

（　）内は順位

国名	読解力	数的思考力	ITを活用した問題解決能力	
	平均得点	平均得点	レベル2-3の成人の割合	平均得点
OECD平均	273	269	34%	283
オーストラリア	280（4）	268（13）	38%（6）	289（3）
オーストリア	269（17）	275（10）	32%（13）	284（7）
カナダ	273（11）	265（14）	37%（7）	282（12）
チェコ	274（9）	276（9）	33%（12）	283（9）
デンマーク	271（14）	278（7）	39%（5）	283（8）
エストニア	276（7）	273（11）	28%（16）	278（16）
フィンランド	288（2）	282（2）	42%（2）	289（2）
フランス	262（21）	254（20）	m	m
ドイツ	270（15）	272（12）	36%（8）	283（11）
アイルランド	267（20）	256（19）	25%（18）	277（18）
イタリア	250（23）	247（22）	m	m
日本	296（1）	288（1）	35%（10）	294（1）
韓国	273（12）	263（16）	30%（15）	283（10）

図02-2　国際成人力調査の結果（国立教育政策研究所）

て，日本はデジタル・スキルを習得するための手段や機会が少なく，また自らも「関心がない」とした割合が最高であるとか，業務用途のデジタル・テクノロジーのスキルに関する自己評価が最低点など，我が国は社会人においても深刻な状況となっています。つまり，ここまで社会人も低いとなると，小・中学生がICTを活用して学んでいくことの大切さや，他国に比べて遅れていることなど，自覚できないほどのレベルに劣化している可能性もありえます。

少子高齢化社会に向けて，ますます労働生産性を上げていく必要がある中で，まずは人の能力は紙と鉛筆だけで測定される時代は終わり，当たり前にICTなどの道具込みで評価されていく時代へ変化していることを考えていく必要があるといえるでしょう。

3 PISA2018における読解力の変化

皆様もご存じのとおり，PISA2018調査において，科学的リテラシーと数学的リテラシーは引き続き世界トップレベルであったものの，読解力は前回よりも平均得点・順位が有意に低下しました。この理由としては，コンピュータ使用型調査であったこと，オンライン上の多様な形式を用いた課題文（投稿文，電子メール，フォーラムへの参加回答）であったことなど，複合的な要因であったことが示されています（国立教育政策研究所，2019）。

まずコンピュータ使用型調査として，次のような操作がありました。

・長文の課題分をスクロールして読む
・キーボードで解答入力（ローマ字入力）
・複数の画面で課題文を提示（Webリンクのクリックやタブの切り替えで他画面に移動）
・マウスによる解答選択，ドラッグ&ドロップ操作で画面上の選択肢を動かして解答

同時に，PISA2018では，日本は学校の授業（国語，数学，理科）におけるデジタル機器の利用時間が短く，OECD加盟国中最下位であることも明らかになりました。こうした操作はできる子供がいるとはいえ，学校では習熟するほどの利用時間が確保されていないと思われます。つまり，個人や家庭の努力に依存する面が大きいというのは，義務教育段階として問題といえるでしょう。

加えて，特に，PISA2018では読解力の定義が変更され，それに合わせて出題されたことも大きいと思います。

（PISA2018における読解力）
自らの目標を達成し，自らの知識と可能性を発展させ，社会に参加するために，書かれたテキストを理解し，利用し，評価し，熟考し，これらに取り組むこと

問題がコンピュータ使用型に移行したことによる「書かれた」の削除，信憑性や著者の視点を検討する能力を把握するために「評価する」が追加されています。

そして，読解力が，読解プロセスに沿って行われていることも重要だといえます（**図02-3**）。それぞれの段階における順位は，「情報を探し出す」が18位，「理解する」が13位，「評価し，熟考する」が19位となっています。この中で，相対的に順位の高い「理解する」とは，字句の意味を理解する，統合し推論を創出するとなっています。つまり，与えられた文章を読み取ることは比較的高いといえます。一方の「情報を探し出す」といったテキスト中の情報にアクセスし，取り出すことや，「評価し，熟考する」といった質と信憑性を評価することは，低めに出ているといえます。

それ以上に，読解プロセスですから，情報を探して→理解して→評価し熟考する，という一連のプロセスを意識して読解できていたのかもポイントでしょうし，単なる内容理解ばかりではなく，一連のプロセスを通しての情報活用も求められていたことも，子供にとっては慣れていなかったかもしれません。

読解プロセスとして考えると，読解力という言葉がもつイメージよりも，例えば社会科で行われている資料活用などのほうがぴったりと合うのがPISA2018の読解力のように見えてきます。また，基本的な「問題解決プロセス」のようにも見えます。

情報を探し出す
・テキスト中の情報にアクセスし，取り出す
・関連するテキストを探索し，選び出す

理解する
・字句の意味を理解する
・統合し，推論を創出する

評価し，熟考する
・質と信憑性を評価する
・内容と形式について熟考する
・矛盾を見つけ対処する

図02-3　読解プロセス（国立教育政策研究所）

いずれにしても，教師から与えられた資料等を読み取り，穴埋めタイプのワークシートの指示に従って，紙と鉛筆で答えていくような授業のみでは，PISA2018のいう読解力に対応していけないでしょう。

PISA2018を通して，新しい読解力への対応が十分でないこと，その前提となるICTの活用も学校では十分に行われていないことが明らかになりました。これらもGIGAスクール構想の必要性の一つとして挙げられています。

なぜ児童生徒一人一台PCなのか？

4 PCやAIの役割～問題解決プロセスの今昔から～

PCやAIが普及した社会において，人にはどのような能力が必要なのでしょうか。全てをPCやAIがやってくれるのか，問題解決を例に考えてみたいと思います。

問題解決も，先ほどの読解力と同様にプロセスで行われると考えられます。様々なプロセスが提案されておりますが，問題が設定された後について，「データの収集」→「データの整理・分析」→「判断・行動」と定めたいと思います。この問題解決プロセスがピンと来ない方のために刑事ドラマにたとえるならば，犯人を捜す問題が設定された後に，「聞き込みや鑑識（データの収集）」→「署のホワイトボードで整理・分析（データの整理・分析）」→「犯人を捕まえに行く（判断・行動）」といえます。

昔であれば，「データの収集」は紙アンケートや手書きで行ったり，「データの整理・分析」であれば手作業でグラフや表にまとめたり，「判断・行動」も人手や専用の機械などが使われたりしてきました。

しかし，今は，「データの収集」ではセンサー，カメラやログなど大量のデータを扱えますし，扱うべき状況となってきています。このようになると「データの整理・分析」は手作業では無理であり，グラフ作成等で表計算ソフトを活用するのはもちろん，AIやシミュレーションで人が判断しやすい確率等の形式に整理・分析したり，動画をARなどで見やすくしたりしていく必要が生まれてきます。それらのデータを様々な角度から読み取って，人が「判断・行動」をする。加えて，現代において「判断・行動」とは，「柔軟」「即時」「動的」も求められていることから，ますますICTの力が必要となります。

つまり，AIをはじめとしたICTは，「データの収集」といった問題解決プロセスの各段階の質の向上に活用していく存在であるといえます。また，1人でできる規模でもなくなっていることから，多くの専門家などと協働していく必要もあります。この協働も各段階の質を上げていくための存在であると考えられます。

このように考えると，時代が変わっても変わらないことは問題解決プロセスであり，扱う情報の質や量は飛躍的に向上していることから，「ICT活用」や「協働」を手段として効果的に用いることが求められているといえます。そして，ますます「データ」や「AI」が重要となり，こうした専門家も求められています。

社会人として，教科等の学習としても，問題解決は常に求められています。その問題解決はもはやICTの力なしにできないと考えれば，子供たちがPCを常に使えるようにしていくことが必要，そして一人一台PCの整備につながっていきます。その際，授業での最初の一歩は，従来の学習プロセスを維持したまま，その各段階の質を上げるためにPCを活用するといった方法といえるでしょう。

・国立教育政策研究所編（2019）『生きるための知識と技能7　OECD生徒の学習到達度調査（PISA）―2018年調査国際結果報告書―』明石書店

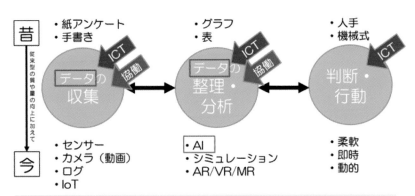

図02-4　問題解決プロセスの今昔

03 なぜクラウドなのか？

1 クラウドとは何か

　「クラウド」の定義は非常に曖昧です。初めての方が，いろいろと調べてみたところ，あまりピンと来なかったということは，よく聞きます。様々なタイプがあり，どんどん形態も変わってきています。また，感覚的な理解も重要ですので，まずは意識的に使ってみることが一番だと思います。本書にも多くの事例が掲載されていますが，いくつか例を挙げたいと思います。

　以前は，どこの学校にもファイル共有サーバがあったと思います。今でも使っていますでしょうか。こうしたサーバの代わりに，インターネット上に保管するというのもクラウド活用です。容量がいっぱいになれば，更に大容量の契約にするだけで使える容量が広がります。新しいHDDを買ってきてコピーするとか，古いHDDを新しく更新するといった手間は，利用者にはありません。

　自分のスマホの電話帳や写真は，自分のPCからも，乗り換えたスマホからも同じように見られます。これもクラウド活用です（**図03-1**）。更に，スマホの写真が，同じ人物の写真だけで整理されたりするのも，クラウドの仕業です。インターネット上の大きな記憶容量をもった高性能なコンピュータが，AI技術を使って解析しているのです。スマホは，その高性能なコンピュータにインターネットを通じて接続して，解析結果を見ていることになります。小さくて非力なスマホでも最先端のAIが活用できるのです。こう考えると，AIの恩恵は，「AI＋クラウド」によってもたらされていることが分かります。

　ソフトのインストールが要らない特徴をもったサ

図03-1　PCやスマホで写真が共有されたり，AIで人物や撮影場所が整理されたりするのはクラウド技術の活用

ービスもあります。例えば，Gmail です。汎用のブラウザ（ホームページを見るソフト）だけで活用できますので，近頃，メーラーをインストールして，メールをPOPでダウンロードして読む方は激減したのではないでしょうか。もはや，このような説明は，何を言っているのか分からないと思う方も大勢いらっしゃるでしょう。メールでのクラウド利用は市民権を得ています。更に，Gmail の画面からチャットやテレビ会議の機能が使えるようになるなど，次々と機能が増えたり統合されたりしています。これもインストールが不要なクラウドのメリットです。

　このようにインターネットを通して様々なサービスを必要な分だけ得ることが，クラウドのイメージになります。ファイル共有など，単なる身近なサーバの代用というレベルを超えて，人々との協働作業を支えつつあります。生活や業務にクラウド活用が溶け込んでいる人たちと一緒に活動していくと，これまで，こんなに無駄な作業があったのだと，こんなにもスムーズに仕事が進むのだと感じることが多くあります。新しい境地を感じます。こうした人たちと一緒に使っていくことが理解の早道です。

　また，これらの事例でもお分かりのとおり，クラウドを活用しているかどうか，あるいはその仕組みの理解といったことは，利用者にとっては，溶け込み過ぎて，意識する必要もなくなってきました。政府も，クラウド・バイ・デフォルトの原則といい，コンピュータシステムを導入する際の第一候補をクラウドにすべきとしています。したがって，こうした説明が不要になるのは目に見えています。それでもあえて示すのは，積極的な活用ができない地域が数多くあるからです。GIGAスクール構想でもせっかくクラウドが導入されるのに，多くの機能を活用できないようにして，クラウドのよさを生かせなくしている地域や，どのようなアプリを導入すべきかと従来型のアプリの導入や研修に多くの時間を費やしている地域もあります。もはや禁止することより，安全に便利に使うための工夫を考えていく時期となっています。

2 学校におけるクラウド活用のメリット

　総務省による「教育現場におけるクラウド活用の推進に関する有識者会合」報告書によると，クラウ

ド活用のメリットは下記の4点に整理されています。

1）教職員等の負担・コストを軽減
　・サーバの運用・管理等の業務から教職員等を解放
　・端末の導入・運用にかかる金銭的・時間的なコスト削減が可能
　・複数の自治体で共同調達・共同利用をすることにより，導入・運用コストの削減「割り勘効果」が期待。

2）データを安全・安心に保存・利活用
　・堅牢なデータセンターにおけるデータの保存が可能。
　・適切に管理・運用されているクラウドでは，データの漏えいや破損・紛失が起こらないよう，入退室の制限・管理，障害に備えた予備装置の設置，データ消失対策，データの分散管理等の様々な措置を実施。

3）児童生徒数や利用の増減等に即応
　・必要な期間，必要な分だけに応じたサービスを利用量課金で利用可能。例えば，児童生徒数の増減や，利用頻度の増減，学校の統廃合等が生じても，使いたいときに，使いたい分だけのサービスを契約することが，柔軟かつ迅速に可能。

4）時間や場所，端末等の違いを超え，切れ目なく活用
　・端末との接続環境を選ばないため，校内・校外・家庭等，場所や端末が変わっても，児童生徒の継続学習や教職員等のテレワーク，また，遠隔教育が可能。

以上のように，管理や運営，コスト面でクラウドには多くのメリットがあることが示されています。次に具体的な活用におけるメリットなどを検討していきます。

3 クラウド活用による協働作業のメリット

クラウドによって，協働作業を前提にしたワープロ（Google ドキュメント），表計算（Google スプレッドシート），プレゼンソフト（Google スライド）などが生まれました。もう大した変化はないだろう思われていた古典的なソフトも画期的に生まれ変わりました。

例えば，学級担任が，スポーツテストのデータを一つの表計算ファイルに集約しようとしたら，他の先生も書き込んでいて「編集中」となり，何も作業ができないなどということはなくなります。何十人

もが同時にクラウド上にある同じファイルを見ながら，入力や修正ができるのです。同時に，誰が，いつ，どこをどのように編集したかのかの記録も自動的に残ります。保存する操作からも解放され，同時に，あらゆる過去の状態にも戻れるようになりました。これにより，誤って消してしまったら戻ればいいわけですし，同時編集によるトラブルにも対応できるようになりました。

こうした機能，実は先生方にも大変に人気があります。例えば，授業研究会の後の感想をみんなで入力して共有すれば，挙手で意見交換するより，多くの人たちの意見に触れることができます（図03-2）。授業者はもとより参観者も参考になりますし，口頭での議論のタネにもなります。即座に写真や動画を共有し，振り返りながら議論を深めることも可能です。活用に慣れてきた地域を見ていると，さすが先生たちですね。次々とクラウド活用のアイディアが湧き出てきて，思いもかけない活用がどんどん始まっています。

授業終了直後，授業ビデオを一時停止や巻き戻しなどを繰り返しながら授業者と共に振り返る。こんな授業研究も簡単にできるようになりました。自分の手元のPCでも好きな箇所を見ることができますので，班ごとのディスカッションも可能です。数十年前から取り組まれながら，なかなか普及しなかったこうした授業研究が，本当に普及するかもしれないと思うこともあります。

まずは先生方が授業研究や職員会議など，あらゆる業務に活用していき，メリットや便利さを感じてほしいと思います。もちろん，無駄とか無意味な活用もありますので，それらも含めて体感的に理解していくことが重要でしょう。

A先生	5年生の先生方お疲れ様でした。今回のスライドは、これ以上削除すると中身がうすれてしまいそうなのに視聴するとこれまでの授業デザインが変わりそうなか？思考・判断・表現などをスライドを使って学習課ください
B先生	
C先生	5年生の先生ありがとうございました。難しい内容をていって、慣れていく。そして学習過程を意識しなが
D先生	5年生の先生方がたありがとうございました。テンポがどう使っていくか考えさせられました。学年で話し態で集まり、どのあたりが簡単なのかが知りたいです
E先生	5年生の先生方動画ありがとうございました。テンポやTPCを使っていくのか参考になりました。ローマ字がいました。目的ではなく、手段ということを忘れずに
F先生	5年生の先生方の実践を拝見して映像と音声の組み合と時間と距離の関係の理解が深められたと思います。つ一つ少しづつかなと思います。
	1年生として、まずはしっかりと基礎基本の徹底をして

図03-2　それぞれの先生方が授業研究会の振り返りをスプレッドシートに入力した例。全員がリアルタイムに入力・閲覧できる

クラウド活用は，長年，学校現場でICT活用の普及を図ってきた経験から見て，本当に先生方に受け入れてもらいやすいと思っています。それは，慣れれば後戻りのできない「便利」で「楽」なツールだからだと思います。

4 協働のためのクラウドを選択しよう

クラウドには様々な種類があると申し上げました。様々な分類がありますが，「個人」作業か「協働」作業向けかで分類したいと思います。

個人作業向けのクラウドとは，個人のスマホやクラウド間で情報が共有されたりするクラウドです。スマホを使っている人なら必ず活用されていると思います。こうしたクラウドは他者とも共有ができたりはしますが，手順もアプリごとで統一されておらず，複雑で直感的ではなく，共有状況の一覧表示なども十分ではなく，あくまでもオプションというイメージです。

協働作業向けのクラウドとは，当初から複数人で繰り返し共有することが前提となっているクラウドです。先ほど申し上げた楽で便利な協働編集作業というのは，こちらのイメージに当たります。汎用のURLでファイルを共有したり，毎回パスワードを入れなくても認証されたり，自動で暗号化されたりするなど，必要最小限の手順で，必要な人だけで安全に協働作業ができる仕組みがあります。

そして，専用ソフトのインストールが不要なクラウドと，汎用のブラウザさえあれば動作するクラウドサービスにも分けられます。最も便利なのは，協働を前提としてインストール不要なクラウドです。現時点では Google Workspace for Education（旧称 G Suite）が当てはまります。

同じクラウドでも，先に述べたような「便利」で「楽」を体験するためには，こうした条件を満たすクラウドを選択する必要があります。すると，我々は協働作業をするときに，「情報」を共有したいの

ではなく，「活動」を共有したかったのだと気付かされます。情報共有は前提で付随的なものだったと思い知ります。

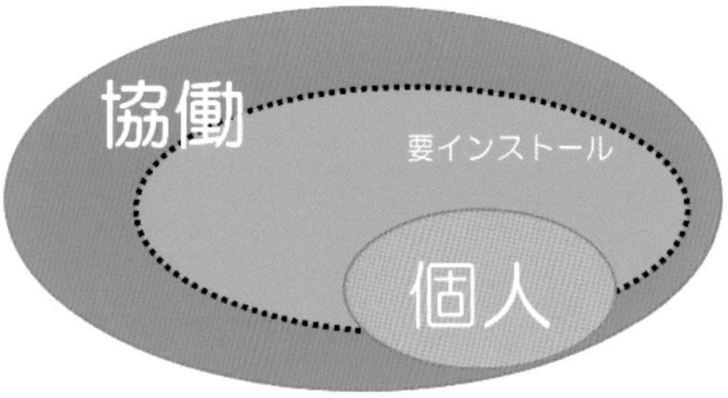

例えば，筆者は先日，テレビ会議をすっぽかしてしまいました。開始時刻や接続アドレスはメールで情報共有されていたのですが，カレンダーに書き写す際に時刻を間違えてしまったのです。しかし，もしカレンダー共有機能で共有されていたら，自動的に筆者のカレンダーにテレビ会議の予定が記入されていたわけです。単純な情報共有よりも一歩先を行く活動レベルでの情報共有だと思います。もちろん，次はカレンダーを見忘れるという問題が発生する可能性はありますが，こうした単なる情報共有を超えて，活動共有をイメージしたレベルに上げていく必要があります。こうした例は他にも多くあります。メールの添付書類に圧縮してパスワードをかけることも同様でしょう。これも情報共有さえできれば，協働作業になると思っている例でしょう。こうした不便なことや無駄な作業がかなり少ないのが，協働を前提としたクラウド活用なのです。

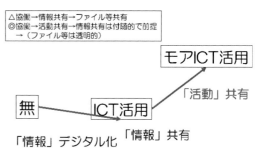

図03-4　単純なデジタル化，情報共有から活動共有へ

5 ログを見られる，一括管理ができる

利用状況がしっかりと記録できるのもクラウドのメリットです。例えば，誰がいつファイルを作成したか，ダウンロードしたか，閲覧したか，修正したかなどが記録されています（**図03-5**）。記録が残

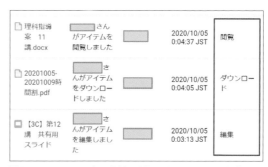

図03-5　ファイル名，時刻，閲覧・ダウンロード・編集などのログが記録されている

図03-3　個人から協働作業のためのクラウド活用へ

理論編

っていることで，情報漏洩や改ざんがあったときでも記録を遡ることができます。また子供にも記録が残っていることを伝えることで，不適切な活用の抑止になるかもしれません。

加えて学習の記録や評価として活用することもできるでしょう。例えば，子供がコメントを付けている状況，活動時間などが把握できます。いずれ，子供の活動記録としてポートフォリオやカルテのように整理したり，AI分析をして学習成果を見やすく整理するサービスが始まるでしょう。

また，PC本体を管理しやすいのもクラウドのメリットです。特に Chromebook であれば，OS のバージョン，時間や回数などの利用状況などの把握はもちろん，PCのあらゆることを管理できます。クラウド上の管理ツールを操作するだけで，全てのPCの設定を一括で変更できるのは，忙しい中，うれしく思います。

このように考えると，一般的な授業支援ソフトの機能は，こうしたクラウドによる管理ツールや協働作業の機能を活用することで，ほとんどのことが実現します。

6 安全性は？

クラウドの一番の心配は，安全であるか，セキュリティは大丈夫なのかということです。

文部科学省「教育情報セキュリティポリシーに関するガイドライン」によれば，「クラウドサービスは，正しい選択を行えば（略）教育現場の改善の手段としても有力な解決策の一つである」と示されています。本稿に示された便利さを享受するためには，「正しい選択」が重要になります。

加えて，「クラウドサービスの安全性の確認については，情報セキュリティの実態をクラウド利用者が個別に詳細に調査することは困難であることから，第三者による認証やクラウドサービス事業者が提供する監査報告書を利用することが重要であり，クラウドサービスの選定に際しては，求める内容に応じた認証規格等を参考にする」とも示されています。「利用者が個別に詳細に調査することは困難」であることから，導入作業を行う教育委員会等による認証規格等の確認やその後の継続的な確認が大事になるといえます。

セキュリティの考え方も日進月歩です。最近では，ゼロ・トラストという考え方が提唱されています。これはファイアウォールの内側は安全で，外側は危険という考え方ではなく，組織外のPCも，知り合いのメールも，全て信用しない（ゼロ・トラスト）と考えます。今や身内からのデータだから安全ということもありませんので，確かに全てを疑ったシステム構築のほうが合理的に感じます。

また，2要素認証，デバイス認証など，単純なIDとパスワードだけではない認証も組み合わされています。「初めての機器でログインしましたか？」といったメールを受け取ることがありますが，これはデバイス認証の一つです。利便性が失われない最新のセキュリティ対策は，多額の費用と専門知識が必要です。単一の組織で構築するより，これもまたクラウドなどにより，サービスを受けたほうが有利といえます。もはやクラウドは禁止ではなく，上手に付き合っていくことが求められているといえます。

7 子供用ソフトの必要性は？

子供が活用するソフトは，子供用に開発されたものがいいのか，大人も活用するものがいいのかは，長年，議論されてきました。ピアノかバイオリンかの議論です。ピアノのように大人も子供も同じもので学ぶべきだとか，バイオリンのように発達段階に応じたもので学ぶべきだとかです。中学や高校は別として，特に小学校では子供用のソフトの導入が当たり前というのが多かったと思います。

しかし，幼少の頃から家庭でスマホやタブレット端末を活用する子供たちにとっては，学校でしか見ない子供用ソフトのほうが違和感があるかもしれません。また，指導する側にとっても，自分が普段から活用していないソフトを使って教えるのは骨が折れることです。導入をする教育委員会から見たら予算もかかります。

もし子供用のソフトであれば，研修では，
A）教師が，操作を覚える
B）教師が，活用の勘所を理解する
C）教師が，授業での指導法や活用事例を知るの三つが必要になるでしょう。普段から使っているワープロ等であれば，AやBは分かりますから，授業での使い方であるCの研修だけで済むのです。

協働作業のための各種機能が標準となっているクラウドソフトでは，これまで教室でやってみたかったことの多くが実現しているように思います。まずはクラウドでの協働作業を始めてみて，不足であれば子供用ソフトを検討してみるとよいと思います。

〈高橋 純〉

児童生徒一人一台端末環境で営まれる「授業」
～変わらない原理と変わる道具～

1 授業の基本

(1) 授業とは何か

「授業とは何か」という問いは見方によって多様な解釈があると思いますが，学校教育において複数の児童生徒と教師で行われる授業は，教師から見れば「教育目的を基に分析的に設定される単位時間の教育目標達成のために，児童生徒に直接的・間接的に働きかける営み」であり，児童生徒から見れば「対象（教材），友達，教師との関わりの中で資質・能力を高めていく営み」といえます。当然，目標や形態により，教材，友達，教師それぞれとの関わりの様子や比重に違いは生じますが，その中で活用されるテクノロジーがいかに進化しようとも，授業という営みの本質自体が変わるわけではありません。では，授業の枠組みの中で何が変わるのでしょうか。それを，まずは「教師の授業づくり」という視点から考えてみましょう。

(2) 教師の授業づくりの基本的な要素を基に～進化したテクノロジーを便利な道具として～

教師にとって，授業づくりは教育目標達成のための意図的・計画的な働きかけの総体であり，児童生徒の実態を十分に踏まえた上で，「どのような力を付けたいのか」「何を目指しているのか」が何よりも先に規定されます（目標設定）。それがなければ働きかけの具体を考えることができないからです。目標を始めからかなり限定的に設定して行われる授業や，状況に応じてある程度広がりを許容できるような大枠の目標設定で行われる授業など，焦点化の度合いや質，授業観によってもその様相は異なりますが，目標そのものが教師の中に「ない」ということはありえません。児童生徒の主体的な学びは大切ですが，授業という営みの中では，教師が目標自体をもたないのはただの放任になってしまいます。「児童生徒一人一人が思いや願いを大切に追究していくことを支援するのだ」という授業観であっても，「自分の思いや願いを基に問いを立て，追究する力を育てる」という大きな目標をもっていることに変わりはありません。児童生徒の実態と目指しているものとの隔たりを埋めるために，教師によって直接的・間接的な手立てが「授業方法」として講じられ，その中で児童生徒の主体的な学びを実現しようとし

表04-1　教師の授業づくりの基本的な要素

① 目標設定
② 有効な教材の開発・選択
③ 学習課題の想定
④ 学習展開のデザイン（課題解決の流れと活動設定）
⑤ 教師の直接的行為や道具の活用・提供
⑥ 評価
※大まかには①から⑥の順序をたどるが，それぞれが影響し合いながら精緻化されていきます。

ているのです。

さて，「①目標設定」がなされれば，次に児童生徒がその目標を達成するための「②有効な教材の開発・選択」と「③児童生徒が解決を目指す学習課題の想定」が行われます。これらは，切り離されるもの，不可逆的なものとして考えられるわけではありません。有効な教材は，児童生徒から見てやりがいのある学習課題が見いだせるかを同時に考えながら開発・選択しているし，設定していた目標が教材の特質や課題によってより具体的な児童生徒の姿として明確になることもあるからです。そして，「④学習展開のデザイン（課題解決の流れと活動の位置付け，時間配分の想定）」が行われ，その展開の中で具体的にどのような「⑤発問や指示，説明，板書などの教師の直接的行為や道具の活用・提供」を位置付けるかが構想されていきます。更に，継続的な児童生徒への対応や授業の改善・発展のためにも「⑥評価」は重要です。評価規準や評価方法は，目標に準拠することだけを意識しても規定はできません。「どのような目標に向かってどのような活動を行う授業か」を総体的に捉えて規定され，組み込まれていくものです。①～⑥はそれぞれが相互に影響し合いながら精緻化されていきますが，やはり「何を目指しているのか」という①が最も重要な起点となるのは前述のとおりです。

ここまで，授業づくりの大枠を確認してきましたが，①～⑥までを総体的に組み立てるというこの枠組み自体が，テクノロジーが進化することで変わるのでしょうか。変わりはしません。これまで大切にしてきた基本的な要素は，これからも大切にされていくものです。では，教室におけるテクノロジーの進化，本書でいえば児童生徒一人一台端末環境とは，

その中の何に影響し，変化を与えるのでしょうか。一言で言えば，使われる道具の「便利さ」の向上です。①〜⑥の中では，特に④⑤⑥に影響します。具体的に見てみましょう。まず，⑤で提供する道具（教師が使うもの，児童生徒が使うもの）に直接的な変化をもたらすのは当然です。黒板，鉛筆，消しゴムなどの道具に加え，教育や学習に「便利に使える進化した道具」が加わるのです。しかしそれは⑤だけにとどまりません。作業的な時間を縮める能力をもつ道具であるため，授業の「山場」といわれる核心的な学習活動や思考場面の時間を増やすことができ，④の学習展開のデザイン自体に変革をもたらします。更に，今まで教師が十分に見取ることができなかった児童生徒の思考や活動をログとして残しやすくなったり，思考の可視化をしやすくなったりすることで，⑥の教師による評価や児童生徒同士の相互評価もやりやすくなります。つまり，今までも「時間的・物理的に可能であればやりたかった，やるべきだった」ことができるようになるわけです。テクノロジーの進化は，その技術が組み込まれた道具に使い慣れていない人からすると，むしろ不便に感じることすらあります。慣れないものへの抵抗の気持ちは分かります。しかし，授業づくりにおいては，食わず嫌いは大きな「損」です。教師なら誰しも，「本当はやりたいけれど，時間的・物理的にできない」ことは様々あったはずです。授業の本質は変わらず，理想の授業に近付くために，「便利な道具をうまく利用してやろう」という意識が最も求められているといえます。そのためにも，教師が道具に慣れ親しむ段階，便利だと実感できる段階を避けずに通りたいものです。

道具の進化で，児童生徒にも求められるものがあります。それは，「道具は使えなければならない」ということです。例えば教師は，授業の手立てを考える際，「どのように発問し，どのくらいの時間設定で考えを書かせればよいだろうか」「どのようなワークシートにすれば，思考が活性化したり，考えを整理しやすかったりするだろうか」などと考えます。しかしそれは，「鉛筆という道具を使って字が書ける」ことが前提になっています。字が書けないのでは，その手立てが根底から崩れてしまいます。今後，授業に溶け込んでくる端末等のICTも同じです。その道具が児童生徒の学びに有効に作用するには，道具の基本的な機能を児童生徒が使いこなせることが前提です。もちろん，始めからできるわけではありません。それは，きちんと指導され，鍛えなけ

ればなりません。鉛筆を握って字を書く練習をしてきたのと同じです。

そう考えると，例えば端末に触れ始めたばかりの状況では，前述の「①目標設定」にもテクノロジーの進化が直接的に影響することはあります。「鉛筆で平仮名を書けるようにする」という目標が達成されていないと，教科の深い思考を記述できないのと同じように，汎用的な道具として「端末の使い方を習得すること」自体を目標の中に位置付けることが必要な時間もあるはずだからです。これは，学習指導要領が示す「全ての学習の基盤となる資質・能力」の「情報活用能力」における「情報技術に関する技能」にも直結します。

授業づくりの基本的な要素は変わらず，よりよい授業，やりたくてもできなかった授業のために，進化したテクノロジーを便利な道具として有効活用する。このようなシンプルな原理でよいのです。そしてそれは，鉛筆を使った字の書き方のように，基本的なスキルの習得も必要な前提となります。これは負担と考えるべきことではありません。これまで鉛筆で字を書くことが学校だけでなく社会生活や仕事でも欠かせなかったように，これからの社会生活や仕事に欠かせないスキルとして位置付くことになりますし，そうであればけっきょく，負担ではなく負担軽減のための便利な道具を授業でも社会でも使えるようにしようということです。

⑶ 「協働的な学び」と「個別的な学び」

さて，「教師の授業づくり」の大枠からテクノロジーの入り方について考えてきましたが，今度は，「協働的な学び」と「個別的な学び」という児童生徒の学びを二つに分類する視点で考えてみましょう。

授業においては，共通の課題について児童生徒同士，児童生徒と教師が作用し合って解決することを通して，新たな価値を見いだしていく「協働的な学び」と，それぞれの児童生徒がそれぞれの課題に向かう「個別的な学び」に大別できます。児童生徒は，環境（人も含む）や対象に働きかけることで自分なりに事物の意味を形成していく（学んでいく）ため，広い意味では他者と関わらない学びは存在しません。「協働的な学び」は他者と関わるけれど，「個別的な学び」は関わらないということではありません。ここで述べているのは，共通の課題を共に作用し合う中で解決しようとする学びか，個々がそれぞれ自分の興味・関心や能力の実態に合わせた課題に向かう学びかの違いです。この二つはどちらも，児童生徒の豊かな成長には重要ですが，それぞれで，一人一

台端末環境のようなテクノロジーの進化が「どのように便利に働くか」には違いが出てくることになります。それぞれの授業で「どのように道具を位置付け活用するかを考える」という教師の思考も，内容は変われど思考自体が異なるわけではありません。これまでも，「協働的な学び」が活性化するように，互いの思考を可視化して話し合うような活動や道具が工夫されてきました。また「個別的な学び」においても，個別ワークの提供や選択課題の提示などが工夫されてきました。それがより便利に，効果的に，時間的・物理的な負担を軽減して実現しやすくなることにテクノロジーが機能するのです。

「使い方次第でどちらの学びもより豊かになる」──テクノロジーの進化を前向きに捉えると，よりよい授業の実現をいつも夢見ている教師のモチベーションも上がってこないでしょうか。

2 「協働的な学び」としての授業と一人一台端末環境

(1) 大切にされてきた，「児童生徒同士で考えを練り合う授業」

日本の教師たちは，古くは大正新教育の時代から，そして特に戦後以降，児童生徒の考えを授業の中でいかに生かすか，児童生徒同士の考えを交流させることでいかに個々が考えを練り上げ，深めるかということにこだわった実践を数多く繰り広げてきました。それは，温かく支え合う人間関係の構築や，共に伸び合う仲間としての学級づくりの文脈も深く関わっています。そしてそのような授業の中で，個々の児童生徒が考えを深める姿も多く生み出されてきました。一方で，それが時間的・物理的な負担や難しさを伴ってきたことも確かです。一対一ならまだしも，グループや学級全体で互いの考えを交流する際，音声言語だけでは，比較したり関連付けたり，それを基にじっくりと考えたりすることは，児童生徒にとって（大人でも）難しいことです。そこで，板書に児童生徒の考えを位置付けて構造化したり，前時の一人一人の考えを座席表にまとめて児童生徒に配付し，互いの考えを視覚的に把握しながらの交流を位置付けたりする工夫がなされてきました。そのような苦労の結晶として児童生徒同士で考えを練り合う授業が積み重ねられてきたのです。

(2) 一人一台端末環境の「練り合う授業」の可能性

一人一台端末環境になることは，そのような授業にどのように効果的でしょうか。細かく言えば多数ありますし，具体的な実践は本書の後半で出てきま

すが，練り合う授業の文脈で真っ先に想像できることとして，「自他の考えの可視化や共有がテクノロジーによって容易にできるようになる」ということでしょう。これも，「考えを出し合い，練り合う」という相互作用による深まりを志向すること自体が変わるわけではありません。そのための物理的作業がスムーズになることで，学習活動に時間的余裕が生まれることになります。また準備負担の軽減にもつながれば，児童生徒も教師も，教科等のより本質的な学びの深まりのために時間と労力をかけられるようになります。それこそ，教師が求めていたことではないでしょうか。

3 「個別的な学び」としての授業と一人一台端末環境～個別最適な学び～

(1) 「指導の個別化」と「学習の個性化」

文部科学省からも出されている「個別最適な学び」という言葉が注目されていますが，「どのような実態の児童生徒にも，その子に合った学びを」というのは，授業の在り方としても，これまでもずっと考えられてきました。一人一人の児童生徒に適した学びをどう実現するかということについては，日本では加藤（1982）[1]が，「『指導の個別化』と『学習の個性化』」という考え方をかなり前から提唱しています。

①指導の個別化……すべての子どもに共通の目標を達成させ，基礎学力を保障するために，一人一人の実態に応じて最適化された指導方法や時間，教材等を提供することです。進度や方法が個別化されますが，全員が共通のゴールにたどりつけるように指導がなされます。

②学習の個性化……一人一人の子どもがそれぞれの興味・関心や能力に合わせて自分の課題を選択したり設定したりできるようなリソースを整えることで，特長をさらに伸ばしたり，自己理解を深めたり，自己を確立したりできるようにするものです。自己決定が重視され，ゴールそのものも子どもそれぞれで違いがあります。

それぞれ意味は異なりますが，どちらも児童生徒の学びを個別に最適化しようとするものです。学習指導要領に示された資質・能力を育み，それぞれの興味・関心や持ち味を生かして学び続ける人間性を育むには，どちらも大切な個別最適化の視点といえるでしょう。

(2) 「指導の個別化」としての授業と一人一台端末

前述のように，指導の個別化は，一人一人の児童

生徒に合わせた指導によって，共通の目標を全員に達成させようとするものです。一人一人の児童生徒に得手不得手があったり，ある時点での理解度に差が生じたりすることは，授業を行う上で教師の悩みの種であり続けています。もちろん，協働的な学びの面で言えば，そのようなことも含めて違いがあること自体が，多様な考えの交流を生み出す価値にもなっています。しかし，基礎・基本の習得という観点で言えば，やはり悩ましいことです。そのような差が生じること自体は，悪いことではなく，自然な違いとして受け止めるべきものです。授業で大切なのは，そのような実態の違いにどう対応するかということです。これまで，単元のねらいや時数，利用可能な学習材などが示された「学習の手引き」を基に，各自で計画を立てて学ぶ学習（単元内自由進度学習）[2]を実践する学校があったり，複数の課題プリントを準備し，教師がその児童生徒に合った難易度のものを提供したり，児童生徒が自分の理解度に合わせてそれを選択したりするなどの手立てが工夫されてきました。しかし，教師が一人一人を見取って最適な課題を提供するのは多大な労力を伴いますし，児童生徒のメタ認知が不十分であると，自分に合った課題を児童生徒が選択できないことがあります。そこに，テクノロジーの力を借りることができるでしょう。計算力や漢字の習得などは，児童生徒が何につまずいたかの記録から，最適な課題を紐付けることは既に可能な技術になっています。各自の端末にそれが提供されるようにするなど，有効に活用できるでしょう。一方で，国語科における文学的文章の読みの力や，社会科の思考力・判断力などは，単純にできるものではありません。そのような教師でなければできない判断や，児童生徒と共にじっくり考えるようなことにはしっかりと時間をかけることで，「指導の個別化」は一人一人の成長に有効に作用するでしょう。

⑶ 「学習の個性化」としての授業と一人一台端末

　学習の個性化は，児童生徒の興味・関心，自分が自覚している持ち味や能力の実態などを基に，自己決定をしながら進めていきます。教師であれば，児童生徒の思いや願いを生かした学びを実現させてやりたいと誰もが思うでしょうし，主体的な学びは，そのようなものでしか実現しえないと考える研究者や教師たちもいます。いずれにせよ，児童生徒の自己決定の尊重は，自ら学びを進めたり深めたりする重要な動機付けになり，学び続ける力を自ら高めていくことにつながっていきます。そのために，自由に学習内容を設定して探究する自由研究学習の実践や，総合的な学習の時間において一人一人が個別の課題を設定して探究する実践などがこれまでも試みられてきました。いずれも固定的な内容ではなく，一人一人の問題発見・解決能力等の育成に資するような実践といえます。しかし想像のとおり，授業論としては理想の一つではありますが，一人一人の興味・関心に応じたコンテンツや，知りたい情報を収集できる資料，場所とのリンクを教師が準備するのは並大抵の労力ではないでしょう。また，児童生徒への支援の在り方も多様になります。このような状況に，一人一台端末環境があれば，インターネットに自由につながり，情報を収集・共有でき，必要な資料は十分に保存できます。考えを整理するツールがすぐに使え，作業や思考の蓄積を個別でできる端末を持てます。一人一人の学習状況に教師がいつでもアクセスして把握できます。これらを有効活用することで，「やりたいけれどできなかった，やっても大変な労力だった授業」を少ない負担で実現できる可能性が高まるのです。

4 「生きる力を育むという目的のための授業」であることは変わることがないからこそ

　ここまで，「教師の授業づくり」「児童生徒の協働的な学び」「児童生徒の個別的な学び」の視点で，一人一台端末環境の可能性を考えてきました。生きる力（資質・能力）を育むために，教師が目標を設定して直接的・間接的手立てを総体的に組織するという授業づくりは何も変わらないのです。児童生徒の協働的な学びや個別的な学びが豊かになるように支援することも変わりません。「便利な道具や環境の有効活用によって，質の高い授業を目指せる可能性が高まる」だけです。もちろん，万能な道具ではないし，道具がよくなればそれだけで授業がよくなるというような夢物語などありえません。しかしだからこそ，「便利なものは児童生徒も教師も前向きに使えるように努力する」「それを生かして楽になる分，大事なところに力を注ぐ」ことで，授業を質の高いものにし，未来を生きる児童生徒たちの豊かな成長につなげたいものです。便利な道具を授業に生かすことができる。この単純な事実は，授業のプロである，プロでなければならない教師にとって，大きな喜びといえるのではないでしょうか。

1）加藤幸次（1982）『個別化教育入門』教育開発研究所
2）愛知県東浦町立緒川小学校の1980年代の実践など。

05 一人一台端末環境の授業における「指導技術」
～変わるもの，変わらないもの～

1 指導技術の基本

(1) 授業における指導技術とは何か

　授業における指導技術という言葉は，どこまでを射程にするかで意味は変わってくるでしょう。教師の教授行為は，「授業前」の児童生徒の実態把握，構想・準備，「授業中」の所作や発話など児童生徒への直接的な働きかけ，「授業後」の省察を踏まえた次の授業の構想力まで含まれます。いずれが欠けても児童生徒への指導は十分なものにはなりません。ですから広義には，「理論編」04に示した授業づくりの総体を効果的に行うこと全てが指導技術ともいえます。ここではその中で，児童生徒の授業態度や学習技能も含めた毎時間の目標を達成することに資する，「授業中の直接的な教授行為」としての狭義の指導技術を中心に取り上げます。

(2) 指導技術の種類

　狭義の指導技術とはいっても，多岐にわたります。代表的なものとして，教師の発話の技術（指導言），板書の技術，教具の活用技術，児童生徒の学習具の使い方の指導技術（授業内容に直結するものは，児童生徒が使うものであっても「教具」と言うこともあります。ここではこれ以降，教師が使うものも児童生徒が使うものも統一して「道具」としておきます），ノート指導の技術，話し方・聞き方・話合い方など学び方の指導技術，などが挙げられます。今挙げたものの，例えば指導言は，その他の指導技術の基盤にもなるものです。よって，例示した指導技術が全て並列な関係というわけではありませんが，ここでは一人一台端末などICT環境が整備される今後の教室のことも踏まえながら，変わらず大切でありつつも新たな配慮が必要になるであろう指導技術を具体的に取り上げることにしましょう。

2 一人一台端末環境における「前提の」道具活用の指導技術

(1) 道具を道具として活用できるための指導

　特別な支援を要する児童生徒がいたり個人差があったりはしますが，前節でも述べたように，小学校1年生の後半辺りから，授業は「鉛筆で字が書ける」「消しゴムで字が消せる」ことが前提で行われます。これは当たり前のようで当たり前ではありません。

入学前や入学後に鉛筆の握り方や平仮名の指導が行われてきたことでつくられた前提です。基本的には簡単で短い言葉から，少しずつ長い言葉や文章を書くことへとスモールステップで指導されていきます。消しゴムで消すことも，書く活動の中で一緒に何度も繰り返され，上手に力を入れることができるようになっていきます。つまり，適切な指導やタスクの位置付けによって「鍛えられた前提」なのです。

　このことは，一人一台持つことになる端末やその中で活用されるソフトを活用することも全く同じであるという感覚がもてているでしょうか。学習で頻繁に活用する道具になることに変わりはないのですから，同じように考えるべきです。ときおり，「ICT機器はあくまで発展であって，鉛筆で字を書くのは絶対に必要な基礎・基本だ」というふうに思われることがありますが，本当にそうでしょうか。もちろん，現在，鉛筆を使えることが基礎・基本であるということに異論はありません。しかし，ICT機器が基礎・基本ではなく，鉛筆は基礎・基本だというのなら，縄文時代や弥生時代も，狩猟・採集や農耕のための道具の使い方より，鉛筆の使い方が基礎・基本だったのでしょうか。そんなことはありません。そのような時代でも生きるための学びは行われていますが，鉛筆の使い方は基礎・基本ではなかったでしょう。時代によって基礎・基本として使い方を習得すべき道具は異なるわけです。私たちは，近代以降に確立された学校イメージや自分の児童生徒時代の被教育体験によって基礎・基本を決めつけていることがよくあります。鉛筆やペンは学習や仕事の基礎・基本ですし，今後も大切でしょう。しかし，Society 5.0の時代を迎えるこれからは，机上に当たり前に端末がある時代になります。鉛筆や消しゴム，ノートと同じように「前提の道具」になっていくと思われます。まさしく溶け込んでいくことになるでしょう。そうであれば，その指導技術が教師には必要になるということです。

　そこで，まずもって教師に求められるのは，ICT支援員に指導を任せることでも，指導法を学ぶことでもなく，教師自身がそれを日々の生活や仕事で「当たり前に」使いながら，利便性を実感することではないでしょうか。そうすれば，始めに何を教えるべきか，どういうステップであるべきか，あるい

はどういうタスクを与えればその技能が習得されていくかを考えるための基盤ができます。利便性の実感を伴って考えたことを教職員で共有し合えば、児童生徒への体系的な指導も十分に可能でしょう。

(2) 授業と授業の間を活用した指導

とはいえ、「端末の使い方の指導までする時間はない」「教科の内容を指導しないといけないのに」というのも本音としてはあるでしょう。それほど教師の多忙化や学習内容の多さは解消が困難です。しかし、基本的なことは指導が必要ですが、スキルの向上を促すのは、何も授業内だけに閉じ込める必要はありません。授業外で使いたくなるような動機付けをすることも教師の指導技術といえます。「鉛筆や消しゴムを休み時間に使ってはいけない」と指導する教師はいないのではないでしょうか。同様に、端末を自由に使っていいと促すのも効果的です。安全なページに限ってなら、インターネットにつないで閲覧させるのもよいでしょう。大切なのは、使わせないことではなく、便利で正しい使い方を習得させることです。授業の内容に関係のないことであっても、自分の興味・関心のあることを調べるために、タイピングをしたり検索をしたりしてその技能が向上するのであれば、それは指導技術として効果的な「推奨（遊ばせ方）」です。授業時間を使った道具活用の指導時間を短縮しつつもスキルを向上させることが期待できます。

(3) 「道具によって学習の質が高まったことへの価値付け」の技術

道具の価値を児童生徒が実感するためには、授業でその道具を使ったことによって、使っていないときよりも学習の質が向上したり、児童生徒の成長が促進されたりした瞬間を見逃さない教師の「目」と、それを「価値付ける言葉かけ」が重要な技術といえます。それによって児童生徒はその道具を使う積極的な意味を見いだすとともに、その道具をもっと効果的に使おうとする態度を形成することにもつながっていきます。

3 一人一台端末環境の授業における「指導言」と「所作」の技術

教師の教育的な発話を指導言と言い、「説明」「指示」「発問」がよく挙げられます。しかし、それ以外にも教育的に重要な発話はあります。ここではこの三つの指導言に「その他の発話」及び、言葉ではない教師の「所作」も含めた技術について、一人一台端末環境を踏まえて考えてみましょう。

(1) 説明

児童生徒が知識や何らかの理解を直接的に得るための教師の言葉です。発問と指示の中間の機能といわれたり、基となる機能といわれたりもします。発問にこだわることが授業のプロであるように語られがちですし、確かにそういう部分もありますが、基本的に「分かりやすい説明」を抜きに発問は効果的にはなりません。例えば、「AとB、どちらが正しいですか」という発問（問いかけ）は、AとBが何であるかを児童生徒が把握できていることが前提です。AとBが簡単には分からないものであった場合、AとBが何であるかを分かりやすく説明できなければ発問は機能しないわけです。テクノロジーがいかに進化しようと、児童生徒の実態やその場の状況を踏まえて適切な言葉を判断し、説明を組み立てるのは教師です。例や比喩なども駆使しながら、丁寧でかつ無駄のない端的に整理された説明は、児童生徒の理解を促進するだけにとどまりません。教師のような説明の仕方自体が、児童生徒が論理的な伝え方を学び取るモデルともなるのです。実物投影機やディスプレイ、一人一台端末など、視覚的な提示がテクノロジーの進化でやりやすくなった分、どの部分を言葉で補うべきなのか、逆に何を「言わない」べきなのか。それらを吟味し、端的でありながら不足しないような説明技術を磨いていくことがこれからも大切になるでしょう。

(2) 指示

児童生徒の行動を促す指導言です。何をするのか、どこを見るのか、誰の話を聞けばよいのか、何に注意するのかなど、児童生徒が具体的に行動できるための言葉かけです。児童生徒の学習活動がスムーズかつ質の高いものになるかどうかは、「目的」と「そのためにやるべきこと」がセットで明確であることが大切です。一人一台端末環境では、授業で使う道具がこれまでより「増える」場合と「変わる」場合が生じます。それぞれ、どのような指示を出すことが混乱しないのか。また、端末をスムーズに使って行動するにはどのような短い言葉で指示すればよいのか。これらを文脈に合わせて判断し、話す技術が必要になります。また、授業の内容としての深まりのためには、ICT機器や端末画面に映し出されたものの「どの部分に」注目するのか、「いつ」「誰と」「どの端末を見合いながら」交流するのかなど、児童生徒の主体性を大切にしながらも混乱せずに活動でき、かつ目標に迫る活動を促す適切な指示が大切になります。

(3) 発問

　児童生徒の思考に働きかける指導言です。前述のように重要な指導言ですが、説明・指示を整えた上で効果を発揮するものです。説明で前提をつくり、指示によって着目すべき部分を意識させた上で発問を投げかけることによって、核心的な部分を思考することに集中できます。また、教科等の特質にもよりますが、発問は単体ではなく、その教科等の特質に応じた「情報」とセットで機能します。国語科であれば文章の叙述、社会科であれば矛盾した社会的事象や事実資料、理科であれば自然事象の不思議や実験・観察の結果、体育科であれば自分の身体感覚やゲームの状況などです。そのような情報と問いがセットになることで、見方・考え方を働かせた深い思考へと誘うことができるのです。端末やディスプレイで資料が示しやすくなっても、「教科の特質に応じた何を提示するのか」の情報精査とセットで発問は磨かれる必要があります。

(4) その他の発話（価値付けや共感、助言、フォロー、間）

　上記三つは特に代表的ですが、教師の発話はそれだけではありません。児童生徒の行動や発言を「価値付ける」ことで、それに価値があること、重要であることをその児童生徒を含め教室全体の児童生徒たちが認識できます。「共感を示す言葉」によって信頼関係や安心を育み、「助言」はつまずきの克服に貢献できます。失敗への「フォロー」は次への挑戦を後押しします。更に、「語らない『間』」による沈黙が思考を深めるきっかけを生むこともよくあります。このような発話（語らないことも含めて）の技術は、質の高い授業に欠かせません。テクノロジーが進化しても、教師がこのような言葉を操る巧みさは求められ続けるでしょう。

(5) 所作

　「語らずに語る」技術として、教師の所作は重要です。教師の所作によって児童生徒は視線だけでなく、授業観も変わります。教材を見えやすくし、教師を見えにくくする立ち位置やしゃがみ方によって、児童生徒は、授業で対峙すべき対象は教師ではなく教材であることを感じ取ります。二つの資料があったとき、どちらを先に見せるかで思考は変わります。何も発話せずとも、資料の内容と見せる順番の工夫で、児童生徒の中に問いが生まれることもあります。テクノロジーの進化によって資料の提示や見せ方も動作自体は容易になります。それを生かした工夫ができる教師の所作を磨くことが、深い学びを促すこ

とになるでしょう。

4　一人一台端末環境の授業における「板書」の技術

(1) 板書の機能と技術

　板書には、いくつかの機能があります。それらの機能と連動して必要な技術を考えてみましょう。

　まず、児童生徒が共通に理解すべきことを確認したり、授業の流れや進行状況を確認したりできる確認的機能です。そのためには、大切なことが目立つように字の色や大きさを工夫したり、進行状況が分かるような「流れ」のある板書にしたりする技術が必要になります。

　次に、話し言葉や文章だけでは理解しづらいことを、構造的・体系的に示すことで理解を促す構造的理解機能です。そのためには、どの位置にどのように書けば関係が分かりやすいか、視覚的にどのように構造的な示し方ができるかなどを考えて板書する技術が必要になります。

　続いて、参加的機能と協働思考的機能です。自分が授業に参加している意識を高めたり、みんなで考えを交流して深めたり広げたりすることを促したりする機能です。そのためには、児童生徒のネームプレートを位置付けるなどの工夫や、それぞれの考えの何が共通し、何が違って対立しているのか、収束的に思考しているのか拡散的に思考しているのかなどが視覚的に分かるように書く技術が必要になります。

　気付いたかもしれませんが、これらの機能は、ときおり競合することがあります。あえて順序どおりではなくパズルのピースのように書いていくことが構造的な理解を促すのに効果的なこともありますし、児童生徒の考えの交流を重視した場合、あえて整理された板書にしないこともあります。よって、その時間の目標と位置付けられた学習活動のかけ算で板書をどのようにつくるかを検討することが必要になります。また、その意図を児童生徒に伝えるなどして、自覚した上で黒板を見られるようにすることも必要でしょう。

(2) デジタル教科書等を映し出すスクリーンとの併用

　(1)で述べた板書の機能が、デジタル教科書やそれを映すディスプレイ、端末などの普及によってどのように変化するでしょうか。これは一概に答えがあるわけではなく、併用した工夫は多様に考えられます。実際、板書に位置付けていた資料をディスプレ

イに映したり，黒板の三分の一を投影機のスクリーンにしたりしている学校も増えています。資料は端末で共有して，板書では提示しないという選択も今後は可能になります。板書は前述のように大切な技術ですが，今後はハイブリッドでより効果的な工夫を考えることができます。

5 一人一台端末環境の授業における「ノート指導」の技術

⑴ ノートの機能（ノートを取る意義）と指導技術

ノートは何のために取るのでしょうか。中学・高校になると，定期テストのための勉強で見返すための「要点のまとめ」として，板書を中心に記録することもまだ多いかもしれません。小学校では，児童が意味を考えずにただ板書を写す光景もときおり見られます。教科書よりも分かりやすい整理でなければ，写すことにあまり意味はありません。児童が目的と手段の関係を意識できる指導を行う必要があります。低学年であれば，言葉を正確に書く力は必要ですから，教師の見本となる板書を視写することに意味はあります。その力を付けるためにしていることを自覚させることが大切です。一方，中・高学年になると，大事な部分を写すことも必要なことはありますが，ノートは学びの蓄積であり，どのように自分が考えたのか，困ったのか，分かったのか，友達の考えとどう関係したのかを整理し，見返したときに自分の考えの変容や深まりが分かるようにつくることを指導することも大切でしょう。そのようなノートを履歴として見返すことは，「自らの学習を振り返って次につなげる」という自己調整の力にも資することになります。

⑵ 端末との併用

そうなると，一人一台端末がある中では，何をノートに書くのか，何を端末にタイピングで打ち込んで記録として残すのかなども，ハイブリッドに活用する可能性を探る必要があります。大切なのは「どのような力を付けるのか」と連動して教師と児童生徒が意味を理解して使い分けることです。大人になって文章を書くとき，PCを使うのが当たり前の時代です。しかし，鉛筆やペンで手を動かし，関係図などを書きながら考えるからこそ思考が深まることもあります。教科等のねらい，また道具を使いこなすという副次的なねらいも踏まえて，教師が使う道具を提案したり，児童生徒が自ら選択したりしていくことが大切になるでしょう。

6 一人一台端末環境の授業における「学び方指導」の技術

⑴ 各教科等の特質に応じた課題設定や見通しのもち方，話合い方の指導

教科等を学ぶ意味が重視されている今回の学習指導要領では，その教科等の特質に応じた学び方の指導が大切になります。例えば，国語科であれば，言葉やそのつながりに着目して生まれる問いから課題を設定したり，複数の叙述に目を向けて解決していくという見通しをもったりする。理科であれば，自然事象の不思議から問題をつくり，仮説を立て，その検証にふさわしい実験・観察方法を考え，その結果から科学的に考察し，自然のきまりを導き出す。このように，その教科の特質に応じた学び方を指導する技術が大切です。また，どうすれば学びの深まりに効果のある「話し方」や「聞き方」ができるかということを指導する技術も大切です。社会科において学習問題について考え合う交流では，話し手は事実資料を示して話す必要があるし，そうであれば，聞き手は無意味に話し手を見ながら聞くのではなく，根拠にしている資料を見ながら聞くべきです。形式的ではなく，教科等の学びにつながる意味のある話し方，聞き方があるのです。

⑵ 一人一台端末環境によって

そうなると，今後，端末やネット環境，ディスプレイがあることによって，児童生徒は自分の手元にある資料をスクリーンに映して説明したり，全員が自分の端末で共有して，それを見ながら聞いたりすることが可能になります。そのような指導によって，⑴は少ない負担で質の高いものを目指せるでしょう。

7 これまでの技術を大切にしつつ，進化する

ここまで見てきたように，授業における様々な指導技術は，今後も大切にされるべきものです。ただし，テクノロジーの進化によって負担が軽減されたり様相が変わる部分があったりするのも確かです。児童生徒も教師もその環境に慣れることで，様々な工夫が生まれてくることでしょう。テクノロジーの進化で，指導技術が必要なくなるのではなく，進化に生かすための指導技術の細かい変化を，日々の実践で前向きに磨いていくことが大切なのです。

〈大村 龍太郎〉

一人一台授業の実施のために何を準備すべきなのか？

1 経験値やマインドに大きな地域差

GIGAスクール構想によって，全国でほとんど同じICT環境が揃う見込みです。次は，実践だと考えたいところですが，実はそれほど簡単ではないと思います。

図06-1は，文部科学省「学校における教育の情報化の実態等に関する調査結果」による，平成20年から令和2年3月までの教育用コンピュータ1台当たりの児童生徒数の推移です。徐々に整備が進んでいるように見えますが，**図06-2**の教育用コンピュータの台数と児童生徒数を見てみると，台数は200万台程度でほとんど変わらず，児童生徒数が減ったから，整備が進んだように見えたということが分かります。

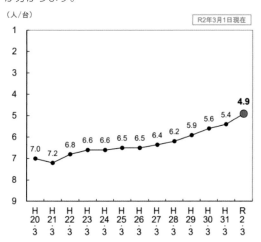

図06-1　教育用コンピュータ1台当たりの児童生徒数（文部科学省）

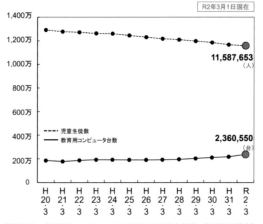

図06-2　教育用コンピュータの台数と児童生徒数（文部科学省）

同調査結果によれば，東京都の区市町村別の整備状況ですが，一人一台が実現している渋谷区や荒川区などがある一方で，1台当たり12名程度の日野市まで，大きな地域差があることが分かります。地方財政措置を通して国が整備を促しているにもかかわらず，これまで各自治体の判断で整備が進んできませんでした。

このように長期にわたり地域差があったことは，単にICT環境の差だけではなく，経験値やマインドにも大きな差を生んでいます。例えば，2020年1月26日の読売新聞社説では「一人一台PC　投資に見合う教育効果あるか」と示され，2020年2月11日の静岡新聞では「小中学校のPC一人一台『拙速』　静岡県市長会，不満続出」と示されています。経験が少ないことによる不安や不満，拒絶感のようなこともあるでしょう。残念ながら，こうした地域では活用以前に，徐々にPCに慣れていき，皆で必要感を醸成していくなど，マインドの面から解きほぐしていく必要があることを示しています。

図06-3はこれらを模式図的に表したものです。GIGA実践の家を建てようと，地面を掘ってみたら，子供や先生の操作スキルの不足，個人情報保護条例などの制度の壁，マインドの壁など，次々と障害物が出てきたことを表しています。10年以上，真剣に取り組んできた地域は，少しずつ制度を整備し，トラブル対応等のノウハウを蓄積し，子供も先生も慣れるところから積み上げてきたのです。こうした地域では，これらの障害物もありませんので，GIGAスクール構想はどんどん進むでしょう。しかし，新しく取り組もうと思っている地域はそうはいきません。目に見えないマインドや経験値の蓄積から始める必要もあります。残念ですが，10年以上，

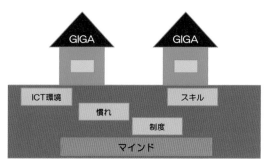

図06-3　優れた実践は目に見えない地盤改良から

真剣に取り組んできた地域と，今回初めて取り組もうと考える地域に差があるのです。

これまでほとんど取り組んできていなかった地域は，こうした差があるかどうかを自己点検することが大事だと思います。最先端地域を視察することも目標を得る意味では重要ですが，そのまままねようと思っても，それらは多くの蓄積の上に成り立っています。もし，そうした蓄積も見抜けないのであれば，まだ経験不足といえると思います。

数年だけ先に進んでいる地域など，自分たちの地域の実態に合った少し先を行く地域から学び，同じ轍を踏まないように進めていくことも大事だと思います。

② 授業でICTを円滑に活用するための基礎的なスキル等

安定，安全，安心なICT環境整備が整った後に，児童生徒が，授業でICTを円滑に活用するための基礎的なスキル等は何でしょうか。**図06-4**にまとめてみました。

まず，学習習慣や学習規律といった学習に向かうための基盤づくりが挙げられます。例えば，一生懸命にPCを操作していると思ったら，単にフォルダを閉じたり・開いたり，手遊びのように遊んでいるだけとかもありえます。授業中PCで遊んだりせず，学習に向かう姿勢づくりが必要となります。また，学校や授業でのPC活用に関わるルールづくりと遵守，情報モラルや情報セキュリティに関する指導も必要となります。

その上で，「ICT操作スキル」の習得です。文字入力，協働作業や共有などクラウド活用に関する基本的な操作，ワープロ，表計算，プレゼンソフトなどの基本的な操作に関する習得です。こうした内容は，児童生徒に指導しなくても試行錯誤しながらなんとかできるものですが，ワープロであればインデ

ントやタブ，表計算であれば関数や計算式など，基本的で何度も使うことは，一度，指導すればずっと使うようになりますので，しっかりと指導するとよいと思います。

そして，それらの操作スキルを前提とした「情報活用スキル」の習得です。インターネットの資料等からの「情報の収集」，表計算ソフトによるグラフや表の作成や分析などの「整理・分析」，ワープロによる「まとめ」のレポート作成やプレゼンによる「発表や表現」などがあります。あえて「ICT操作スキル」と分けて書いてあります。これはICT操作を覚えるだけでは，情報活用ができるようになるわけではないからです。一方で，ストレスなくICTが操作できるスキルがなければ，情報活用も自在にできません。相互の関係にありますが，概念的に分けたほうがいいと思っています。

それらと並列に学習指導要領解説「総合的な学習の時間編」にある「考えるための技法」を示しています。「思考スキル」と言ってもいいかもしれません。例えば，「比較する」「分類する」「関連付ける」などが当てはまります。これらもICT活用を加えることにより，質の向上が望めるでしょう。

これらは，問題発見・解決能力や情報活用能力の基本的な部分ともいえます。こうした基礎的なスキル等が，自在に発揮できるようになったとき，教科等の学習において，一人一台が使えるようになるはずです。

③ 情報活用能力の育成

ICT操作スキルや情報活用スキルを，一層，高度に専門的に育成していくためには，情報活用能力の育成に関する様々な研究成果を生かすことができるでしょう。

既に多くの学校に，情報教育に関する指導計画が策定されていると思います。これを一人一台の時代に合わせてブラッシュアップしていくことになるでしょう。この際，文部科学省「教育の情報化に関する手引」の第2章をまず参照されるとよいでしょう。

情報活用能力は，今回の学習指導要領の総則において，言語能力や問題発見・解決能力

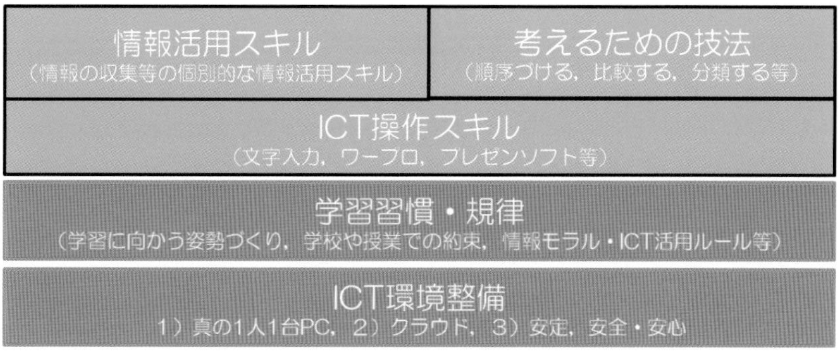

情報活用スキル（情報の収集等の個別的な情報活用スキル）	考えるための技法（順序づける，比較する，分類する等）
ICT操作スキル（文字入力，ワープロ，プレゼンソフト等）	
学習習慣・規律（学習に向かう姿勢づくり，学校や授業での約束，情報モラル・ICT活用ルール等）	
ICT環境整備　1）真の1人1台PC，2）クラウド，3）安定，安全・安心	

図06-4　授業でICTを円滑に活用するための基礎的なスキル等

の育成と並んで，学習の基盤となる資質・能力として明記されました。同手引にある「情報活用能力の体系表例」をご覧いただくと，具体的に情報活用能力を知ることができます。例えば，知識及び技能は，1）情報と情報技術を適切に活用するための知識と技能，2）問題解決・探究における情報活用の方法の理解，3）情報モラル・情報セキュリティなどについての理解，の三つに整理されています。更に具体的にステップ1には「コンピュータの起動や終了」「身近なところから様々な情報を収集する方法」「問題解決における情報の大切さ」などが示されています。

　体系表例は，各教科等の学習指導要領の内容等を参考に作成されていますので，実際の指導は，教科の時間において，情報活用を一層意識して指導することが考えられます。だからこそ，各校で定められる指導計画が重要になるといえるでしょう。

4 情報活用能力のチェックリスト

　「情報」という教科は，小学校や中学校にありませんので，情報活用能力がしっかりと指導されているか，能力が育まれているかどうかの確認はどのように行うのでしょうか。

　平成25年に文部科学省は小・中学校を対象に「情報活用能力調査」を行いました。その結果，小学校も中学校も「整理された情報を読み取ること」はできましたが，「複数のウェブページから目的に応じて，特定の情報を見つけ出し，関連付けること」「条件（受け手の状況等）に応じて情報発信すること」に課題が見られることが分かりました。

　この情報活用能力調査が，我々も活用できればいいのですが，問題は紙上で公開されているものの，実際にPCを使いながら回答したプログラム等は公表されておりません。また，その後，8年以上が経過する現在においても，新しい調査が行われておりません。

　そこで，能力が育成されたかどうか以前に，しっかりと情報活用能力の指導がなされているかに課題があると考え，情報活用能力に関する学習経験を問う「情報活用能力のチェックリスト」を開発しています（村上ら，2019）。自己評価ですので，教員にとっては評価の負荷が少なく，個々の情報活用能力の学習状況を把握できます。学習経験が増えれば，自己評価が上がっていくといった絶対値としての能力を測定しようと考えているのではなく，相対的に子供の経験値が上がったかどうかを尋ねるチェック

図06-5　児童の「情報活用能力」学習経験をチェックするためのサイト
https://takalab.net/?page_id=2655

リストです。繰り返しチェックして，その変化を見ることを目的にしています。

　実際に子供を対象にチェックリストを活用してみると，情報モラルなどは高めに出ますが，プログラミングなどは低く出ており，指導実態が分かりました。

　ウェブサイトに登録すれば活用できるようになっており，複数回，チェックすればグラフ表記されるようにもなっておりますので，活用してみてはいかがでしょうか。「情報活用能力のチェックリスト」で検索してみてください。

5 資質・能力の育成とICT活用

　様々なスキルや情報活用能力を育みつつ，実際に一人一台PCなどのICT活用を行っていくことになります。

　図06-6に資質・能力の育成とICT活用との関係をまとめました。縦軸に資質・能力のイメージをしました。下側の個別の知識から，上側にネットワーク化・構造化された高次な資質・能力を示しました。横軸に学習活動のイメージを示しました。反復・習得学習から主体的・対話的で深い学びです。正確性よりも，簡略化したイメージとして捉えていただければと思います。

⑴ A．AIドリル等のICT活用（児童生徒）

　個別の知識は，反復・習得学習といった学習活動で身に付きやすいと考えられます。この際に，児童生徒によるAIドリルや動画などによるICT活用が考えられます。ドリルのように反復して活用することにより力を付けていきます。AIなどを活用すると，自動で採点され，誤答傾向を分析してつまずかないように指導することや，個々のペースで学習していくことが期待されています。狭義の個別最適化です。この領域のソフトはGIGAスクール構想における環境整備だけでは整いません。特別に準備・購入する

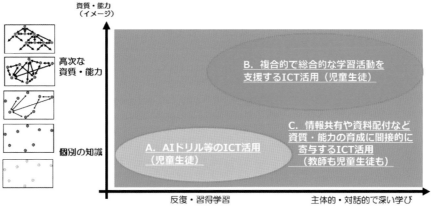

図06-6　資質・能力の育成とICT活用

必要があります。

　こうしたソフトはEdTech（エドテック）といわれることがあります。経済産業省のHPには，多くのEdTechサービスが掲載されています。2020年7月末の段階におけるHPに掲載されたEdTechソフトの分析結果があります（久保田・高橋，2020）。これによると，136件中，学校の授業向けは112件であり，学校の授業を対象にして児童生徒が活用する教材は92件でした。そのうち，AIにより学習状況の分析や評価を行うサービスは14件，AIの活用により個人の習熟度に合わせて最適化した問題の出題が行われるサービスは12件でした。まだまだ数が少ない状況にあるといえます。教科も算数や数学は多くありますが，全ての教科で整っているわけではありません。従来の紙のドリルや教材も活用していくことになるでしょう。

⑵　B. 複合的で総合的な学習活動を支援するICT活用（児童生徒）

　高次な資質・能力は，主体的・対話的で深い学びといった学習活動で育まれやすいと考えられます。この際，主体的・対話的で深い学びを実現するICT活用をと，直接，検討するのは難しいように思います。そもそも高次な資質・能力は，情報を収集したり，整理・分析したり，まとめ・表現したりといった，複合的で総合的な学習活動が繰り返し行われることによって，中・長期的な学習活動を通して育まれるように思われます。したがって，ICT活用は，その際の個々の学習活動の質を上げるために活用すると考えるほうが自然と思えます。協働的な活動もICT活用と同様に質の向上に位置付くと思います。つまり，学習指導要領解説でいえば，学習過程の各段階の質の向上に位置付くようなイメージです。

　この領域は，GIGAスクール構想で準備される各種のクラウドツールが発揮できると思われます。しかし，先に述べたような情報活用能力など基礎的な部分がしっかりと備わっていることが前提になるように思います。

⑶　C. 情報共有や資料配付など資質・能力の育成に間接的に寄与するICT活用（教師も児童生徒も）

　この領域では，資質・能力の育成を直接ねらいません。「ICT活用＝学力向上」という考え方が強くありますので，検討されないことも多いですが，実は，教師も児童生徒も毎日のように行うICT活用はこの領域にあります。

　例えば，プリントの印刷配付の代わりに共有フォルダを活用すれば，臨機応変にカラーで配付できます。Google Classroom に授業予定や資料等を置いておけば，児童生徒にとっても見通しがもちやすいですし，他のクラスや次年度にも再利用ができます。Google カレンダー を共有すれば，職員室や教室などどこでもスケジュールが確認できます。チャットやメールを使えば，非同期に連絡を取り合えます。校内放送も減りますし，それ以上に静かに密に連絡が取れるようになります。

　最初に準備すべき活用は，このCではないかと思っています。教師が便利で楽だと思いやすく，即効性ある効果が得られるからです。

〔参考文献〕
・久保田淳，高橋純（2020）「EdTechサービスとは何か？—経産省登録サービス全136の分類結果から—」，第46回全日本教育工学研究協議会全国大会
・村上唯斗，野澤博孝，高橋純（2019）「『情報活用能力の体系表例』を網羅したチェックリストの開発」，『日本教育工学会研究報告集』JSET19-5:187-192

〈高橋　純〉

教員研修の考え方と実際

1 一人一台環境での教員研修の考え方

(1) コロナ禍以前の教員研修

　ご承知のように，コロナ禍以前の教員研修は，集合研修が一般的でした。また，多くの研修は，夏などの長期研修に集中して行われていました。校内研修もある程度の時間を使い，全員が集まることを前提に行われていました。ただし，一部の研修にはeラーニングが取り入れられていましたが，教職員の研修場所への移動時間短縮による負担軽減が主な目的でした。もちろん，現在のような同期型のオンライン研修は，ほとんど行われていませんでした。そのような中でも，文部科学省は研修に使うことができる多くの動画をYouTubeで配信していましたが，セキュリティ設定のため視聴できない学校が少なくありませんでした。

(2) コロナ禍以降の教員研修

　2020年のコロナ禍により，教員研修はオンライン研修で実施されることが多くなり，その様子は大きく変わりました。これは，感染防止のために「三密」になりやすい集合研修の実施が困難になったこと，遠方から講師を招聘するのが難しくなったこと，臨時休校による授業の遅れを回復するために長期休業が短縮されるなど研修の時間確保が難しくなったことが主な原因ですが，一般社会でのテレワークやオンライン会議の急速な普及と臨時休校中のオンライン授業の実施により，オンラインでの実施のハードルが一気に下がったことも大きな要因です。更に，GIGAスクール構想整備の前倒しで，一人一台端末環境と1人1アカウントによるクラウド環境（以下，「GIGAスクール環境」という）の活用を加速させなければならない状況になり，そのための研修の実施も必要になったことで，教員研修の内容・形態を大きく変えざるを得なくなりました。

　しかし，一人一台端末に関する研修でありながら，遠くの外部講師がオンラインで講演するのを大きな会場で大きなスクリーンに映し，参加者が従来のようにただ聞くだけで，一人一台端末環境を有効に使うことができていない研修が行われているなど，まだまだ手探りの状況にある地域が多いと考えられます。

(3) GIGAスクール環境での教員研修

　GIGAスクール環境は，ほとんど全ての学校にとってこれまで活用をしたことがない新たな環境です。単に児童生徒が活用できる端末が多くなっただけではありません。1人1アカウントでクラウドを活用し，いろいろな情報の共有が容易になり，同時共同編集も可能になりました。そして，この環境を活用するのは，授業場面だけではありません。行事や児童会・生徒会活動などの児童生徒の学校生活の全ての場面で，そして，教師の日常業務で，更には，保護者との連携の中でも活用ができます。

　このようにいろいろな場面での活用ができる新しい環境ですので，いきなり授業での活用を進めることだけに注力すべきではありません。まずは，教師が新しい環境のよさを理解し，授業での活用場面のイメージをもつためにも，いろいろな場面で活用する体験を積み重ねることが大切です。

　このことから，GIGAスクール環境を理解し活用できるようにするための体験を重視した研修とGIGAスクール環境を活用していろいろな教員研修を実施するといった両面から進めていく必要があります。なお，体験中心の研修については，短時間でも実施可能ですし，GIGAスクール環境を上手に使うことで，教師の通常の業務を圧迫せずに研修を進めることが可能です。更に，業務改善につなげることもできます。

　以下，GIGAスクール環境を活用するための教員研修とGIGAスクール環境を活用した教員研修の両面から，実践例を紹介していきます。また，日常の業務の中で，意図的にGIGAスクール環境を活用する体験を増やしていく取組も紹介します。更に，その組合せにより，実際に管理職としてどのようにマネジメントしてきたかについても紹介します。

2 G Suite for Education（当時）の活用などGIGAスクール環境を活用するための教員研修

(1) はじめの一歩

　最初の体験ということで，ある程度まとまった時間を取り，いろいろなことを伝えて体験してもらうこともいいのですが，新たに多くのことを一度に体験してもらっても，きちんと理解してもらうのは，

図07-1　最初の研修

なかなか難しいものです。それよりも，時間が確保しやすい全員が集まる会議や打合せの最後に少し時間を確保することを繰り返し，スモールステップで研修を進めるほうが効果的です。

　最初は，各自のアカウントでログインすることと，新たなClassroomへ参加して，その中のファイルへアクセスすることだけ体験します。

　次の機会には，Google Classroom に入れてあるファイルにアクセスし，Google スプレッドシート，Google スライド，Google Jamboardでの情報共有と同時共同編集の体験をします。このときは，児童生徒に最初に体験させるときに行う簡単な活動にとどめます（例えば，好きな食べ物を順番に入力する，しりとりをする等の活動）。

⑵　初めての同時協働編集

　次は，本格的にスプレッドシートやスライドを使って，図07-2のように情報共有や同時協働編集の

2　スプレッドシート・スライドで情報共有

○スプレッドシート：表計算アプリ（エクセルのようなもの）
○スライド：プレゼンテーションアプリ（パワーポイントのようなもの）

【オンラインでの協働編集の良さ】
・複数人での同時に同じファイルを編集する事ができる。
・議論しながら書きこみ，コメントができる。
・スライドは，資料デザインを支援してくれるので考えをまとめる
　ことに時間が確保できる。

★具体的な活用場面
・学習の振り返りをスプレッドシートに書きこみ共有（研修の振り返りでも活用）。
・グループワークで発表資料を同時編集して学習者同士が発表資料を作成。

図07-2　協働編集についての研修内容

図07-4　Google Meet を使ったオンライン職員会議

実習を行います。研修を行う時点で，教職員全員で共有するとよいテーマを選んで，容易に情報を共有できること，協働編集ができることのよさを体感してもらいます。2020年のGIGAスクール環境導入時のこの研修を実施した時期は，ちょうど分散登校が始まった時期でしたので，分散登校が始まって感じていることを共有することに使いました。誰もが最初に一番とまどうことは，ファイルの保存作業の必要がないことです。体験後は，授業ではどのような場面で活用できるかについて情報交換をしました。この研修を通して，同時共同編集と情報共有のよさを体感し，授業でどのような活用ができるか，そのイメージをつかむことができました。

⑶　会議をオンラインで行う

　コロナ禍での臨時休校中に同期型のオンライン授業を実施できた学校は，環境面，技術面からごく少数でした。しかし，GIGAスクール環境が整備された現状では，教職員自身がオンラインでのやり取りの体験を繰り返すことで，実施のハードルはとても下がります。将来的に，新型コロナウイルス感染症による休校だけでなく，インフルエンザによる学級閉鎖や災害時，また，不登校や入院中の児童生徒対象など，更には，離れたところとの交流など，オンラインでのやり取りの場は確実に増えていきます。そこで，通常の打合せや職員会議をオンラインで行う体験を通して，どの教職員も確実に実施できるようにしていく必要があります。

図07-3　スプレッドシートでの協働編集体験

図07-5　職員会議・打合せ用のClassroom

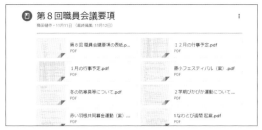

図07-6 Classroom内の資料

実際に行ってみると、初めこそとまどいながらの参加でしたが、何度も行っているうちにスムーズに参加できるようになり、オンライン会議のファシリテーター役も順次挑戦していくことができるようになってきました。

なお、会議の資料は、Classroomに入れて共有をします。このように会議資料をデータで共有することで、印刷の手間を削減することができ、働き方改革・負担軽減の一つとして有効な手立てにすることができます。更に、参加の場所を選ばないことから、全員が職員室・会議室に集合する必要がなく、時間を効率的に使うことができます。

(4) 研修をオンラインで行う

次の段階では、ここまで体験してきたことを全て活用して、オンライン研修の体験をします。(3)のオンライン会議の体験研修と似ていますが、双方向でやり取りをしながら、スプレッドシートやスライドの協働編集を進め、体験ではありますが、研修内容に合った内容をそこにまとめていきます。

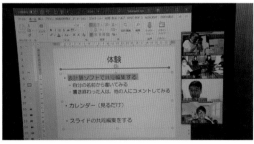

図07-7 Meetを使ったオンライン研修

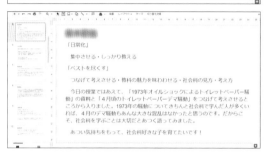

授業の本格実施に向けて

あなたは、何ができそうか
「日常化」「ベストを尽くす」を視点に
スライドに書いてみましょう

図07-8 オンライン研修でのスライドを活用したまとめの共有

(1)のような最初の体験研修の後、すぐにある程度の時間枠を確保してこのような研修を行うことも可能ではあります。しかし、繰り返し体験をしてクラウドの活用や協働編集の活動にある程度慣れてからこのような研修をしたほうが、操作が不慣れなことによる時間ロスやミスが少なく、研修の満足度が上がります。更には、GIGAスクール環境のよさを実感し、授業活用への期待度が高まります。活用に向けた研修のポイントは、「スモールステップで繰り返し体験」です。

なお、この体験の中で、児童生徒がミスをしやすい点、例えば、間違えて他の人が入力したところを消してしまうことなどを確認し、その場合の復元方法を学ぶことも重要なことです。

(5) スモールステップで実施した研修の実際

(1)で効果的に研修を進めるには、短い時間での研修を何度か実施して、スモールステップで体験を繰り返していくことが重要であるとお伝えしました。ここでは、実際にある小学校で実施されたスモールステップでの連続ミニ研修の様子を紹介します。

最初の体験研修で各自のアカウントでログインし、(1)や(2)で説明したような研修で少し体験を行った後、図07-9にあるように毎回30分程度のミニ研修を毎週1回、計5回実施しました。

週1回のペースで実施した研修ですが、前半はいろいろなアプリでの協働編集を繰り返し体験し、後半は授業での実際の活用を目指してClassroomの活用の体験を行っています。内容的には、90分程度の研修でも全ての内容を実施できると思いますが、この研修では、それぞれの内容について体験を十分

することができる点で優れています。また，研修の講師は，校内研究組織のICT部の教師が担当をしています。研修内容や方法を決めていくことは，とても大変ではありますが，**図07-11**のように Google Chat を使い，事前にリハーサル研修を十分行うことで，研修の質を向上させ，最終的には講師を務める教職員も受講者側も力量をアップすることができています。なお，研修内容・方法の協議の中から，

1	10/21（水） 16:00-16:30	・ジャムボードで協働編集 ・フォームづくり
2	10/27（火） 16:00-16:30	・chatの使い方と活用場面
3	11/06（金） 16:00-16:30	・ドキュメント・スプレッドシート・スライドの活用（協働編集・コメント等）
4	11/11（水） 16:00-16:30	・クラスルームの開設と活用 教師・児童の両面から
5	11/11（水） 16:00-16:30	・クラスルームでの課題配布・課題提出 教師・児童の両面から

図07-9　ミニ研修内容一覧

図07-10　ミニ研修1回目の様子

図07-11　Google Chat での研修の事前情報交換

図07-12　Classroomの体験研修

Classroomの活用についてのとまどいが出され，**図07-12**のように教師側の画面と児童側の画面を同時に表示して比べながら体験を行うことで，その不安は解消されていきました。

⑥　実際にいろいろな場面で活用し体験を繰り返す

ここまで述べたように，研修の機会を設定して教職員が体験を十分に繰り返すことで，授業での活用を進める準備ができます。ただし，研修だけでなく，日常業務で実際に活用していく体験も重要です。授業だけにこだわらずに，日常的にどんどん活用することで，教職員がその便利さに慣れ，活用のイメージをしっかりつかむことになり，授業での積極的な活用につながります。逆に言えば，教職員が便利に思わないものを無理に使おうとしても，その活用は広がらずに終わってしまうものです。

なお，日常業務で活用していくことは，もちろん，業務改善・働き方改革につながることになりますので，この点からも意義のあることと言えます。

① 「配って集めてまとめる」場面の改善

調査用紙を配付して，回収してまとめることは，日常業務の中で頻繁に行われていることです。この一連の作業を**図07-13**のようなフォームを活用することで大きく改善することができます。

ここでは，個人懇談会を例に一連の作業での活用について紹介をします。これまで，保護者会などの出欠や個人懇談の日程希望調査は紙媒体で実施していましたが，これを**図07-13**のようにフォームを使ってオンライン化しました。保護者には，回答ページのURLを一斉メールで伝え，スマホなどから回答をしていただきました。保護者も都合のいいちょっとした時間に回答できるので便利です。回答は，**図07-14**のように自動的にスプレッドシートに集計されるため，希望調整にかかる時間を大幅に削減

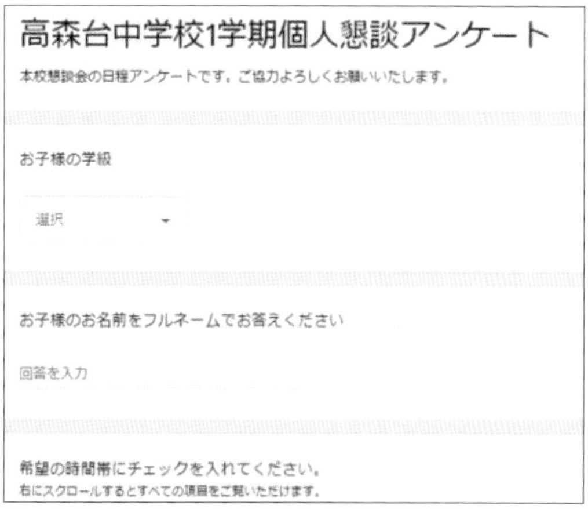

図07-13　フォームを活用した調査

A	B	C	D	E
タイムスタンプ			8月31日（月）	9月1日（火）
2020/07/26 22:41:52			13:30~14:00	
2020/07/18 12:48:31				16:00~16:30
2020/07/23 11:07:05			何時でもよい, 14:30~15:00	13:30~14:00, 14:00~14:30, 14:30~15:00
2020/07/09 20:20:48				16:00~16:30
2020/07/11 23:19:16				
2020/07/10 19:10:33				
2020/07/09 18:54:34				16:00~16:30
2020/07/10 16:09:57				16:00~16:30
2020/07/12 10:37:04				
2020/07/09 18:07:12			15:30~16:00	16:00~16:30
2020/07/09 18:45:56				
2020/07/22 17:20:24				
2020/07/24 16:04:15				
2020/07/09 19:31:37			14:30~15:00, 15:30~16:00, 16:00~16:30	13:30~14:00, 14:00~14:30, 14:30~15:00
2020/07/09 15:39:40			何時でもよい	13:30~14:00, 14:00~14:30
2020/07/09 18:45:00			何時でもよい	13:30~14:00, 14:00~14:30
2020/07/09 19:28:26			15:30~16:00, 16:00~16:30	15:30~16:00, 16:00~16:30
2020/07/09 19:29:52			14:30~15:00, 15:30~16:00	14:30~15:00, 15:30~16:00
2020/07/09 23:17:42				13:30~14:00, 14:00~14:30
2020/07/23 16:01:46			13:30~14:00	13:30~14:00

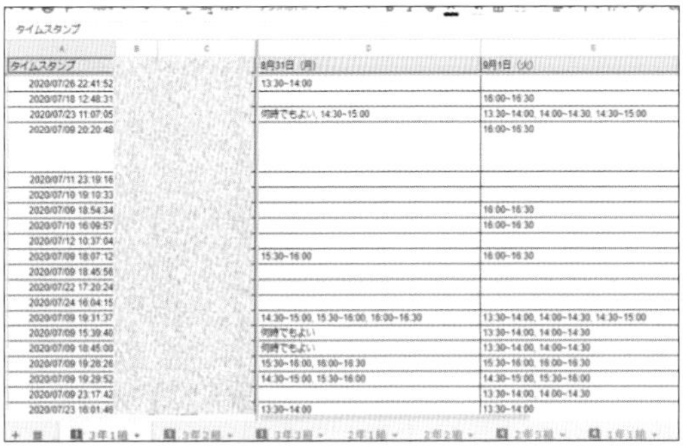

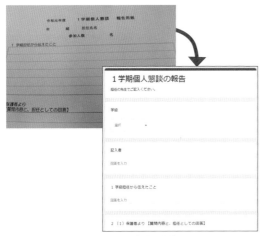

図07-14　調査結果の集計

図07-15　フォームを活用した事後の報告

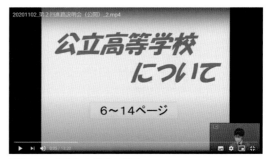

できました。これまで，「印刷・配付・回収・集計」にかかっていた手間と時間を大幅に短縮することができました。なお，しばらくしても回答のない保護者には再度連絡し，回答を促すことも運用初期には必要です。

個人懇談会終了後の各担任からの報告も**図07-15**のように紙媒体からフォームに変更しました。懇談会終了後，短時間でその状況を全教職員で共有することができ，更にこれまでは時間がかかっていた分析も，入力された報告データを分析サイトを利用することで，短時間に容易にすることができました。

授業でもこの一連の「印刷・配付・回収・集計」は，よく行われていることであり，日常業務での活用体験が今後の授業での活用につながっていきます。

②　オンライン保護者説明会の実施（進路説明会，修学旅行説明会等）

2020年のコロナ禍では，多数の保護者が集まる対面での各種説明会の実施が困難な状況となり，対面とオンラインのハイブリッドで説明会を実施することに変更しました。

ここでもフォームを使い，事前に「対面」「リアルタイム視聴」「事後視聴」の希望を取りました。

図07-16　配信した説明会動画

説明会終了後に，見やすいように収録した動画を各10分ほどに分割をして，Google ドライブ にアップし，そのリンクを一斉メールで保護者に連絡しました。分かりにくいところは繰り返して見ることができる点などが好評でした。

この過程で，ドライブでの動画データ共有やYoutubeでの動画配信を繰り返し体験することとなり，この活動はオンライン授業やClassroomでの動画の活用につながります。

③　いろいろな情報共有場面でのスプレッドシートの活用

⑵で説明をしたスプレッドシートの同時協働編集と情報共有を日常業務のいろいろな場面で繰り返し活用します。

・毎日の各クラスの欠席や健康状態の集計
・授業進度の集約
・行事反省の集約
・各種日程調整
・コロナ禍での不安や疑問など，いろいろな意見集約
・部活動計画集約
・各種名簿集約等

このような活用により，授業での意見や考えの共有場面での活用イメージがしっかりでき，授業への活用のハードルが下がっていきます。

なお，この活用は校内だけでなく，他校とも可能ですので，学校間での情報共有にも威力を発揮します。2020年のコロナ禍では，これまで以上にいろいろな情報を学校間で共有して学校経営を進めなければならない場面が多くありました。これまでのメール添付での情報集約では，時間も手間もかかりますが，スプレッドシートの活用によるこの情報共有では，校長が入力すれば一瞬で情報を共有することができ，集約を待たずに各校長が判断材料として使うことができました。2020年3月の臨時休校時からこの活用を始め，まず校長がクラウドを活用した

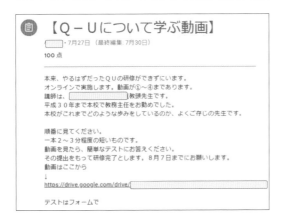
図07-17　校長間での情報共有例

協働編集のよさを体感しました。校長自身が使ってみて、そのよさをまず体験することができたことは、とても意義があることでした。その後、この形での情報共有がいろいろなところで行われるきっかけとなり、授業での活用につながっていきました。

3　G Suite for Education などのGIGAスクール環境を活用した教員研修

GIGAスクール環境の活用に慣れるために、また授業での活用イメージをしっかりもつためにも、GIGAスクール環境を活用していろいろな教員研修を実施していくことが大切です。

⑴　Classroomを活用した非同期型オンライン研修

2020年のコロナ禍では、外部講師による対面の研修が困難になりました。そこで、Classroomを活用した非同期型のオンライン研修を実施しました。

図07-18は、学級集団アセスメントツール「Q-U」についての教員研修でのClassroomの例です。Classroomに参加して、研修の概要を把握します。その後、各自の都合のいい時間帯に、事前に収録して短時間に分けられた講師の説明動画を視聴します。視聴後、フォームの質問に答え、学んだことの振り返りをします。

このような研修は、Classroomを実際の授業に活用する場合のイメージをはっきりさせるものとなりました。なお、今後、このような形態で研修を進

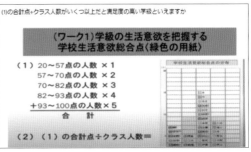

図07-19　Classroom内の研修コンテンツ例

めることにより、職員の勤務時間を有効に使うことにつながるものと考えます。

⑵　校内授業研究会での活用

授業研究後の研究協議会でも Chromebook を活用します。従来は、付箋に気付いたことや感想などを書いて拡大した指導案に貼って共有をしていましたが、ここでは、授業を振り返りながら、各自が意見をスライドに入力していきます。そして、すぐに各自が入力したものを集約して、簡単に共有・まとめができます。また、他のグループとの共有も容易です。もちろん、協議会終了後に授業者との共有もできて、振り返りにも有効ですし、これまで以上に検討が深まります。その後の全体会でも、各自がメモをスライドなどに入力して、学びの共有が容易にできます。

教師自身がこのように体験を重ねることで、どのように活用するといいのか、はっきりつかむことができ、授業での活用のハードルはどんどん下がります。もちろん、これまでなら共有できなかった意見も確実に共有でき、より深い授業研究を行えるようになります。

図07-18　Classroomを活用した研修例

4 GIGAスクール環境の活用を点から面へ広げるために

ここまでは，校内での研修や活用体験を中心に説明をしてきました。このようないろいろな研修の取組はもちろん，実践も含めて自治体内で共有をして，点での取組を面へ広げていく必要があります。

(1) Google Chat を活用した実践の共有

これまでであれば，実践の様子を資料にまとめて配付をするか，プレゼンデータをつくってメールでメンバーに送るか，サーバーでデータを共有するなどの方法を取っていましたので，ある程度の時間と手間がかかっていました。しかし，GIGAスクール環境が整えば，Chatを使うことで気軽に各自の実践を共有することができます。また，コメントも気軽に送り合うことも可能です。更に，簡易の実践事

図07-20 授業研究協議会での活用

協議の記録
・クロムブックを使うときと使わないときのメリハリができている。
・模擬授業のときに課題として挙がっていた，投票率が低いと国民の意見が反映されにくいという意見がしっかりと子供から出されていた。
・フォームを使った投票を行うことで，どの意見の人が何人いるのかがひと目でわかるようになっていた。
・課題を考え，構成していく，生徒の意見を聞いて，つなぐ，深めるが良かった。
・アウトプットが良かった。生徒の考えが深まった。
・最後の考えでもう少し時間があればよかった。自分の考えがもう少し引き出せばよかった。

図07-21 スライドへ入力された授業研究協議会記録

図07-22 校内授業研究会全体会

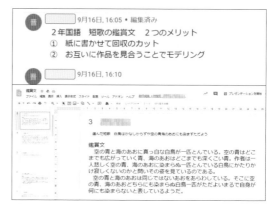

図07-23 Chatを活用した校内での実践共有

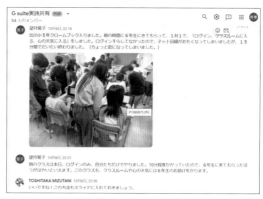

図07-24 Chatを活用した市内での実践共有

例集としても活用可能です。このように，実践後すぐ共有することができるようになり，更にいろいろな実践がされることにつながっていきます。

(2) Classroomを活用した研修資料の共有

従来であれば，自治体内の全校に周知したい内容があれば，各校の代表が集まって集合研修で学んだことを伝達講習という形で各校で伝える研修形態がほとんどでした。場合によっては，悉皆研修ということも行われていました。しかし，GIGAスクール環境が整備され，各校での研修にClassroomが活用されるようになったということは，わざわざこのようなことをしなくても，必要なことを伝える環境が整ったことになります。図07-25のように動画も含め，各校での研修で活用できる資料をClassroomで共有していくことで，各校での研修を支援することができます。また，必要なときに速やかに研修内容を共有することも可能になります。ここには，(1)で紹介したChatで共有した各校での実践を基にした資料はもとより，Google for Education，文部科学省，各教育委員会等で公開されている資料も掲載するようにします。もちろん，資料の作成にもGIGAスクール環境をフル活用して，

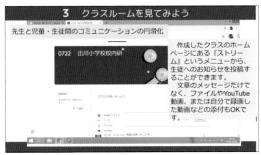

図07-25 Classroomを活用した自治体内での研修資料の共有

図07-26 実物投影機活用オンライン研修

図07-27 オンライン公開授業研究会

図07-28 Classroomを活用した教員研修教材例

特に対面での会議を開催しなくても，同時協働編集により作業を進めることができます。これにより資料作成側の負担軽減が図られます。なお，このような資料の活用により，各自が自分のペースでClassroom内の資料を使いながら研修をすることが可能になり，働き方改革にもつながります。

(3) その他の取組

GIGAスクール環境を授業で有効に活用するためには，いろいろな場面での活用体験を積み重ねることが大切だと最初に説明しました。ここまで説明した取組以外にも次のようなことが可能です。

図07-26のように，初任者対象の実物投影機活用研修を同期型オンライン研修で実施しました。愛知県春日井市内約40校からオンラインで模擬授業に参加をし，基本的な活用法を確認した後，自分の教室で指導教員と一緒に確認をし，最後に振り返りを共有するという内容です。従来は終日の集合研修として実施していたものですが，自分の教室で指導教員と共に実物投影機の活用法を確認することができるので，短時間で終えることができました。更に，最初の模擬授業を受講することにより，同期型のオ

ンライン授業についても体験をすることができました。

また，動画の共有が容易になったことで，**図07-27**のように公開授業研究会をオンラインで実施する試みもありました。確かに実際の授業を見たほうが多くの情報を得ることができますが，配信された動画でも必要な情報を得ることができ，十分目的を果たせることが分かりました。今後の実施が更に期待されます。

更に，**図07-28**のように，その他の研修についてもClassroomを活用して教員研修教材を自治体内で共有するようになり，日常的にGIGAスクール環境を活用することが広がりつつあります。

〈水谷 年孝〉

理論編

1 「整備」から「活用」の時期に何をすべきか

GIGAスクール構想が，「整備」から「活用」の段階に移ります。校長は，この時期に，学校のリーダーとして，自校の実態に合った一人一台PCの活用や，それに向けた研修の方針を定めなければなりません。

筆者は，令和2年度後半をGIGAスクール構想実現のための「土台づくり」の時期と考えています。土台とは，クラウドを利用した一人一台PCを授業で活用する教師たちに必要とされる「知識や経験」です。筆者の勤務校（小学校）の土台づくりの方針は次の2点です。

① 教師の不安を減らし，GIGAスクール構想を受け入れられるようにする
② 段階的にクラウドを活用したツールに慣れて，全ての教師に活用を広げていく

2 GIGAスクール構想に不安を抱く教師たち

⑴ 「何もかも真っ白な状態です」

筆者の勤務校では，今までに，職員室でGIGAスクール構想のことが話題になることはほとんどありませんでした。多くの教師はあまり関心がないように感じることさえあります。そこで，GIGAスクール構想についての校内学習会を行いましたが，その事後アンケートを見て，筆者は驚きました。

・何もかも真っ白な状態です。何に困っているかも分からないくらい分からないです。心配しかないので，子どもだと思って教えていただきたいです。
・慣れない言葉が多くて，一度聞いただけでは覚えきれませんでした。研修で一歩ずつ，できることを増やしていければと思います。

筆者の勤務校の教師は関心がないのではなく，実は，GIGAスクール構想に対して様々な「不安」を抱いているので，積極的になれずにいたのです。そこで，近隣校の学習会でも，「一人一台PCを使った授業は不安ですか？」という質問をしてみたところ，どの学校でも不安を訴える声が多く聞かれました。不安を抱えているのは，ベテラン教師に多いイメー

ジがありますが，実際には，年代を問わず多くの教師が不安を抱いていました。

⑵ 不安の原因「三つの不足」

ほとんどの教師は，スマートフォンなどで日常的にクラウドサービスを利用する生活を送っています。それなのに，ここまでGIGAスクールに不安をもつのはなぜでしょうか。それを確かめるために，筆者は近隣の小学校の協力を得てアンケート調査や聞き取りを行い，教師が不安を抱く原因を探ってみました。

① 基礎的な知識の不足

まず，不安の根底にあるのは，「基礎的な知識の不足」です。GIGAスクール構想の説明によく使われる「クラウド」「アカウント」「デバイスフリー」「OS」「Chromebook」という五つの用語についての理解度（自己評価）を調査したところ，多くの教師がこれらの用語の意味やその仕組みを理解できていないことが分かりました。つまり，多くの教師は「基礎的な知識の不足」のため，「何もかも真っ白な状態」になっているのです。

② 一人一台PCを使った授業イメージの不足

多くの教師には，GIGAスクール構想での「児童一人当たり一台のPC」を使った授業のイメージが伝わっていません。なぜなら，多くの教師は，「擬似的な一人一台」環境での授業経験しかないからです。「擬似的な一人一台」環境とは，PC室などの限られた場所で，各学級に割り当てられた時間にだけ一人一台が実現する環境です。ですから，教師一人一人が，「本当の児童一人につき一台PC」環境での「新しい授業イメージ」をしっかりともつ必要があります。

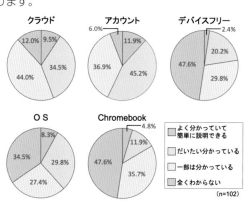

図08-1 基礎的な用語の理解

③ 端末やアプリの操作経験の不足

　端末やアプリの操作経験の不足は，特にChromebook端末を選定した学校に多いように感じます。多くの教師には，「Chromebookは今まで使っていたPCとは違うらしい」という情報だけが伝わっています。学校に端末が納入されて初めてChromebookを見たという教師も少なくありません。更に，校務でもクラウドを活用したアプリを使った経験がないため，不安を抱いているのです。

３　教師の不安を減らして，一歩踏み出させる

⑴　「クラウドの基礎・体験研修」で生活と知識を結び付ける

　筆者は，勤務校や近隣校で「クラウドの基礎・体験研修」を実施しています。その目的の一つめは，既にクラウドを十分に利用している教師たちの「生活」と，クラウドに関する基礎的な「用語」を結び付け，「仕組み」を理解してもらうことです。

　研修では，個人のスマートフォンやPC，タブレットなどを使用します。参加者は，クラウドサービスを利用して簡単な質問に答えながら，「マップ」や「ネットショッピング」を例にして，クラウドの基本的な「仕組み」を学んでいきます。その途中で，基礎的な「用語」の意味も確認します。用語は難しい文章で伝えるのではなく，「『クラウド』はネットの先にあるデータセンター」「『OS』は，PCを動かす基本のプログラム」というように図でイメージ化できるように伝えていきます。

　研修の目的の二つめは，Googleのアプリを使ってクラウド利用の「便利さ」や「よさ」を体験してもらうことです。筆者は，用意したGoogleドキュメントで「音声入力」や「ドキュメントの翻訳機能」を体験してもらい，端末とクラウド，AIの関係を説明しています。また，Googleスプレッドシートを個人の端末で共有し，共同編集の体験もしてもらっています。このような体験をすると，始めは「よく分からない」という教師の反応が，「よく分からないけれど，何だかすごい……」に変わっていきます。更に，仕組みを理解して体験を重ねると，夢中になって取り組む教師が増えてきます。教師自身が驚いたり楽しんだりする経験を通して，クラウドサービスが前提となっている世の中の動きを理解することが，GIGAスクール構想の実現のための「はじめの一歩」です。

⑵　学びたい教師の背中を押す

　クラウドの基礎・体験研修を行うと，前向きな教師たちが現れます。研修で知識を得て，教師がやる気になるという面もありますが，実は研修以前から「学びたいけれど，どう学んだらよいのか」と困っていた教師もいるのです。

　実は，多くの教師には，Google Workspace for Education（旧称 G Suite）がChromebook以外の端末や個人のアカウントで使用できることがあまり伝わっていないからです。それで，筆者はそういう教師たちに，それぞれが所有する端末でG Suite for Education（当時）を使う方法や，Teacher Center でのオンライントレーニングを紹介しています。筆者がお勧めしているのは，「はじめての G Suite」[1]で，メールで簡単なチュートリアルが届く8週間のトレーニングプログラムです。各レッスンは15分未満で，G Suite を活用するために必要なトレーニングビデオで構成されているので分かりやすく，かつ，基本を確実に学ぶことができます。また，Chromebook について学びたい教師には，教育者のためのトレーニングコースの「端末トレーニング Unit 2 Chromebook」[2]を紹介しています。

　このようにして，学ぶ意欲のある教師の背中を押し，校内でミニGoogle先生を育成することが後々の研修で役に立ちます。

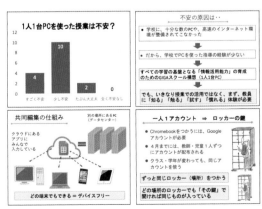

図08-2　クラウドの基礎・体験研修のスライド

図08-3　共同編集体験

4 段階的にクラウドを活用したツールに慣れて，活用を広げる

(1) 児童の一人一台PCを使った授業の「イメージ」の不足

GIGAスクール構想での児童一人一台PCの「使い方」は，今までとは大きく異なります。その使い方を今までの「擬似的な一人一台」環境と比較してみると，違いがよく分かります。

表08-1　児童の一人一台PCの授業イメージ

	今まで 擬似的な一人一台	これから GIGAスクールの一人一台
いつ	割り当てられた時間だけ	いつでも
どこで	PC室など	教室（どこでも）
どれくらい	ほとんどの時間	必要なときだけ
何を	一つのソフトをじっくり	いろいろなソフトを使い分けて
どうやって	個別の作業	個別+共同作業

GIGAスクール構想では，割り当てられた時間だけでなく，授業や学校生活で必要なときにはいつでもPCを使います。教室でも，教室外でもPCを使用でき，1コマの授業でずっとPCを使うことよりも，必要なときにだけ，短い時間でさっと使うことが多くなります。また，調べ事には検索アプリ，発表にはプレゼンのアプリというように目的に応じていろいろなアプリを使い分けます。そのため，児童生徒は，個別で作業することもあれば，何人かで共同作業をすることもあります。こういう使い方を，「いつでも ちょこっと 使う＝ICT」と表現することがあります。教師は，この新しい「児童の一人一台PCを使った授業のイメージ」を正しく理解しなければなりません。

(2) 教師の「体験」＋「話合い」で活用を広げる

① 少人数・短時間・お手軽研修

土台づくりの仕上げは，Chromebook と端末を使った操作体験と話合いです。

端末やアプリの操作研修は，専門知識が豊富で高いスキルをもった専門の外部講師に任せるのがよいという考えもあります。しかし，残念ながら，各校に割り当てられた研修の日数や時間は限られています。もし，短時間に難しい知識やスキルを詰め込むような研修になってしまうと，再び，教師の拒否感が強くなってしまいます。そこで，筆者の勤務校では，外部講師による研修に加え，自校でできる「少

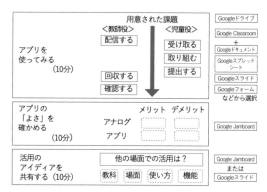

図08-4　短時間お手軽研修の流れ

人数・短時間・お手軽研修」を行っています。この研修は，1回30分以内，参加者は5〜6名で，講師は前述のミニ Google 先生が担当します。

まず，児童生徒の学校生活をイメージした課題をいくつか事前に準備しておきます。用意する課題は，例えば Google ドキュメント ならば「文章を書く」，Google スライド ならば「割り当てられたスライドに書き込む」というように，できるだけ簡単であることも大切です。

研修では，一つの課題を，教師役が Google Classroom を使って配信し，児童役が課題に取り組んで提出する模擬授業を行います。課題が簡単なので，児童役の全ての参加者が10分以内に確実に課題を提出することができます。

表08-2　研修の課題例

使う場面	取り組む課題	使用するアプリ
朝の会 帰りの会	学級日誌を書く	Google ドキュメント
授業中	ミニテストを受ける	Google フォーム
	意見を出し合う	Google Jamboard
	作品の紹介をする	Google スライド
	学習の振り返りを書く	Google ドキュメント
休み時間	係の活動表をつくる	Google スプレッドシート

② アプリの「よさ」を確かめる

課題を短時間でできるシンプルなものにしているのは，体験後の話合いを重視しているからです。

話合いの柱の一つめは，「アプリのよさを確かめる」ことです。

話合いでは，Google フォーム のテストと紙のテストと比べ，互いのメリットやデメリットを出し合い，Google Jamboard を使って，付箋を動かしながら整理しました。

一人一台PCやアプリは学びのための「道具」です。道具の本質は，それを使うと楽で便利であるこ

図08-5　フォームと紙のテストの比較

<特に優れている点>
- 採点や集計に時間がかからない
- テスト終了後、結果をすぐに授業に生かせる

↓

<実現するためにやるべきこと>
- 教師がフォームの作成の仕方や使い方を覚える
- 児童に操作の方法を指導する

図08-6　フォームを使ったテストの「よさ」

とですから、「よさ」を感じることで、道具の使い方（アプリの様々な機能など）を学ぶ必要性が生まれます。

　始めからアプリありきではなく、使って、比べて、「よさ」を実感することで、教師の学びが深まり、活用が広がるのです。

　③　活用のアイディアを共有する

　多くの教師は一度学んだことを他の場面で活用したり、一工夫して違う使い方を見付けたりするのが上手です。そこで、「フォームは他にどんな場面で使えるだろうか？」という活用のアイディアを出し合って共有します。

　図08-7はフォームを理科の実験で使用するアイディアです。テストやアンケートとして使われることの多いフォームですが、このアイディアでは、児童一人一人の実験の予想やグループごとの実験結果を集計することにフォームを使用します。更に、予想の集計をグラフで表したり、スプレッドシートでグループごとの実験結果の平均値を出したりすることで、児童が実験そのものに取り組む時間を確保できるようになります。

　また、活用のアイディアを共有することによって、自分のアイディアに他の教師の考えを取り入れることもできます。ある若手教師の「登校後に、児童が自分の健康状態をフォームに入力する」というアイディアには、各学級の朝の健康観察の時間を短縮できるだけでなく、全校の集計を行う養護教諭の作業も軽減できる「よさ」があることが分かりました。

<理科　振り子の実験での活用>

課題	糸の長さや振り子の重さ、振れ幅を変えると、振り子が10往復する時間はどうなるだろう？
実験前の活用	①一人一人の子どもが実験の結果を予想する。 ②フォームで学級全体の予想を集計し、グラフで提示する。
実験	グループごとに条件を変えて5回ずつ実験する
実験後の活用	①グループごとの実験の結果（振り子の往復時間）をフォームで集約する。 ②スプレッドシートで学級の条件ごとの平均値を出して提示する。

図08-7　フォームの活用のアイディア（例）

そして、ベテラン教師は「便利で短時間で済むからこそ、教師はより注意深く児童の表情や体調を観察する必要がある」と話し、若手教師も大きくうなずいていました。まさに「ICT」と「教師の技」の融合で、活用の質が高まることが期待できます。

5 一人の「すごい授業」より全員の「小さな活用」

　令和3年度からは、土台を基に、いよいよ授業での活用が始まります。筆者は、このスタートも全力で走り出すのではなく、ゆっくりと歩き出すくらいの気持ちでよいと思っています。その代わり、一部の教師だけでなく、とにかく「全員が授業で使ってみる」ことが大切です。

　筆者が今までに参観したPCを活用した授業は、どの授業も、教師と児童生徒がPCを使いこなす「すごい授業」ばかりでした。しかし、よく話を聞いてみると、PCを活用しているのは学校の一部の教師だけということもありました。GIGAスクール構想では、全ての児童生徒が一人一台のPCを使うことができる環境が整うのですから、一部の「スーパー先生」だけがそれを活用することになってはなりません。ですから、校長には「一人の百歩より百人の一歩」という姿勢が求められます。

　世の中は、既にクラウドの利用が前提となって動いています。そのことを教師がきちんと理解し、授業での一人一台PCの「小さな活用」を地道に繰り返せば、多くの活用のアイディアが生まれます。そして、活用が学校中に広がれば、多くの児童生徒にこれからの時代を生きていくために必要な力を育むことができます。そういう活用を目指して、「整備」から「活用」の時期の学校経営に取り組んでいきたいと考えています。

1) https://teachercenter.withgoogle.com/gettingstarted?hl=ja〔2020年12月19日確認〕
2) https://teachercenter.withgoogle.com/device_training/course〔2020年12月19日確認〕

〈菅野　光明〉

共通操作編

- まずは機能や操作方法を知りたい!

- Google Workspace for Education で何ができるの?

- 授業に使える機能は?

09 操作を習得するコツは？

1 マニュアルを覚えるより，とにかく体験しよう

　Chromebook や Google Workspace for Education（旧称 G Suite）のアプリの操作習得のコツは，とにかくたくさん体験することです。Workspaceのアプリは非常にアップデートが早いです。どんどん新しい機能が追加されます。したがって，ある時点でのマニュアル，ボタンの形や位置を覚えるより，日常的に使い続け，そのつど最適な使い方を体得していくことをお勧めします。

　児童生徒の活用にも同じことがいえます。教科等の学習の手段として有効活用するためには，一定程度操作の習得を目的とした活用期間が必要となります。その際，操作方法を説明するだけでなく，遊びや係活動などの生活に係る活用を通して，少しずつ操作に慣れていくことが考えられます。

　Workspaceは，非常に自由度が高く，ほとんど何でもできるといっても過言ではありません。だからこそ，体験を積み重ねて自分にぴったりの活用法を習得してみてはいかがでしょうか。

2 周りと情報共有しよう

　もう一つのコツは，周囲の教師同士で情報共有を積極的に行うことです。よい操作方法や活用方法を見付けたら，どんどん広めましょう。幸いにもGoogle アプリは共有・協働するのに適しています。例えば，Google Chat に操作法や授業での活用法などの写真を共有することで，自分に合った操作法・活用法を見付けやすくなります。また，記録はどんどん蓄積されていくため，後から振り返ることもできます。

図09-1　Chatで事例を共有する

3 「Google ヘルプ」を活用しよう

　「とにかく体験が大切」とはいえ，操作方法を調べないわけではありません。体験する中で，必要に迫られたときに活用できるサイトを知っておくと大変便利です。ここでは，「Google ヘルプ」を紹介します。Google ヘルプでは，アプリの操作方法等について，詳細に解説されています。右のQRコードを読み取って，アクセスしてみましょう。

図09-2　Google ヘルプ を活用する

4 YouTubeで調べてみよう

　操作方法を調べるときは，YouTubeも参照すると非常に便利です。操作方法は，静止画や箇条書きのマニュアルだけでなく，動画も併せて見ると分かりやすいためです。例えば，「Googleクラスルーム」と検索しただけで，たくさんの操作法や活用法の動画が出てきます。YouTubeというと，遊びや娯楽といったイメージがありますが，教師にとっても児童生徒にとっても，学習や情報収集に便利なツールであることが分かります。

図09-3　YouTubeで調べてみる

10 Chromebook で何ができるの？

1 Chromebook って何？

　Chromebook には，WindowsでもMacでもない「Chrome OS」という，独自のOSが搭載されています。クラウドでの活用を前提とした新しいOSが動作しており，ウェブブラウザを通して，Google Workspace for Education（旧称 G Suite）などを活用します。ユーザーの立場では，次のような特徴があります。

- ・軽く，耐久性の高い設計
- ・一日使い続けてもバッテリーが持続
- ・3万円程度など安価
- ・10秒以内に起動
- ・ウイルス対策も無料で万全＆自動で更新

　管理者や教師の立場で考えれば，一斉に設定を変更したり，全体の活用状況を把握したり，簡単に機器を追加したり，紛失の際など使えなくしたりを遠隔で行うことができます。また，アップデート中に作業を中断することもありません。

　まさに，管理のしやすさやトラブルの少なさから，学校で児童生徒が学習用に活用する端末として適しているといえるでしょう。WindowsやMacのPCとは使い方が異なる部分もありますが，それらを上回るメリットから，既にアメリカの教育市場では最も高いシェアを誇っています。

2 Chromebook でできること

　Chromebook は，主に，「ウェブブラウザでできること」「Android のアプリケーションでできること」ならば，何でもできます。

　ウェブブラウザとはウェブページを表示するためのソフトウェアで，Chrome，Safari，Edgeなどがあります。Chromebookでは基本的に Chrome ブラウザを使用します。WindowsやMacで Chrome を使ったことがある方ならば，同様の操作で使うことができます。

図10-1　Google Play ストア から Android アプリをインストール可能

　更に Chromebook では，Android のアプリをインストールすることができるので，Android のスマートフォンと同じことができます。Android のアプリを使う際は「Google Play ストア」から目的のアプリをインストールします。Android のアプリには，例えばWordやExcelなどのオフィス系アプリ，Slackなどのコミュニケーションソフトなどがあります。

　「ウェブブラウザ」でも「Android」でも，基本的にはWorkspaceといったクラウドサービスを利用します。したがって，様々な環境で動作するようなアプリであれば，Windows，Mac，Android スマホ，iPhoneやiPadなど，機器やOSの種類とは関係なく，簡単に行き来ができます。学校の Chromebook で行った作業の続きを，帰りの電車でiPhoneで行うなどもできます。

　Chromebook には，当然，カメラやマイクが付いていますので，テレビ会議や写真や動画撮影もできます。米国軍用規格「MIL規格」に準拠し，とても丈夫なものもあります。

3 最新機能を確認しよう

　Chromebook では，新しい機能がどんどん追加されていきます。そのためのアップデートは自動で行われます。新しく追加された機能は，ウェブサイト上で確認できます。例えば，右のQRコードを読み取って，Google のサイトにアクセスしてみましょう。最新の情報を手に入れることができます。

図10-2　Chrome OSの最新情報

11 Chromebook ここから操作しよう

1 Chrome ブラウザを開こう

　Chromebook の場合，ログインをすると図11-1のようなデスクトップ画面が開きます。画面下のバー（シェルフ）に Chrome ブラウザのアイコンがあります。ここから Chrome ブラウザを立ち上げましょう。Chrome ブラウザのアイコンが見付からない場合は，シェルフを上方向にスワイプして，アプリの一覧から探します。

図11-1　Chrome ブラウザを開く

2 Chrome ブラウザから何ができるの？

　Chrome ブラウザは，Google 検索ができるだけではありません。全ての Google アプリを活用する際のベースとして使用します。Chrome ブラウザをフル活用することで，よく使う Google アプリやサイトに簡単にアクセスできます。以降では，普段の教材研究や，授業の準備を助けてくれる「Google アプリアイコン」「ショートカット」「ブックマーク」「アドレス検索」について解説します。

3 Google アプリはタブで使い分けよう

　タブは，画面上部の「+」ボタンをタップして増やしたり，「×」ボタンで消したりできます。Google Workspace for Education（旧称 G Suite）では，サイトだけでなく，Google ドキュメント や，Google Classroom などのアプリも全てタブで開き，操作します。したがって，「ドライブに整理したドキュメントを開く」などの操作を行う場合には，「ドライブが開かれたタブ」と「ドキュメントが開かれたタブ」の二つのタブが開かれることになります。複数のタブを上手に使い分けることで，Google アプリを上手に使いこなすことができます。

図11-2　Chrome ブラウザでできること

共通操作編

48

4 Google アプリアイコンを活用しよう

Google アプリアイコンからは，ドキュメントやスライドなどのアプリを開くことができます。**図11-3**では，一部のアプリのみ表示されています。スクロールすると，他のアプリを一覧することができます。カメラやファイルなど，アプリアイコンから開けないアプリは，シェルフを上方向にスワイプして開きましょう。

図11-3 アプリアイコンを活用する

5 ショートカットを活用しよう

よく活用するアプリやサイトは，ショートカットを作成しておくと便利です。例えば，使用頻度の高い Google カレンダーや，担任しているクラスや学年のClassroom，学年で共有しているドライブなどをショートカットに登録しておくと，1タップでアクセスできるようになります。

まず，登録したいアプリを開き，アドレスバーのURLをコピーします。Chrome のトップ画面に戻り，「＋」アイコンからコピーしたURLを貼り付けます。ショートカットの名前を付けたら完成です。既に作成しているショートカットをつくり直す場合には，右上の三点リーダーをタップすると編集できます。

図11-4 ショートカットを活用する

ショートカットは，全部で10個まで作成できます。Workspaceを活用していく過程で，自分の仕事に最適なショートカットに最適化していきます。

6 ブックマークを活用しよう

お気に入り登録されたアプリやサイトは，「ブックマークバー」に表示され，こちらも1タップでアクセスできるようになります。まず，ブックマークバーに登録したいサイトを開きます。右上の「☆」アイコンをタップすると，ブックマークバーに登録されます。名前は自動で入力されますが，空欄あるいは短い名前にしておくと，ブックマークバーが圧

図11-5 ブックマークを活用する

迫されずにすみます。普段使いのアプリやサイトを登録しておき，日常的な教材研究や授業準備では，検索を省略しましょう。

7 アドレスバーでファイルを検索しよう

作成したファイルやフォルダは，アドレスバーから検索することができます。例えば，アドレスバーに「document」「体育的行事」と入力します。すると，候補に「20201010体育的行事起案」のドキュメントが出てきます。これは，フ

図11-6 アドレスバーから検索する

ァイルやフォルダを端末の中で編集しているのではなく，クラウド上で編集・保存しているためです。このように，「ファイル・フォルダの種類（document, spread, slide, forms, drive, classroomなど）」と「ファイル・フォルダ名」の二つの検索キーワードを組み合わせると，めあてのファイル・フォルダにアクセスしやすくなります。これまでファイルにアクセスするときには，共有フォルダにアクセスして，階層を下り，希望のファイルにたどり着いていたと思います。しかし，よく使うファイルに関しては，このようにアドレスバーから検索をしてアクセスすることが，クラウド時代の標準になります。

12 Google Workspace for Education で 何ができるの？

1 便利なアプリがたくさん！

　Google Workspace for Education（旧称 G Suite）には，教師や児童生徒にとって便利なアプリがたくさんあります。そのほとんどが，他者と協働することを前提としている点に特徴があります。

　その詳細は，本書の「アプリ活用編」などで解説しています。ここでは，どのようなアプリがあるのかを簡単に一覧してみましょう。

協働編集系

①Google ドキュメント
ワープロアプリ。
議事録，レポートなどの作成に。
（p.88〜）

②Google スプレッドシート
表計算アプリ。
データ分析，意見・感想の集約に。
（p.94〜）

③Google スライド
プレゼンテーションアプリ。
発表スライドの作成，意見文の作成に。
（p.100〜）

④Google フォーム
アンケート作成アプリ。
アンケート，小テストの作成に。
（p.106〜）

⑤Google Jamboard
付箋紙アプリ。
意見を出し合うときに。
（p.112〜）

⑥Google ドライブ
ドライブアプリ。
ファイルやフォルダの共有に。
（p.62〜）

図12-1　Workspaceで活用できるアプリ（協働編集系）

コミュニケーション支援系

①Gmail
メールアプリ。
日常的な連絡や，共同編集，会議の招待に。
（p.68〜）

②Google Classroom
学習支援アプリ。
課題の管理，児童生徒へのフィードバックに。
（p.74〜）

③Google Chat
チャットアプリ。
日常的な連絡，ファイル共有に。
（p.72〜）

④Google カレンダー
カレンダーアプリ。
教師や児童生徒とのスケジュール共有に。
（p.124〜）

⑤Google Meet
テレビ会議アプリ。
職員会議や遠隔学習に。
（p.118〜）

⑥Youtube
動画視聴，編集アプリ。
動画での表現活動，授業記録に。

図12-2　Workspaceで活用できるアプリ（コミュニケーション支援系）

2 Google アプリ活用の考え方

キーワードは，「統合して活用する」です。ドキュメントやスライドを個別のワープロアプリ，プレゼンテーションアプリとして活用するだけでなく，これらを，メールやチャット，ドライブ，カレンダーなどを介して非常に滑らかに組み合わせて活用するところに最大の特徴があります。

例えば，Google カレンダー で会議の予定を作成すると，メンバーに出席可否がメールされます。そこには参考資料がアップロードされた Google ドライブ とアジェンダが記入された記録用の Google ドキュメント のリンクが添付されています。オンラインでの会議の場合は，テレビ会議のリンクも添付されています。このように，「予定を作成・共有し，資料を配布する」という活動を，複数のアプリを組み合わせて活用することで，非常に簡単かつ安全に実行できます。

個別のアプリの操作に習熟するだけでなく，それらを統合して，便利に使っていくという考え方が肝要になります。

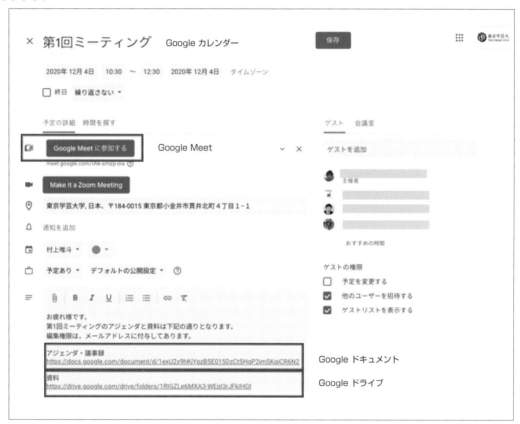

図12-3 Google カレンダー 上で様々なアプリが連携している例

3 その他にもたくさんのアプリがあります！

上記のアプリ以外にも，Workspaceで活用できるアプリはたくさんあります。例えば，「Google 翻訳」や，「Google マップ」「Google Earth」などは学校現場以外でもよく使われているアプリです。学校でも同様に，英語の学習や社会科の学習などで活用されています。「Google Keep」（メモアプリ）や「Google Tasks」（タスク管理アプリ）など，教師の業務を支援してくれるアプリもまだまだあります。これらのアプリも同様に，カレンダーやClassroomなどと統合的に活用していくことで，従来の業務効率化アプリよりずっと便利に活用することができるでしょう。

更に，もっと多くのアプリを活用したい場合には，「Google Workspace Marketplace」を検索します。ここでは，ドライブやメール，ドキュメントなど Google アプリと連携して活用する様々なアプリをインストールすることができます。

51

文字入力・キーボード操作を習得しよう

1 Chromebook のキーボード配列を見てみよう

Chromebook のキーボードは一般的なものと同じように使うことができますが，普段使われているものとは表記や配列が異なります。使っていればすぐに慣れますが，以下で解説をしていきます。まず，キーボードのローマ字表記は小文字です。また，以下のような特徴的なキーがあります。

表13-1の(1)は，前のページや次のページに移動するときに使います。これは，タッチパッド（p.54）の操作でも同様のことができます。

(2)は，現在開いているページの情報を更新したいときに使います。例えば，授業中に Google スプレッドシート を共同編集しようとして，「編集権限」が「閲覧のみ」になってしまっていることがよ

表13-1　特徴的なキー

キーボード	機能
(1)	前のページへ（左） 次のページへ（右）
(2)	ページの再読み込み
(3)	ページの全画面表示
(4)	開いているウィンドウを全て表示
(5)	アプリやWebを検索
(6)	画面の明るさを調整する
(7)	音声をミュート／小さく／大きくする
(8)	（長押しで）ログイン画面に戻る

くあります。教師がこれをその場で「編集可」に変更しても，児童生徒にただちに反映されないことがあります。このようなときに，「再読み込み」のキーを使うことで，編集権限の情報が更新されます（編集権限については，詳細がp.58～にあります）。

(3)は，タブなどを隠して，画面を全画面に表示するときに使います。例えば，教師の画面をプロジェクターで大きく映したいときに，「全画面表示」のキーを使うと便利です。

(4)は，開いているウィンドウを全て表示するときに使います。例えば，複数のウィンドウを立ち上げており，これらを切り替えながら作業をしたいときに便利です。

(5)は，Chromebook 内のアプリ検索や，Google 検索をするときに使います。Chrome ブラウザで新しいタブを開かなくても，スムーズに検索をすることができます。

(6)は，画面の明るさを調整するときに使います。教室の明るさなどに合わせて，適切な明るさに調節できるように，児童生徒に明るさの調整の仕方を指導しておくと健康面も安心です。

(7)は，音声の調整をするときに使います。テレビ会議のときや，動画を再生するときなどに使います。

(8)は，ログイン画面に戻るときに使います。少し席を外すときなど，簡単に端末にロックをかけることができます。

いずれの機能も，これらのキーでしかできない操作ではありません。しかし，これらのキーを使うことで，作業は数秒短くなります。数秒の積み重ねが，数分，数十分の効率化を生みます。

2 ショートカットを活用しよう

Chromebook にも，キーボードショートカットがいくつかあります。一般的なショートカットと同じもの，独自なもの，様々ありますが，ここでは学校現場でよく使われるものを取り上げます。

表13-2の(1)と(2)は，スクリーンショットを撮るときに使います。例えば，ウェブサイトをコピーしたりする際に活用します。スクリーンショットの仕方は，教師が知っているだけでなく，児童生徒にも指導しておくと，学習がスムーズに進みます。

(3)と(4)は，ウィンドウの位置を操作するときに使います。例えば，授業中に活用した Google Jamboard を見ながら，スプレッドシートに本時の振り返りを書きたいとき，画面の左半分にスプレッドシート，右半分にJamboardのウィンドウを固定します。閲覧を目的としたウィンドウと，書き込み・編集を目的としたウィンドウを並べて表示したいとき，教師も児童生徒も覚えておくと便利な機能です。

表13-2　主要なキーボードショートカット

キーボード			機能
(1)	ctrl	+ □|	スクリーンショットを撮る（画面全体）
(2)	ctrl	+ ◇ + □|	スクリーンショットを撮る（画面の一部）
(3)	alt	+ [	ウィンドウを左側に固定
(4)	alt	+]	ウィンドウを右側に固定
(5)	alt	+ ←	カーソルの後ろの字を削除
(6)	ctrl	+ C	クリップボードにコピー
(7)	ctrl	+ V	クリップボードを貼り付け
(8)	ctrl	+ Z	一つ前の作業にもどる

図13-1　2画面を並べて表示する

　(5)は，いわゆる「deleteキー」と同じことができます。Chromebook のキーボードにはdeleteキーが付いていないので，覚えておくと便利です。

　(6)～(8)は，一般的なキーボードショートカットと同様です。教師だけでなく，児童生徒にも覚えさせることで，学習活動にかかる時間が短縮されます。

　また，ショートカットがうまく機能しないときや，他のショートカットを見てみたいときは，「ctrl+alt+/」から，ショートカット一覧を表示できます。

3 手書き入力も活用しよう

　「ローマ字をまだ覚えていないから，キーボード入力は難しい。けれども，Google Jamboard などのアプリを使って活動させたい……」ということもあると思います。そんなときは，手書き入力を使うと便利です。手書き入力は，「画面キーボード」から利用できます。画面キーボードは，画面下のキーボードのアイコンから利用できます（画面キーボードが出てこない場合は，「設定＞詳細設定＞ユーザー補助機能」から利用できるようになります）。

　画面キーボードが出せたら，左上の手書きアイコ

図13-2　手書き入力をする

ンをタップします。画面タップが有効な機種の場合は，画面をなぞることで手書きできます。そうでない場合は，タッチパッドでドラッグ操作（クリックしたまま動かす）をすることで手書きできるようになります。小学校低学年の児童や，中・高学年でもローマ字入力が不得意な児童は，状況に応じて手書き入力の方法も教えておくと学習がスムーズになります。

4 キーボード入力はどう練習する？

　2020年度から全面実施となった小学校学習指導要領の総則には，「児童がコンピュータで文字を入力するなどの学習の基盤として必要となる情報手段の基本的操作を習得」とあります。現在，無料でキーボード入力の練習を支援してくれるサイトが複数あります。例えば，「キーボー島アドベンチャー」（スズキ教育ソフト）は，全国で20万人以上の小学生が利用しています。ネット上で申し込めば，児童用のアカウントが配布され，家でも学校でも利用が可能になります。

14 タッチパッドを習得しよう

1 タッチパッドとは？

Chromebook には図14-1のようなタッチパッドが付いています。マウスを接続しなくても，タッチパッドを指でなぞることで，マウスポインタを動かすことができます。児童生徒一人一台端末環境では，マウスを自由に動かすだけの机の幅が不足したり，マウスを毎回出し入れしたりすることが手間になることも考えられます。マウスを購入しなければ，児童数分のマウスにかかる費用が浮くことにもなります。タッチパッドを自在に操作できるようになることは，Chromebook の操作の基礎ともいえるでしょう。本稿ではタッチパッドの操作の仕方について解説をしていきます。

図14-1　Chromebook のタッチパッド

2 タッチパッドでできること

タッチパッドでできることとその操作方法は，表14-1から一覧できます。よく使うものだけ示しています。まずは，「タップ」の操作が重要です。タッチパッドを指で軽くたたく操作を「タップ」といいます。場所はどこでもよいです。基本的には，マウスの「クリック」の代わりに「タップ」を使うとイメージするとよいでしょう。タッチパッドの操作のポイントは，「タッチパッドに置く指の数」×「動かし方」の組合せで，できることが決まるという点です。指の数は，1本から3本を中心に使用します。動かし方は，クリック／タップか上下左右への移動を中心に使用します。一見複雑そうに見えま

表14-1　タッチパッドの操作方法

できること	指の数	操作方法
ポインタを動かす	1本	上下左右に動かす
クリック	1本	下半分をクリック／タップ
ドラッグ＆ドロップ	1本	2本指タップorクリックして動かし，希望の場所で指を離す
右クリック	2本	タップ
スクロール	2本	上下左右に動かす
前のページに戻る・次のページに進む	2本	左に動かす（前のページへ）右に動かす（次のページへ）
開いているウィンドウを全て表示する	3本	上下に動かす
タブを切り替える	3本	左右に動かす

すが，子供でも，使っているうちにあっという間に慣れてしまいます。マウスよりもできることが多く，またキーボードとの物理的な距離も近いので，タッチパッドを使いこなせるようになればなるほどに，作業の効率が向上することは間違いありません。

3 タッチパッドの操作のコツ

⑴　クリックよりタップを使ってみよう

タッチパッドの操作のコツの一つめは，クリックよりタップを中心に使うことです。マウスでいう，左クリックは1本指タップで，右クリックは2本指タップを使うようにしましょう。タッチパッドは下半分がクリックの有効範囲で，上半分は多少強く押し込まないとクリックできません。特に小学校低学年の児童にとっては，クリックが難しいことがあります。タップの操作を基本に指導することで，タッチパッドをスムーズに操作しやすくなります。

⑵　タップでうまく反応しないときは？

タッチパッドがうまく反応しないときは，タップによるクリックの設定がオフになっている可能性があります。「設定」から「デバイス」，「タッチパッド」を選びます。「タップによるクリックを有効にする」がオンになればOKです。他にも，タッチパッドの速度を調節したり，タッチパッドを上下にスワイプしてスクロールする向きを上下逆にしたりすることができます。

保存はどうするの?

1 Google アプリは保存不要!

Google のアプリは,「保存」という考え方をしません。端末がインターネットに接続されていれば,編集するたびに自動的に保存されます。**図15-1**は,Google ドキュメント のキャプチャを示しています。文字を入力したり消したりすると,そのつどで,誰が,どこを,いつ編集したかが自動保存されます。保存先は Google ドライブ です。

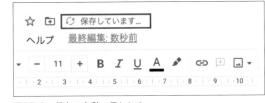

図15-1 保存は自動で行われる

これまでのように,その端末内ではなく,クラウド上で編集をしているのです。児童生徒に Google アプリの使い方を指導する際には,保存が不要という操作説明にとどまらず,インターネットに接続して,クラウド上で作業を行っているということも意識させてみましょう。

2 他のファイル形式に変換する

ドキュメントや Google スプレッドシート などで作成されたファイルは,他のファイル形式に変換することができます。例えば,学年だよりをドキュメントで共同編集して作成した後,保護者に共有するためにPDFに変換する,というように活用します。ドキュメントやスプレッドシートであれば,「ファイル」ボタンから「ダウンロード」を選び,変換したい形式を選ぶことで変換できます。こちらの保存先は,端末の中です。Chromebook を使っている場合は,アプリの「ファイル」の中に保存されています。保存が完了すると,ダウンロードマネージャーが開き,「ファイルを開く」というポップが出てきます。こちらからも確認することができます。

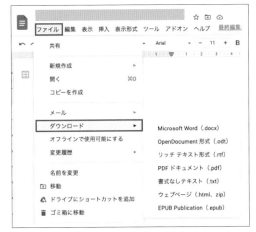

図15-2 他の形式に変換して保存する

3 ファイルを上書き保存されてしまったときは?

Google のアプリに保存のボタンはありません。つまり,間違えて消してしまったときや,消されてしまったときも,自動的に上書き保存されてしまいます。しかし,Google アプリには上書き保存の記録が全て編集履歴として残っています。編集履歴を参照することで,前の保存場所まで戻ることができます。編集履歴の詳しい操作方法については,p.66を参照してください。

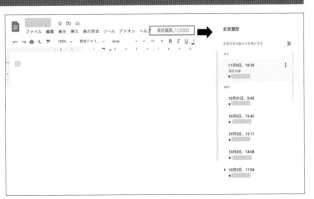

図15-3 編集履歴から前の保存場所に戻る

16 Google for Education アカウント を使いこなそう

1 Chromebook にログインしよう

まずは Chromebook にログインしてみましょう。Chromebook を起動すると，**図16-1**のような画面が表示されます。自分のアカウントを選び，パスワードを入力します。一度も自分のアカウントにログインしていない場合は，「ユーザーを追加」を選び，メールアドレスとパスワードを入力します。

起動時に一度アカウントにログインすれば，その後，各アプリでログインを要求されることはありません。この簡便さも，Chromebook の魅力の一つといえます。

図16-1 Chromebook へのログイン

2 Chrome ブラウザ にログインしよう

Chromebook 以外の端末で Google Workspace for Education（旧称 G Suite）を使う場合は，Chrome ブラウザにログインする必要があります。

Chrome ブラウザを立ち上げ，右上のアイコンを見てみましょう。ここでログイン状態が確認できます。自分の氏名のイニシャルなど，アカウント名の一部が表示されていればOKです。表示されていない場合は，何かアプリを立ち上げるとログインが要求されます。例えば，手近な「Gmail」などがよいかもしれません。そこで，自分のアドレスとパスワードを入力しましょう。

※よくあるトラブル

ログインできているのにアプリが開けない，共同編集に招待されたファイルを開けないときは，ブラウザの右上のアイコンが同じものになっているかを確認しましょう。アイコンが異なる場合は，タップして，正しいアカウントに切り替えます。あるいは，一度全てのアカウントからログアウトして，ログインしたいアカウントにもう一度入り直します。

図16-2 Chrome ブラウザへのログイン

図16-3 よくあるトラブルと解決方法

3 端末は関係ない？

　Workspaceは，アカウントの情報を使って，クラウド上のデータにアクセスします。したがって，同じアカウントにログインできていれば，学校の端末だけでなく，家庭にある端末でも同じデータにアクセスできます。

　例えば，同じアカウントでログインすれば，Google ドライブ に保存されたファイルや，つくりかけのGoogle スライド のデータを家からアクセスすることができます。教師が Google Classroom を通して提示した宿題に，児童生徒が家庭の端末を使って取り組むこともできるようになります。

4 セキュリティは大丈夫なの？

　Google for Education アカウント は，アドレスとパスワードだけでなく，様々な情報から本人確認を行っています。端末のログイン情報はその一つです。「どの場所にあるどの端末から，何時何分にアカウントにログインされたのか」といった情報が記録されています。新しい端末からアカウントにログインされたときには，Gmail に通知が来ます。もし心当たりのない端末や，行った覚えのない場所からログインされていたら，すぐにパスワードを変更するなどして対処することができます。

図16-4　ログインした端末が記録される

　また，2段階認証を設定して，よりセキュリティを強化することもできます。2段階認証とは，アドレスとパスワードだけでなく，もう一つ別の情報をログインに使用する認証方法です。例えば，ログイン時にスマートフォンにメッセージが届くように設定し，そのメッセージの情報がなければログインできないように設定できます。あるいは，物理キーを購入する方法もあります。物理キーは，有線あるいは無線で，アカウントにログインするための鍵です（例えば「Titan Security Key」など）。

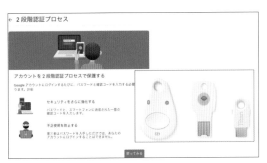

図16-5　2段階認証を設定する

　2段階認証を設定することで，アドレスとパスワードの両方が流出してしまっても，第三者がアカウントにログインすることはできません。2段階認証の設定も「Google アカウント の管理」から行うことができます。

5 アカウントの名前や画像を変更しよう

　Chrome ブラウザを開くと表示される右上のアカウントをタップすると，「Google アカウント を管理」というボタンが表示されます。ここの「個人情報」の編集から，写真，アカウント名，パスワードを変更できます。写真とアカウント名は，Google Chat や Gmail，

図16-6　アカウントの名前や画像の変更

Google ドキュメント などWorkspaceのアプリ全てに反映されます。写真やアカウント名は，クラスの友達や教師から見て分かりやすいものだと，活動をスムーズに行いやすいです。

17 「共有」を使いこなそう

1 「ファイルを共有」するとは？

Google Workspace for Education（旧称 G Suite）のアプリは，「ファイルを共有」することを前提につくられています。「ファイルを共有」すると，いつでもどこでも，教師同士，教師と児童生徒，児童生徒同士で，協働作業ができます。児童生徒が新聞を協働制作したり，児童生徒の制作物を教師が添削したり，学年だよりを協働編集したりするとき，様々な場面で「共有」機能を使います。

2 「共有ボタン」を使いこなそう

Google の各アプリには，右上に「共有」ボタンがあります。「共有」ボタンからは，①「ユーザーやグループと共有」と②「リンクを取得して共有」の2とおりで共有ができます。

⑴　ユーザーやグループと共有

「共有」ボタンを押すと，「ユーザーやグループと共有」とあり，宛先を入力する欄が出てきます。ここに，共有したい相手の「メールアドレス」または「名前」を入力します。例えば，村上さんと共有したければ，宛先に「村上」と入力するか，村上さんのメールアドレス（例えば murakami@xxxx.ed.jp）を入力します。名前やアドレスは，全てを入力しなくてもかまいません。入力の途中で候補が提案されます。

図17-1　共有ボタン

個人ではなく，グループと共有する場合も同様です。グループのメールアドレスまたは名前を入力します。例えば，6年1組の児童と共有したい場合は，「6年1組」と入力するか，6年1組のメールアドレス（例えば 202061@xxxx.ed.jp）を入力します。グループと共有すると，そのグループに所属する全員がファイルにアクセスできるようになります。

宛先を入力したら，①通知の有無，②メッセージの有無，③編集権限，を決めます。

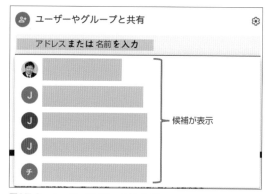

図17-2　ユーザーやグループと共有

①　通知の有無

「通知」にチェックを入れると，Gmail で通知メールが届きます（詳細は，p.68〜を参照してください）。

②　メッセージの有無

「通知」にチェックを入れた場合，メールに添えるメッセージを記入できます。メッセージは通知と一緒にメールで送信されます。

③　編集権限

編集権限は，「閲覧者」「閲覧者（コメント可）」「編集者」の三つがあります。

「閲覧者」は，共有されたファイルに入力／削除したり，コメントしたりすることができません。

「閲覧者（コメント可）」は，入力／削除すること

図17-3　編集権限などを決める

はできませんが，コメントもできます。

「編集者」は，入力／削除もコメントもできます。

例えば，授業中の資料として児童に使わせたいスライドを共有するときには，「閲覧者」あるいは「閲覧者（コメント可）」とし，スライドに共同編集させたい場合は「編集者」として共有する，というように，目的によって編集権限を使い分けましょう。

⑵　リンクを取得して共有する

もう一つ，リンクを取得してファイルを共有する方法を解説します。同じく「共有」ボタンから，ファイルのリンクを取得できます。コピーしたリンクを，Google Chat や Gmail，Google Classroom などに貼り付けて，ファイルを共有します。共有された相手は，リンクをタップしてファイルにアクセスします。

リンクを共有する場合にも，①宛先，②編集権限（上記③と同様），を決める必要があります。

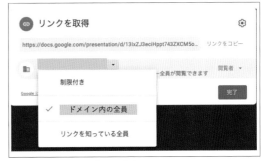

図17-4　リンクを取得して共有

「制限付き」は，メールアドレスに編集権限が付与されている人のみがファイルを編集／閲覧できます。これが最もセキュリティの高い設定です。

「ドメイン内の全員（実際には，組織の名前が表示されます）」は，同じドメイン（「＠」以下が同じアドレス）の人が，リンクを開くことができます。大勢のメールアドレスを入力するのが面倒なとき，ドメイン内の全員を宛先に設定すると便利です。

「リンクを知っている全員」は，名前のとおり，リンクを知っている全員がリンクを開くことができます。同じドメインのメールアドレスを所持していない保護者に共有する場合や，地域の人に共有する場合に便利です。しかし，万が一リンクが意図しない場所に漏洩してしまった場合は，誰でもそのファイルを閲覧したり，編集したりすることができてしまいます。

なお，共有する宛先や編集権限の設定は，自治体のセキュリティの設定によって制限がある場合があります。例えば，組織外の相手との共有ができないといったことなどがあります。

3　「パスワードは次のメールで」はもうやめよう

「添付ファイルにパスワードを付けて，ZIP形式などで圧縮して送信する。パスワードは次のメールで送信する」という共有のされ方が見られます。これは，セキュリティの観点から問題視されているだけでなく，受信者の負荷を高め，活動の快適さを阻害する原因にもなりえます。

Workspaceでは，適切な共有相手や編集権限をファイルごとに設定することにより，安全かつ素早くファイルを共有できます。セキュリティの観点だけでなく，使い心地の観点からも優れています。

4　その編集権限，大丈夫ですか？

Workspaceは，ファイルの共有をこれまでよりずっと安全・便利にしてくれます。しかし，人為的なミス（ヒューマンエラー）は起こりえます。

例えば，組織内の教員のみで共有するはずだった個人情報が入ったファイルのリンクが，編集権限の設定を間違えてしまったために外部に流出するといったセキュリティ事故が考えられます。

共有機能を安全・便利に活用するために，まずは内輪で練習をしてみるのもよいかもしれません。どの権限だと，どこまで見えるのかが，体験を通してよく分かります。

18 カメラ機能を活用しよう

1 カメラはどこにある？

　同じ Chromebook でも，機種によってカメラの位置や数が異なります。まずは，お使いの端末のカメラはどこにあるかを確認してみましょう。基本的には，画面上部に内カメラが付いています。機種によっては，外カメラが付いているものもあります。

2 カメラで撮影してみよう

　アプリの一覧から，カメラアプリを探します。アプリの一覧は，ホーム画面の下のバー（シェルフ）を上方向にスワイプして表示します（アプリの一覧表示の仕方は，p.48〜を参照してください）。Chromebook のカメラの操作の仕方は，スマートフォンやタブレット端末を活用したことがある人ならば直感的に分かりやすいです。撮影ボタン，写真／動画の切り替え，撮影した写真を表示するボタンがあります。小学校低学年の児童にも非常に分かりやすい画面になっています。

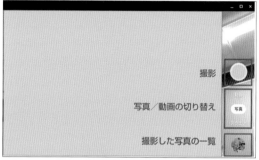

図18-1　カメラの基本機能

3 撮影した写真や動画はどこに保存される？

　Chromebook で撮影した写真や動画は，「ファイル」アプリの中に保存されます。まず，アプリの一覧から「ファイル」アプリを探します。撮影した写真，動画，スクリーンショットも，「マイファイル＞ダウンロード」の中に保存されています（スクリーンショットの撮影方法はp.53を参照してください）。

図18-2　写真や動画はファイルアプリから探す

4 写真をファイルに貼り付けるには？

　児童生徒が調べ学習等で撮影した写真やスクリーンショットを Google スライド に貼り付けたい場面がよくあるかと思います。そこでここでは，スライドを例に写真の貼り付け方を解説します。Google ドキュメント でも，Google スプレッドシート でも，操作は同様です。

　まず，「挿入」から「画像」を選択します。「パソコンからアップロード」を選択すると，「ファイル」アプリに保存された写真や動画が一覧されます。貼り付けたい写真を選ぶと，スライドに貼り付けられます。

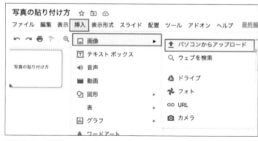

図18-3　撮影した写真をスライドに貼り付ける

5 貼り付けた写真をトリミングする

貼り付けた写真をトリミングする方法を解説します。貼り付けた画像を1本指で2回タップすると，画像の周りに黒い枠が表示されます。枠をクリックし，そのままドラッグすると，画像をトリミングできます。学齢の低い児童には少し操作が難しいかもしれませんが，便利な機能ですので，少しずつ慣れていくように指導してみてはいかがでしょうか。

図18-4　画像をトリミングする

6 動画をファイルに貼り付けるには？

スライドには動画を貼り付けることができます。撮影した動画の貼り付け方は写真と少し異なります。まず，「挿入」から，「動画」を選択します。すると，「YouTube」「URL」「Google ドライブ」の選択肢が出てきます。写真の貼り付けのように，端末に保存したファイルから挿入することができません。そこで，Google ドライブ にいったんアップロードしてから挿入する必要があります。

図18-5　動画をスライドに貼り付ける

7 カメラの細かい機能を使いこなそう

カメラアプリには，まだいくつか機能があります。
「反転」機能は，写している写真が鏡文字のように反転されます。撮影された写真はどちらで撮っても同じです。内カメラを使って写真を撮るときに，文字が反転せずに撮影できるため便利です。
「グリッド」機能は，撮影画面が分割されて表示されます。傾かないように写真を撮りたいときや，バランスのよい写真を撮りたいときに便利です。
「タイマー」機能は，撮影ボタンを押してから数秒後にシャッターが切られます。内カメラしか付い

図18-6　その他のカメラ機能

ていない端末で写真を撮るとき，対象を画面に収めながら撮影ボタンを押すのが難しいです。タイマー機能を使うと，余裕をもって撮影できます。
「内／外カメラの切り替え」機能は，カメラが複数付いている端末でのみ表示されます。タップすると，内カメラと外カメラが切り替わります。
「設定」では，グリッドの種類やタイマーの時間，カメラの解像度などを設定できます。撮影に最適になるように設定してみましょう。

8 タブレットモードで撮影する

タブレットモードに対応している Chromebook であれば，タブレットモードでの撮影が便利です。コンパクトになるため，小学校低学年の児童でも簡単に撮影ができます。タブレットモードで撮影するときも，基本的な操作は同じですが，端末の側面に付いている音量ボタンでシャッターを切ることができます。両手で端末を支えながら，簡単に写真や動画を撮影できます。

19 Google ドライブ を活用しよう

1 Google ドライブ とは？

　Google ドライブ は，児童
生徒が自分たちの作成した
Google スライド や Google
ドキュメント などをアップロ
ードしたり，教師が職員会議の
資料をアップロードしたりする
ときに活用します。「ドライ
ブ」と聞くと，データの保管庫
のようなイメージがあるかもし
れません。従来の学校で活用さ
れてきたファイル共有サーバは，
ネットワーク内でファイルやフ
ォルダを共有することはできた

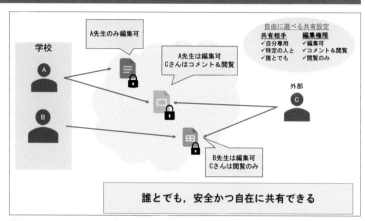

図19-1　Google ドライブ による協働のイメージ

ものの，共有されたファイルを複数名で同時に編集したり，組織外の人と共有したりすることはできません
でした。

　しかし Google ドライブ は，インターネットに接続してファイルやフォルダを保管・共有できるだけで
なく，複数名で同時に編集したり，組織外の人と特定のファイルやフォルダのみを共有したりすることがで
きます。このように，誰とでも安全かつ自在に共有できることは，クラウド活用の大きなメリットといえる
でしょう。

2 Google ドライブ の容量は？

　Google Workspace for Education（旧称 G Suite）のアカウントであれば，Google ドライブ の
容量は無制限です。数年間の会議の記録や資料も，研究授業や学習発表会などの動画も，無制限に保管する
ことができます。アップロードも非常に簡単なので，これまでよりも多くの情報を残すことができます。

図19-2　Google ドライブ のレイアウト

⑴ 新規作成，アップロード

　ファイルやフォルダは，「新規」から作成します。作成したファイルを保存したいフォルダを開き，「新規」をタップすると，**図19-3**が表示されます。

　① **新しくファイルを作成する場合**

　「フォルダ」「Google ドキュメント」「Googleスプレッドシート」「Google スライド」「Googleフォーム」が作成できます。「その他」からは，「図形描画」や「Jamboard」などが作成できます。

　例えばドキュメントを選択すると，ドキュメントのアプリが起動し，編集画面が開きます。

　② **端末内のファイルをアップロードする場合**

　端末内に保存してあるファイルやフォルダをアップロードするためには，「ファイルのアップロード」「フォルダのアップロード」を選びます。アップロードの進捗が表示され，チェックが付いたら完了です。動画ファイルなどの容量が大きいファイルのアップロードには時間がかかります。「アップロード待ち」をしなくてよいように，別の作業と並行してアップロードするのがお勧めです。

⑵ ドライブの種類

　ドライブの左側の柱を見ると，「候補」「マイドライブ」「共有ドライブ」などがあります。これらについて，一つずつ解説をしていきます。

　① **候補**

　「候補」には，最近アクセスしたファイルが表示されます。アクセスしたばかりのファイルをもう一度開きたいときは，「候補」を使うと便利です。また，「候補」からは「ワークスペース」を利用することができます。「ワークスペース」を使うと，ドライブにあるファイルの中から，よく使うものをひとまとめにしておくことができます。「候補」から「ワークスペース」を作成し，ドライブの中からファイルを選択します。

　② **マイドライブ**

　マイドライブには，自分が作成したファイルやフォルダが表示されます。

　③ **共有ドライブ**

　共有ドライブ内のファイルは，個人ではなく組織が所有します。つまり，異動などでファイルを作成した人が外部に行ってしまっても，共有ドライブ内にあるファイルはなくなりません。例えば「@@小学校教師用共有ドライブ」を作成し，学校として長く蓄積したい資料を置きます。

　④ **パソコン**

　端末内の所定のフォルダのバックアップが入っています。例えば，デスクトップと同期させると，端末のデスクトップに作成したファイルが自動的にドライブにアップロードされます（「パソコン」を表示するには，設定を変更する必要があります）。

図19-3 「新規」から作成する

図19-4 ファイルのアップロード

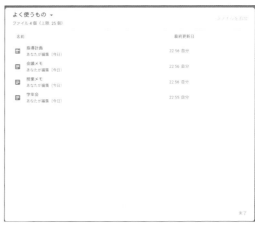

図19-5 ワークスペース

⑤ **共有アイテム**

共有アイテムには，他の人から共有されたファイルやフォルダが表示されます。

⑥ **最近使用したアイテム**

「候補」と似ていますが，候補よりも網羅的に最近アクセスしたファイルを表示します。

⑦ **スター付き**

「スター」とは，ブックマークのことです。ファイルやフォルダを選択し，2本指タップ（右クリック）から「スターを追加」されたファイルやフォルダがここに表示されます。重要なファイル，よく使うフォルダにスターを追加しておきましょう。

⑧ **ゴミ箱**

削除されたファイルやフォルダが表示されます。削除されたファイルやフォルダを選択し2本指タップすると，「復元」あるいは「完全に削除」できます。

(3) **検索**

ドライブ内のファイルやフォルダは，「ドライブで検索」を使うと見付けやすくなります。検索キーワードは，ファイル名やフォルダ名を使います。検索窓の「▼」からは，詳細な検索ができます。ドキュメントやスプレッドシートなどのファイルの種類や，編集権限，更新日などから目的のファイルやフォルダを探すことができます。

図19-6 ドライブを検索する

4 ファイルの共有・ダウンロードはどうやるの？

ファイルの共有・ダウンロードは，ファイルやフォルダを2本指でタップ（右クリック）して行います。ファイルとフォルダで若干項目が異なりますが，共通のものから解説していきます。

(1) **ファイルの共有**

「共有」と「リンクを取得」をタップします。共有についての詳細な説明は，p.58〜を参照してください。共有相手や編集権限を設定することで，ドライブ内のファイルを共有できます。

(2) **ダウンロード**

ファイルをダウンロードした場合は，ドキュメントはWordの形式で，スプレッドシートはExcelの形式でダウンロードされます。

フォルダをダウンロードした場合は，ZIP形式に圧縮されダウンロードされます。

(3) **ドライブにショートカットを追加**

ドライブ内の任意の場所にショートカットを作成できます。フォルダに階層構造をもたせて整理しているとき，階層を一つ一つ下らなくても，簡単にアクセスできるため便利です。ドライブのショートカットを作成する以外にも，フォルダのリンクをブックマークや Chrome ブラウザのショートカットに登録する方法もあります（詳しくは，p.49を参照してください）。

図19-7 ファイルを2本の指でタップ

図19-8 ファイルを共有

⑷ 指定の場所へ移動する

　フォルダを別の場所に移動することができます。別のフォルダに移動することで，ファイルの編集権限が変更される可能性があり，注意が必要です。

⑸ スターを追加

　「スターを追加」されたフォルダは，「スター付き」のフォルダに表示されるようになります。ショートカットとして活用すると便利です。

⑹ 名前の変更

　フォルダの名前を変更できます。名前を入力する際に，「OO_フォルダ名」のように番号を振ると，フォルダが番号順に並ぶので整理しやすくなります。

⑺ 削除

　削除されたファイルは，「ゴミ箱」に一定期間保存された後，削除されます。

⑻ フォルダに特有の機能

　「色を変更」では，フォルダの色を変更できます。

　「フォルダ内を検索」では，フォルダの中のファイルやフォルダを検索できます。

⑼ ファイルに特有の機能

　「ワークスペースに追加」では，既存のワークスペースにファイルを追加できます。

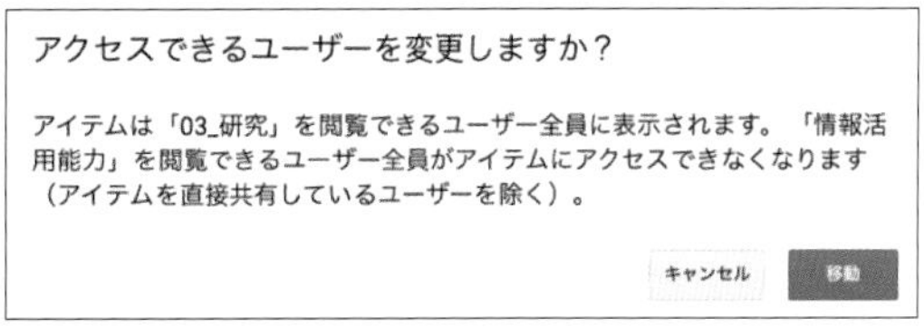

図19-9　ファイルの移動に注意

図19-10　版を管理

　「版を管理」は，既存のファイルに上書きして新しいファイルをアップロードしたいときに使います。「版を管理」から「新版をアップロード」を選ぶと，過去の版を残したまま新しいファイルに上書きができます。

　「コピーを作成」は，ファイルに特有の機能になっています。フォルダのコピーをしたい場合は，フォルダ内のファイルを一つ一つコピーする必要があります。なお，元のファイルの編集権限や共有の設定は，コピーされたファイルに引き継がれません（フォルダごと共有している場合を除く）。

5 WordやExcelのファイルはどう保存されるの？

　ドライブ上にアップロードされたWordやExcelなどのOfficeソフトで作成されたファイルは，それぞれのファイル形式を保ったままアップロードされます。各ファイルは，形式を保ったまま編集・共有が可能です。これまでOfficeのソフトを使って作成してきたデータも，ファイル形式を変えずに活用することができます。

図19-11　Wordなどをドライブにアップ

20 編集履歴を確認しよう

1 ファイルの編集履歴を確認しよう

　Google アプリでは，保存が自動で行われます。そこで各アプリは「誰が，いつ，どこを編集したか」について編集履歴が残るようになっています。例えば，Google スプレッドシート の「最終編集」の日時が表示されている箇所をタップすると，**図20-1**のように表示されます。シートが様々に色分けされています。1名の編集者（児童）に対して1色が割り当てられています。右側の編集履歴には児童の名前と色が対応付いており，月日や時間と共に示されています。これを見れば，どの児童が，何月何日の何時頃に，どのセルを編集したのかが一目瞭然です。

　上から二つめの「12月1日版」を開くと，12月1日時点の状態にファイルが戻ります。この日の状態にファイルを戻したり，履歴の右上の三点リーダーからは，この日の状態のコピーをフォルダ内に作成したりすることができます。

2 フォルダの編集履歴を確認しよう

　次は，Google ドライブ のフォルダの編集履歴の確認の仕方を解説します。

　まず，編集履歴を確認したいフォルダを選びます（選択すると，青く囲われます）。右上の「詳細を表示」から，選択したフォルダの編集履歴を確認できます。例えば，誰が，「何のファイルをアップロードしたのか」という情報や，「ファイルの権限をどう変更したのか」という情報も履歴が残っています（**図20-2**）。情報セキュリティの観点からも，非常に安心です。

3 編集履歴を活用しよう

　教師は編集履歴から様々な情報を得られます。例えば，協働して一つの文章を作成する活動をさせたとき，どの児童生徒がどこを書いたのかが一覧できます。あまり書けていない児童生徒を見付け，個別に支援をしやすくなります。また，これらの履歴は蓄積されていきます。単元を通して児童生徒が協働編集したGoogle スライド も，編集履歴を見れば児童生徒の試行錯誤の過程が見て取れます。これまでは気付かなかった児童生徒の学習への主体的な姿勢に気付き，これまで以上に価値付けやすくなります。編集履歴は，簡単に確認できる教育データの一つです。ぜひ活用してみましょう。

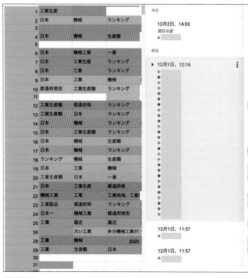

図20-1　ファイルの編集履歴を確認する

図20-2　フォルダの編集履歴を確認する

アクティビティ ダッシュボード を活用しよう

1 アクティビティ ダッシュボード とは？

　アクティビティ ダッシュボード は，「いつ，誰（何人）が，ファイルを閲覧したか」を確認できる機能です。ファイルの右上にある矢印のアイコンから確認できます。

　「閲覧者」を選択すると，ファイルを閲覧したユーザーの名前と最終閲覧日が表示されます。**図21-1**からは，Aさんが1時間以内に，Fさんが10月29日にファイルを閲覧していることが分かります。

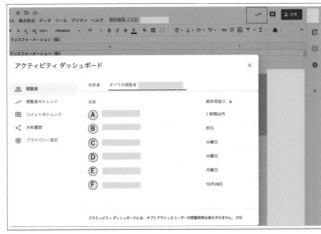

図21-1　閲覧者を確認する

2 閲覧者の数やコメントの推移を確認しよう

　「閲覧者のトレンド」では，ファイルを閲覧した人数が時系列で表示されます。「コメントのトレンド」では，「新しいコメント」「コメントへの返信」「未解決のコメント」の数を棒グラフと折れ線グラフで表示します。**図21-2**は，閲覧者のトレンドを示しています。11月30日が最も閲覧者が多く，10人がファイルを閲覧していることが分かります。

　共有履歴からは，「ファイルを共有した人」「ファイルの共有を受けた人」「それらの時間と権限」が確認で

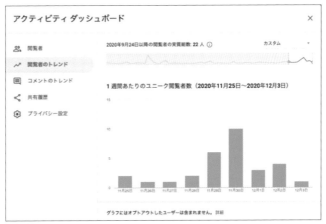

図21-2　閲覧者の推移を確認する

きます。情報セキュリティの観点からも，安心で便利な機能です。

3 アクティビティ ダッシュボード を活用しよう

　アクティビティ ダッシュボード を活用することで，例えば，児童生徒がコメントを付け合っている Google スプレッドシート のコメント量の推移を確認することができます。推移から，児童生徒のインタラクションの活発さを見取るといった活用が考えられます（活用事例が，授業実践編p.168〜にあります）。また，ヒントとして配布した Google スライド の閲覧者やその推移を確認して，どの児童生徒がヒントを使ったかを把握することもできます。このように，児童生徒の活動の記録と教師の専門的な見取りを組み合わせれば，活用の幅は無限に広がっていくこと間違いありません。

メール（Gmail）を使いこなそう

Gmail はクラウドを活用しているため，メーラーのダウンロードなど煩雑な初期設定は必要なく，簡単かつ安全に活用できます。本稿では，メールの基本操作について解説していきます。

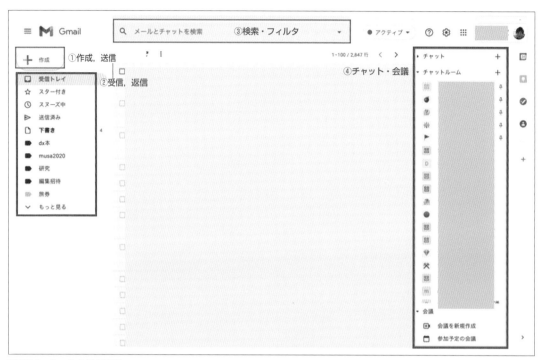

図22-1　Gmail の基本画面

共通操作編

1　メールを作成・送信しよう

左上の「作成」をタップすると，メールの作成画面が立ち上がります。「宛先」「件名」「本文」に必要な事柄を入力します。

「宛先」は，メールアドレスを全て入力しなくとも，そのつど候補を表示してくれます。

「送信」（左下）は，ただちに送信するだけでなく，時間指定をして送信することもできます。送信ボタンの「▼」から時間を指定できます。

メール作成画面の下のほうに注目すると，いくつかアイコンがあるのが分かります。これらについて，以下に解説していきます。

⑴　書式設定

メールの文章の書式を変更できます。具体的には，文字のフォント，大きさ，斜体や下線，引用符や取り消し線などが使用できます。

⑵　ファイルを添付

端末内に保存してあるファイルを添付することができます。添付できる容量は25MBまでです。それ以上になると，自動的にドライブのリンクがメールされます。

図22-2　メールの作成・送信

(3) ドライブを使用してファイルを挿入

Google ドライブ の中のファイルを添付することができます。

(4) 写真を挿入

Google フォト に保存してある写真や，画像のURLなどから写真を挿入できます。

(5) 署名を管理

自動で署名を設定している場合は，署名のオン／オフを切り替えることができます。設定していない場合は，「署名を管理」から署名を設定できます。

(6) 下書きを破棄

下書きを削除します。

2 メールを受信・返信しよう

メール画面の左側の柱から，受信トレイを確認できます。「受信トレイ」には届いたメールが表示されています。

返信画面を詳細に見てみましょう（**図22-3**）。

(1) 返信・転送する

画面下部から，返信と転送ができます。宛先が複数名のメールを受信した場合は，返信，転送に加えて「全員に返信」が加えられます。

(2) 添付ファイルの確認

添付ファイルがある場合は，添付ファイルを端末内にダウンロードするか，ドライブに保存するかを選べます。ドライブに保存する場合は，マイドライ

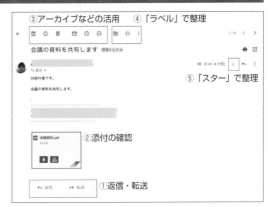

図22-3 返信画面

ブにまず保存されます。その後，「整理」ボタンから任意のフォルダに移動させることができます。

(3) アーカイブなどを活用しよう

① **アーカイブする**

受信したメールをアーカイブフォルダに保存します。「削除したくはないけれども，受信トレイがゴチャゴチャとするのは嫌だから移動させたい」。このようなときに，メールをアーカイブします。

② **迷惑メールとして報告する**

受信したメールを迷惑メールとして報告します。迷惑メールとして報告されたメールは，今後同様なメールから保護するための参考情報とするために，メールのコピーが Google に送信されます。

③ **ゴミ箱**

受信したメールをゴミ箱に移動させます。ゴミ箱に移動されたメールは，一定期間保存された後，自動的に削除されます。削除したくない場合はアーカイブを，削除してもいい場合はゴミ箱をというように使い分けます。

④ **未読にする**

受信したメールを未読にします。後から返信をするため，強調させておきたいときなどは未読にしておくと，リマインドになります。

⑤ **スヌーズ**

受信トレイへのメールの表示を遅らせ，必要になるまで一時的に受信トレイから消去できます。例えば，「明日の昼にもう一度言ってほしい」というような内容のメールをスヌーズしておくと，リマインドとして活用できます。スヌーズは，日付や時間を細かく設定できます。

⑥ **メールをタスクに追加する**

業務依頼などのメールは，忘れないようにタスクに追加しておくと便利です。タスクアイコンをタップすると，サイドバーにアプリが立ち上がり，期日など詳細を設定できます。タスクに追加されたメールは，カレンダー上で表示されます。

⑷ ラベリングを使いこなそう

受信メールを整理するときは、「ラベル」により
メールを整理します。例えば、「教育委員会からの
メール」「国語部からのメール」「学校内のメール」
などのラベリングを行います。「学校内かつ国語部
からのメール」というように、ラベルを重複して貼
り付けられる点で、便利です。

図22-4　メールとタスク管理アプリの活用

まず、ラベルアイコンからラベルを作成します。
最初の状態では、「新着」「ソーシャル」「フォーラ
ム」「プロモーション」などのラベルがあります。
新しくラベルを作成したい場合は、「新規作成」か
らラベルを作成します。

図22-5　メールの自動振り分けを設定する①

次に、右隣りの三点リーダーからメールの自動振り分けを設定します。

「メールの自動振り分け設定」を選ぶと、選択したメールのアドレスが入力された画面が表示されます。
「フィルタを作成」から「ラベルを付ける」を選ぶと、指定したラベルに自動でメールが振り分けられます。
既に届いているメールも一緒に振り分けたい場合は、「一致するスレッドにもフィルタを適用する」を選び
ます。

3 検索・フィルタをかける

⑴ メールを検索しよう

検索をするためには、メールの検索欄に検索ワー
ドを入力します。検索ワードを含むメールが一覧で
表示されます。

更に詳細にメールを検索したい場合は、検索欄右
端の「▼」をタップします。「From（送ってきた
人）」「to（送った人）」「件名」「全文検索」「ファ
イルサイズ」「期間」などの条件で検索をかけるこ
とができます。

⑵ 条件を決めてフィルタをかけよう

図22-6を使って解説します。詳細にメールを検
索するとき、ラベリングと同様に「フィルタを作
成」を選びます。**図22-6**ではラベリングの解説の
みにとどめましたが、実際にはもっと様々なことが
できます。例えば、「受信トレイをスキップ」では、
メールが受信トレイに入らずに直接アーカイブされ
ます。広告メールなど、通知が来なくてもよいメー
ルに対して設定しておくと煩わしさが減少します。
また、「迷惑メールにしない」では、指定したメー
ルアドレスが迷惑メールに自動で振り分けられなく

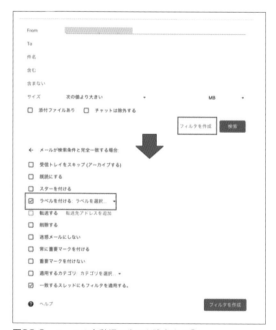

図22-6　メールの自動振り分けを設定する②

なります。外部の人と連携をするとき、メールが自動的に迷惑メールに振り分けられてしまうことがまれに
あります。メールの見落としを防ぐために便利です。

4 チャット，テレビ会議も Gmail から

チャット（Google Chat）やテレビ会議（Google Meet）は専用のアプリもありますが、Gmail のア
プリからもアクセスできます。校内や部内ではチャットを活用し、外部とはメールを活用する、というよう
に、コミュニケーションの手段を使い分けている場合が多いです。そのとき、メールとチャットでアプリを

共通操作編

移動するのが，毎日の操作のため若干煩雑になります。メールとチャットに同じ画面でアクセスできることで，日常的な情報共有がスムーズになります。

　テレビ会議では，会議を新規に作成できます。また，Google カレンダー を参照し，スケジュールされている会議を一覧表示できます。

⑤ 共同編集やスケジュールへの招待を確認しよう

　Google ドキュメント やドライブなどの共同編集の招待や，カレンダーのスケジュールの招待も，メールに届きます。普通のメールと混ざらないよう，ラベリングしておくと整理しやすいです。

⑴　共同編集の招待を確認しよう

　ドキュメントで送られた編集の招待は，メールに届きます。メールには，「ファイル名」「編集権限」「相手のコメント」が表示されています。

図22-7　共同編集の招待を確認

「ドキュメントを開く」から，招待されたファイルを開くことができます。なお，招待メールには返信することができません。

⑵　ファイルへのコメントを確認しよう

　自分が作成したファイルへのコメントや，他の人のファイルに自分がしたコメントへの返信なども，メールに通知が届きます。また，メールからコメントに返信できます。

⑶　スケジュールの招待を確認しよう

　カレンダーで送られた会議等の招待もメールに届きます。まず，参加の可否を「はい」「未定」「いいえ」から回答します。いずれかをタップすると，会議の主催者に参加情報が通知されます。テレビ会議の場合は，リンクの情報も確認できます。参加者が添付ファイルやメッセージを付記している場合は，それらも確認できます。

　これらの情報は，カレンダーアプリにも同様の情報が自動的に入力されています

図22-8　コメントを確認して，返信

図22-9　スケジュールの招待を確認して，返信

71

Google Chat を活用しよう

1 Google Chat とは？

　Google Chat（以下，「チャット」）は，チームの滑らかなコミュニケーションを促進するアプリです。教師同士，教師と児童生徒，児童生徒同士で，様々な「チャットルーム」を作成して簡単に連絡を取り合うことができます。例えば，教師であれば，職員全体のチャットルームや，学年のチャットルームを活用します。児童生徒であれば，学級のチャットルームや，係や委員会ごとに他のクラスの児童生徒や教師を含んだチャットルームを活用します。

図23-1　Google Chat の概要

　チャットは，チャットのアプリと Gmail の両方からアクセスできます。以降では，チャットのアプリの画面を参考に解説していきます。

2 チャットルームをつくろう

　チャットルームは，チャットアプリの左下にある「＋」ボタンから作成できます。「チャットルームを作成」をタップし，次の情報を入力します。

(1)　**チャットルーム名**

　「職員全体（2020）」「放送委員会（2020）」のように，分かりやすい名前にしましょう。

(2)　**ユーザーの名前やメールアドレス，グループ**

　チャットルームに招待したい人のアドレスや名前を入力します。

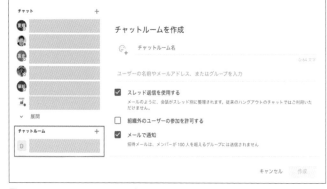

図23-2　チャットルームの作成

(3)　**スレッド返信を使用する**

　話題はスレッドにまとまっていたほうが整理しやすいです。オンにするのをお勧めします。

(4)　**組織外のユーザーの参加を許可する**

　例えば，外部講師を入れたチャットルームをつくるときに，チェックを入れる必要があります。

(5)　**メールで通知**

　チェックを入れると，招待したい人にメールが送信されます。

3 個人チャットを活用しよう

　図23-2の「チャット」からは，特定の個人とチャットができます。例えば，先輩にちょっとお尋ねをしたいときや，文書のチェックをしてほしいときなどには，個人チャットを活用します。

4 チャットルームを活用しよう

(1)　**メッセージを送ろう**

　メッセージは，大きく分けて「スレッドに返信」する場合と，「新たにスレッドを作成」する場合があります。スレッドは話題ごとに整理することが多いので，既存の話題に参加する場合は「スレッドに返信」，

新しい話題の場合は「新しいスレッドを作成」とイメージするとよいでしょう。どちらの場合も、枠内に本文を入力し、送信します。

図23-3　チャットルームの画面

⑵　新しくメンバーを追加しよう

画面上部のチャットルーム名の「▼」をタップすると、メンバーの追加などができます。

図23-4　メンバーの追加

「メンバーを表示」では、チャットルームに入っているメンバーを一覧表示します。ここから新しいメンバーの追加／削除もできます。

「ユーザーとbotを追加」では、チャットルームに新しくユーザーを追加できます。

「名前と絵文字を編集」では、チャットルームの名前や、表示されるアイコンを編集できます。

「固定」は、チャットルームを固定します。固定されたチャットルームは、「固定」欄に表示され、常にチャットアプリの上部に表示されるようになります。

⑶　チャットの機能を活用しよう

「新しいスレッド」の右下にいくつかアイコンがあります。これらのアイコンを活用することで、絵文字を使って反応したり、Google ドライブ などからファイルを添付したり、Google Meet を立ち上げてテレビ会議を行ったりすることができます。

5　チャットの履歴を検索しよう

チャット画面の右上の虫眼鏡のアイコンをタップすると、これまでのチャットの履歴から以下の方法で検索ができます。

⑴　内容で検索

「研究授業」「国語」など、メッセージの内容で検索します。

⑵　場所で検索

チャットルーム内で探したいメッセージが見付からないときは、「すべてのチャットルームとダイレクトメッセージ」から探します。

⑶　人で検索

発言した人が分かっているときは、人から検索すると便利です。

⑷　ファイル形式で検索

指導案のPDFを探したいときなど、形式が分かっているときに便利です。

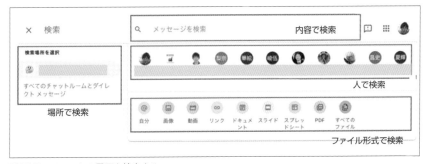

図23-5　チャットの履歴を検索する

〈村上　唯斗〉

24 Google Classroom を使ってみよう
～「児童生徒」「教師」がいつでも，どこでも，どのデバイスからもアクセスできる学習管理ツール～

Google Classroom では，教師はクラスを作成することで，教材の配付，課題やテストの配信・回収・採点・フィードバック，アンケートの実施，児童生徒へのお知らせなどを簡単に配信することができるようになります。児童生徒のコメントの投稿も容易であるため，児童生徒同士のコラボレーションやコミュニケーションを活発化させることができます。児童生徒にとっては，これまでの授業では，各教科で配付されたプリントや課題を自分でファイリングしなければなりませんでした。大切なプリントを失くしてしまった児童生徒も少なくなかったことでしょう。これが，オンライン上のクラウドによって一元化されるのです。更に，Classroomを使って，保護者に一斉にお知らせを行うこともできます。家庭にとっても，学校からのお知らせはClassroomを確認すればよく，プリント類を管理する必要はなくなります。家庭用のプリントを児童生徒に渡したけれど，保護者まで届かなかったということもなくなります。このように，Classroomは児童生徒と教師と保護者をサポートしてくれる，オンライン上のもう一つの教室です。児童生徒も教師も，いつでもどこでも，どのデバイスからでもアクセスすることが可能です。

1 Classroomの利用を始める

① Google Workspace for Education（旧称 G Suite）にログインし，右上にある「Google アプリアイコン」からClassroomを選択します。

② Classroomを初めて使うときには，「役割を選ぶ」が表示されます。教師は右側の「教師」，児童生徒は左側の「生徒」を選択します（図24-1）。

※間違った役割を選択した場合は，自分で変更することはできないので，Workspaceの管理者に問い合わせて変更してもらいます。

私は生徒です　　私は教師です

図24-1

2 クラスを作成し，児童生徒を登録する

教師は次の手順でクラスを作成し，作成したクラスに児童生徒を登録します。

⑴ クラスを作成する

① 「クラスを作成またはクラスに参加」アイコン＋から，「クラスを作成」をクリックします（図24-2）。

図24-2

② 「クラス名（必須）」「セクション」「科目」「部屋」を
入力します。

　例えば，「2年2組」の「英語」のクラスを作成する場
合，**図24-3**のように入力します。必要に応じて，「科
目」「部屋」を入力します。

　クラスは，実際のクラスごとにつくることもできます
し，実際のクラスをグループに分けて作成することもで
きます。学年を一つのクラスにしたり，部活動などの単
位で作成したりすることもできます。

⑵　作成したクラスに児童生徒を登録する

　「①クラスコードを使用」または「②生徒を招待」すると，
作成したクラスに生徒を登録できます。

図24-3　「2年2組」の「英語」のクラスを作成（例）

①　クラスコードを使用

図24-4-1　教師：クラスコードを児童生徒に伝える
　　　　　※ ⟦ ⟧ を押すと拡大して表示することができる

図24-4-2　生徒：「クラスに参加」アイコン＋から「参加」を
　　　　　選択し，クラスコードを入力する

②　生徒を招待

図24-5-1　教師：「メンバー」から「生徒を招待」を選択し，
　　　　　名前かメールアドレスを入力して登録したい児童生
　　　　　徒を招待する

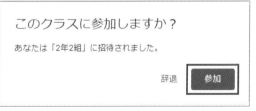

図24-5-2　生徒：Classroomに「このクラスに参加します
　　　　　か？」というメッセージが届くので，「参加」をクリ
　　　　　ックする。あるいは教師からメールが届くので，メ
　　　　　ール内の「参加」をクリックする

25 〔Google Classroom〕児童生徒にお知らせを配信しよう
〜コメントの投稿と共有をしよう〜

Google Classroom では，主に「ストリーム」「授業」「メンバー」「採点」を使って，作成したクラスを管理・サポートします。ここでは，「ストリーム」を使った児童生徒へのお知らせ，コメントの投稿と共有について紹介します。

図25-1

1 ストリームを使って児童生徒に授業のお知らせや教材を配信する

Classroomにアクセスすると，最初に表示されるのがストリームです。ストリームでは，教師からのお知らせ，課題やテストの配信，児童生徒のコメントなどを，時系列で確認することができます（図25-2）。

複数のクラスに一斉配信する「対象」の「クラス」を選択すると，お知らせや教材を配信したいクラスを選択できます。自分が担当しているクラスを全て選択し，一括配信することができます。

(1) 配信したい児童生徒にのみ配信する

「すべての生徒」を選択すると，配信したい児童生徒を選んで配信することができます。

(2) ファイルやリンクの追加

図25-2

「追加」から「Google ドライブ」「リンク」「ファイル」「YouTube」を選択して関連するファイルやリンクを追加することもできます。

2 保護者にお知らせを配信する

保護者にもアカウントを発行していて，保護者が教師からのClassroomへの「招待」を「承諾」していれば，1日や1週間単位で保護者にお知らせを配信することができます。児童生徒の課題提出状況，学習の進捗状況などを連絡することにより，学習状況を保護者にも簡単に伝えることができ，協力を求めることもできます。ただし，保護者への配信を行う場合には，学校や学年ごとに運用ルールを定めておくとよいでしょう。

共通操作編

　ストリームでは，教師の投稿に対して，児童生徒からのコメントを求めることができます。通常の教室における発言のシーンでは，挙手を求める，特定の児童生徒を指名する，グループで話し合い代表者に発表してもらうなどによる発言が考えられます。ストリームを使うと，児童生徒全員にコメントを求め，瞬時に共有することができます。特定の児童生徒だけでなく，児童生徒全員の考えを互いに知ることができるのは，Classroomならではの革新的な機能の一つです。普段であればなかなか手を挙げることができない児童生徒も，ストリームであれば発言できることが多々あります。児童生徒が質問を投稿し，教師や児童生徒が回答することもできます。

図25-3

　クラスの児童生徒が，自由にコメントを発言でき，瞬時に共有することができるのは大変便利です。しかし，誹謗中傷が書き込まれたり，荒れたりすることはできる限り事前に防ぎたいものです。
　「誰かが傷つくような発言は決してしない」

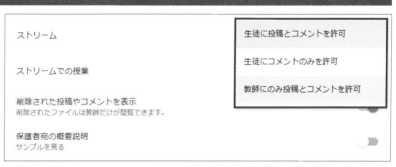

図25-4

「匿名での投稿はできない」「コメントは削除しても教師は確認できる」などをルールやClassroomの仕組みとして，使い始めるときに児童生徒にしっかり伝えておくとよいでしょう。学校やクラスの状況によっては，右上の設定アイコンから，児童生徒のコメントや投稿を許可しない設定に変更することもできます。また，作成したルールを投稿し，ストリームの上部に固定させておくこともできます（コメントの右上の三点リーダーアイコンから，「最上部に移動」を選択）。

26 （Google Classroom）課題を配信しよう

Google Classroom の「授業」を使うと，「課題」や「テスト付き課題」の配信，児童生徒からの「質問」の受付，「資料」の共有，「投稿を再利用」を行うことができます（**図26-1**）。学校ではこれまで授業のたびに大量の紙に印刷して配付してきました。Classroomはペーパーレス化を図るだけでなく，一度作成したものを簡単に修正したり，再利用したりすることができます。また，課題の管理も容易です。

結果，これまでプリントの印刷や配付，回収や提出の確認に要していた時間を削減した分，児童生徒へのフィードバックを充実させることができるようになります。もちろん，紙で印刷して配付する必要がある場合には，併用して使用します。

図26-1

1 様々なアプリと連携した課題を配信する〜欠席した児童生徒への対応，オンライン授業への対応〜

Classroomの「授業」の「＋作成」から「課題」をクリックすると，様々なアプリと連携した課題を配信することができます。

「追加」をクリックすると「Google ドライブ」「リンク」「ファイル」「YouTube」を選択して関連するファイルやリンクを添付することができます。「+作成」をクリックすると「ドキュメント」「スライド」「スプレッドシート」「図形描画」「フォーム」が表示されるので，児童生徒に提出させたいアプリを選択し，それぞれのアプリに課題を記入しておくと，コピーされたものが個々の児童生徒に配信されます（**図26-2**）。同一ファイルを全員に配信し，全員で一つの課題に取り組ませることもできます。自宅でも友達と協働して課題に取り組ませることができるのは，Classroomならではの革新的な機能の一つです。児童生徒同士のコラボレーションやコミュニケーションを活発化させることができます。

図26-2

Classroomで課題を配信すると，自宅にインターネット環境とデバイスさえあれば，欠席した児童生徒も自宅で課題を確認でき，体調によっては自宅で学習に取り組むこともできます。また，台風や大雪などで学校が休校になった場合でも，オンライン学習にすぐに切り替えることができます。

(1) 課題の例：復習用動画を添付し，Google ドキュメント で提出させる

例えば，課題に動画を添付しておくと，児童生徒は動画を確認してから課題に取り組むことができます。動画は復習として作成してもよいですし，反転授業として授業の前に見てきてほしいものとして作成するのもよいでしょう。教師が自分で作成しなくても，YouTubeなどにある既存の動画を添付することもできます。例は，復習用動画を添付しておき，ドキュメントで課題内容を作成し，「各生徒にコピーを作成」して配信します（**図26-3**）。

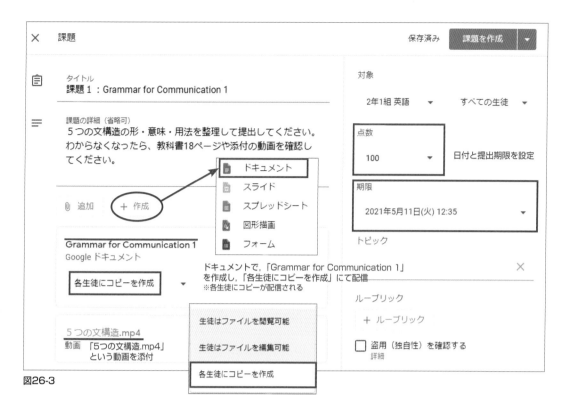

図26-3

(2) 課題の例：クラス全員でスライドを完成させる

　「生徒はファイルを編集可能」として課題を配信すると，課題を受け取った児童生徒全員で一つのファイルを編集することになります。一つのスライドやドキュメントに全員で書き込ませておくと，次の授業で，提出された課題をスクリーンなどに表示することで，それぞれの児童生徒の課題を取り上げながら授業を進めることができます（**図26-4**）。

(3) 課題の例：音声ファイルを提出させる

　「教科書8〜9ページを音読してきてください」という課題は，これまでにもあった課題です。しかし，これまでは「本当に読んだかどうか」を確認する術はありませんでした。Classroomを使うと，音声を録音させ，実際に音読したファイルを提出させることができます。

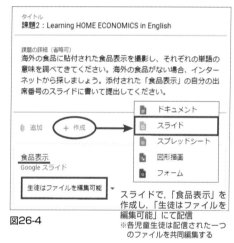

図26-4

2 下書き・配信スケジュールの設定

　課題の準備ができた後，「課題を作成」の「▽」をクリックすると，「課題を作成」のほか，「予定を設定」や「下書きを保存」を選択することができます（**図26-5**）。

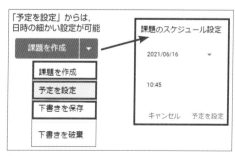

図26-5

（Google Classroom）テストを配信しよう／
課題とテストを確認・再利用しよう

1 テストを配信する

　Google Classroom の「授業」の「+作成」から「テスト付きの課題」をクリックすると，Google フォーム を使ってテストを配信することができます。「Chromebooksのロックモード」をONにしておくと，児童生徒はテストに解答している間，タブや他のアプリケーションを開くことが制限され，Chrome などを使ってインターネットで検索することなどができなくなります。

　「成績のインポート」をONにしておくと，フォームによって採点された成績をインポートすることができます。児童生徒は解答する際にメールアドレスが収集され，1人の児童生徒につき一つの採点に自動的に制限されます。「テスト付きの課題」に解答ができる児童生徒はドメイン内のユーザーに限定され，ドメイン外のユーザーが解答することはできません。

　各テストの「点数」は自由に設定することができます。予め決められた評価の配分に応じて設定しておくと，後の集計が容易になります。

※フォームでのテストのつくり方はp.110を参照。

図27-1

2 課題やテスト付き課題の提出を確認する

　児童生徒から課題が提出されると教師に瞬時に届くのも，Classroomならではの機能の一つです。「提出済み」が既に課題を提出した児童生徒の人数，「割り当て済み」がまだ課題を提出していない児童生徒の人数です。

　数値をクリックすると，それぞれの生徒名を確認することができます。

　「提出済み」と「割り当て済み」の氏名表示を切り替えることができるので，課題の難易度などに応じてどちらかの氏名を表示し，「まだ課題を出していない生徒をサポートしてあげよう」や「課題を既に出している人に助けてもらおう」という指示を出して，児童生徒同士の相互協力を深めることができます（**図27-2，3**）。

	課題 1 : Grammar for Communication 1		期限: 2021/05/11 12:35

投稿日: 21:25 （最終編集: 21:54）

添付の動画をみて、5つの文構造の形・意味・用法を整理して提出してください。
わからなくなったら、教科書18ページも確認してください。

提出済み	未提出
35	**4**
提出済み	割り当て済み

Grammar for Communic...
Google ドキュメント

5つの文構造.mp4
動画

課題を表示

図27-2

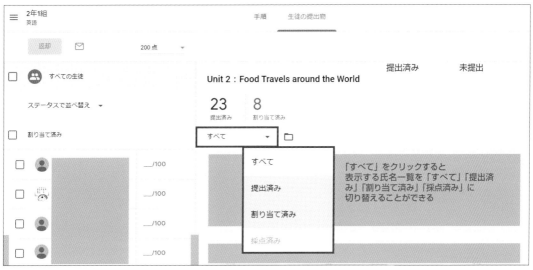

図27-3

3 課題の再利用

　Classroomの「授業」の「+作成」から「投稿の再利用」をクリックすると、一度作成した課題を再び利用することができます。

　一度しっかりとした課題を作成しておくと、次の年にもう一度使用することもできるようになります。授業を終え、記憶が新しいうちに、説明が不足していたり、児童生徒の取組が悪かったりしたところなどを修正しておくと、ブラッシュアップしたものを残しておくことができます。必要に応じて修正を加えていくことで、課題の質を上げていくことができるのです。また、他のクラスで使用したり、他の教師と共有したりすることで、時間を効率的に使うことができます。

※p.80〜85の課題は東京書籍の英語科教科書（中学校2年）及び同年間指導計画作成資料を参考に作成しています。

図27-4

28 〈Google Classroom〉 回収した課題やテストを評価しよう

1 課題を提出する（児童生徒）

児童生徒は課題に取り組み，必要に応じてファイルを追加し，「完了としてマーク」あるいは「提出」をクリックすると，課題の提出が完了となります。課題を提出すると，課題の修正はできなくなりますので，修正したいときは「提出の取り消し」を押して提出を取り消すと，修正できるようになります。また，課題を提出する際に，「限定公開のコメント」から課題に対してコメントを書くことができます。

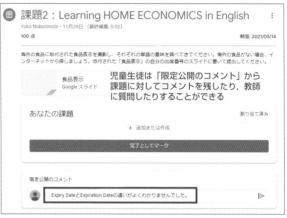

図28-1

2 提出された課題を確認する（教師）

図28-2

「提出済み」の「課題」をクリックすると，提出された課題を確認することができます。課題を確認したら，それぞれの児童生徒に課題の点数を付けることができます。

「下書き」と表示されている点数は「返却」を押すと児童生徒に結果が返却され，確定となります。上部の「返却」を押すと，一斉に返却することができます。

共通操作編

82

3 ルーブリックを使って評価する

課題は「ルーブリック」を使って評価することもできます。「ルーブリック」から「ルーブリックを作成」を選択すると，課題に応じたルーブリックを作成することができます。ルーブリックは Google スプレッドシート からインポートすることもできます（**図28-3**）。

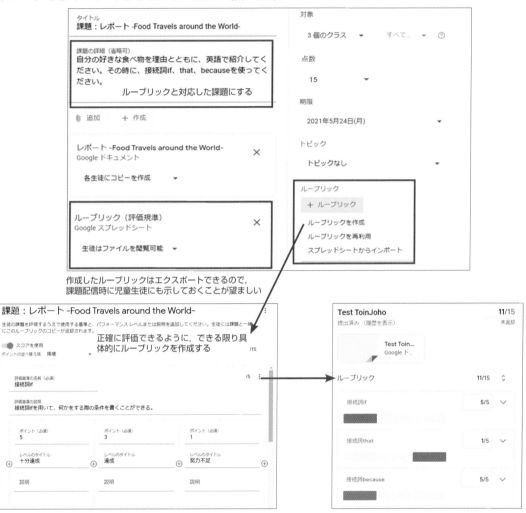

図28-3

4 児童生徒に総合成績を表示する／成績のカテゴリの設定

右上の設定アイコンから表示される「採点」の項目では，児童生徒に総合成績を表示するか選択することができます。また，成績をカテゴリ別に設定することもできます。

図28-4

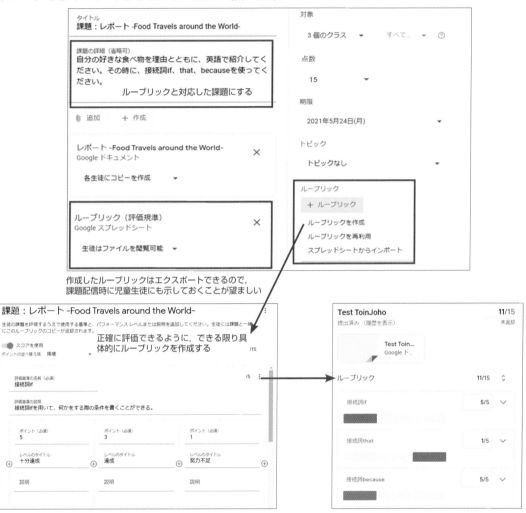

29 〔Google Classroom〕
授業の流れを整理し，児童生徒に提示しよう

1 トピックを設定して，授業の流れを整理する

　Google Classroom の「授業」の「+作成」から「資料」をクリックすると，授業で使用した教材や，参考にしてほしいものを資料として共有することができます。

　また，Classroomの「授業」の「+作成」から「トピック」をクリックすると，「授業」内に見出しをつくり，各課題や資料をドラッグすることで，授業の流れを児童生徒に分かりやすく伝えることができます。順番に並べておくと，いつ課題に取り組まなければならないのか，児童生徒も計画が立てやすくなります。児童生徒は課題の提出が終わると，アイコンがグレーになります。

図29-1

2 カレンダーを使う

　「授業」の「Google カレンダー」を選択すると，Classroomで配信した課題の予定が表示されます。表示したくない場合は，左下のカレンダーで表示をOFFにすることもできます。

　児童生徒が「カレンダー」を選択した場合，他の授業も含めた課題の予定が表示されます。個人面談の予定なども配信することができます。

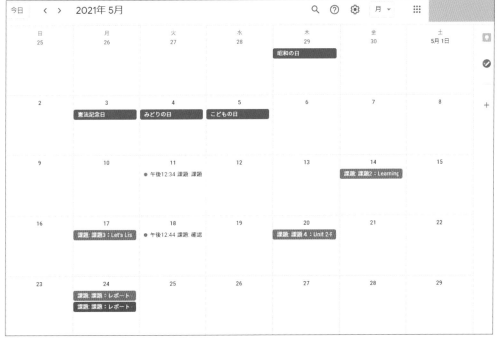

図29-2

3 Meetを設定する

「授業」の「Meet」を選択すると,Classroom から Google Meet を使用できるようになります。「生徒に表示」をONにすると,Meetへのリンクがストリームに表示されるようになります。普段はOFFにしておき,オンライン授業に切り替えたいときにONにして,Meetで授業を行うという使い方もできます。

※Meetの使い方はp.118〜を参照。

🗨 クラスで Meet を使用する

Meet のビデオ会議を使用することで,生徒とつながって遠隔学習を行えるようになります。Meet の管理はクラスの設定から行えます。

https://meet.google.com/lookup/aexxd7axrn   コピー

生徒に表示

詳細 保存

図29-3

4 ポートフォリオとして学習を蓄積する

全ての提出物はドライブに保存され,児童生徒はどの授業で,どのような課題に,どのように取り組んできたのか,ポートフォリオとしても学習を蓄積することができます。

教師は「授業」の「採点」から,児童生徒の課題の提出状況と採点結果を一覧で確認することができます。

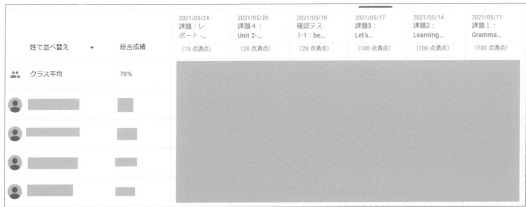

図29-4

〈登本 洋子〉

アプリ活用編

30 Google ドキュメント の活用法を知ろう

1 これができます！

　Google ドキュメント を活用することで，文章を簡単に作成することができます。

　これまで，文章を作成するときにはノートや原稿用紙を使っていました。もちろん，今後も紙に文章を書く機会はあるでしょう。しかし，感想文やパンフレット，レポート等，まとまった量の文章を書くときはドキュメントの活用が有効です。文章作成では推敲の段階がとても重要です。書いた文章を読み返して言葉を吟味したり，文章の流れや段落相互の関係を確認し再構成したりすることで文章の質が高まります。紙で推敲する場合は，赤線を引いてその横に書き加えたり，矢印を引いて文章を移動させたりしていたのではないでしょうか。繰り返し紙に修正を加えると読みにくくなります。また，消して書き直すことを嫌うあまり，作文嫌いの子を生んでしまう可能性もあります。しかし，ドキュメントなら簡単に文章の推敲ができます。文章構成や表現方法を考え，推敲しながら文章を書く習慣がより身に付くようになります。

　また，ドキュメントを活用することで，校務をより効率的に行うことができます。学校現場では，各部の提案文書や学年行事の計画書，学年通信など，一つのファイルを複数の教師で分担して作成することが日常的にあります。そのような場合，ファイルを開こうとしても他の教師が作業しているために開くことができず困ったという経験をされたことがあるのではないでしょうか。ドキュメントなら，一度に100人まで同時に文章を編集することができます。先進的に Google Workspace for Education（旧称 G Suite）を活用している学校では，打合せや職員会議でドキュメントが使われています。一つのファイルを全職員で確認しながら進め，修正があればそのつど提案者が修正を加えます。そうすることで，常にファイルが最新の状態に更新され，どの版が最新かと迷うことはありません。職員会議に参加できなくても，最新のファイルを常に確認することができます。このようにドキュメントは，校務においても協働性と効率性を高めるツールとなっています。

2 こう使います！

① ドキュメントを作成

　始め方は，右上の九つの点やドライブなど様々です。ドキュメントのアイコンをクリックしたら，好きなテンプレートか「空白」を選んで始めましょう。

② ファイル名を付ける

　まずは，文章のタイトルを入力します。タイトルを入力したら，左上の「無題のドキュメント」（**図30-1**のA）をクリックします。そうすると，タイトルがファイル名に自動的に反映されます。ファイル名を付けることで，今後，このファイルを探すことが容易になります。

③ ページ設定

　「ファイル」から「ページ設定」を選び，用紙のサイズや余白を設定しましょう。余白はルーラー（**図30-1**のB）を操作することで変更することもできます。

④ 文字入力

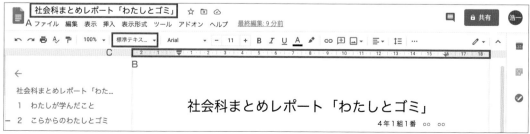

図30-1　ドキュメントの基本画面

⑤ **図表等の追加**

　「挿入」から，「画像」「表」「描画」「グラフ」を追加することができます。「画像」は，ウェブ検索をすることが可能です。検索した画像は著作権フリーのものが表示されるので，安心して使用することができます。

⑥ **体裁を整える**

　タイトルや見出しは，文章を選択し「スタイル」（**図30-1**のC）をクリックします。そうすることで，自動的に文字の大きさやフォント，見出しと本文との行間が整います。その他，文字の大きさやフォント，インデント，行間等を個別に調整して体裁を整えれば完成です。

3　便利な機能

⑴　音声入力機能

　「ツール」から「音声入力」を選択すると，音声入力をすることができます。もちろん，キーボード入力スキルはできるだけ早い段階で身に付けさせる必要があります。しかし，キーボード入力ができるまで授業でドキュメントを使わせないのももったいないと思います。小学校低・中学年の段階では，キーボード入力は練習しつつ，足りないスキルは音声入力で補うとよいでしょう。また，入力言語を「English（US）」にすることで，英語の発音の個人練習をすることもできます（**図30-2**）。

図30-2　音声入力による英語の発音練習

⑵　文字カウント

　「ツール」から「文字カウント」を選択すると，入力した文字数を表示させることができます。特に小学校段階では，決められた時間内に何文字打てるようになったかということは，自身の成長を実感するよい機会になります。導入期には，定期的に文字数を確認させ，成長を実感させるとよいでしょう。

⑶　ドキュメントの概要を表示

　見出しを設定すると，左側に「ドキュメントの概要」を表示することができるようになります（**図30-1**の左端）。表示された見出しをクリックすると，その場所に移動します。数ページにわたるレポートや論文を書くときや，教師が用意した資料の該当箇所を参照させるときなどに大変有効です。

4　活用のコツ

⑴　縦書きには対応していない

　現在，ドキュメントは縦書き入力には対応していません。国語の学習でどうしても縦書きの文章を作成する必要がある場合は，下書きや推敲をドキュメントで行うとよいでしょう。そして，清書を縦書きの原稿用紙等に書かせることをお勧めします。

⑵　スペースでのレイアウト調整をやめよう

　図30-3のようなレイアウト調整をする際，スペースキーを何度も押していないでしょうか。スペースキーを使ってレイアウト調整をすると，デバイスによってはレイアウトがずれたり，作業に時間がかかってしまったりします。できるだけスペースキーを使わずにレイアウト調整をする方法を指導することも一人一台端末を活用してい

図30-3　スペースキーを使わずにレイアウト

く上で大切です。**図30-3**は，次のような方法を使って作成しました。

　　A：中央揃え　→　B：箇条書き　→　C：ルーラーを右クリックして「タブの位置を追加」し，タブキーを押す　→　D：「先頭行のインデント」を移動

　基本的にはベタ打ちをして，最後にレイアウト調整を行うと早く作業ができます。何よりも，操作で分からないことがあればすぐに調べることが重要です。

31 〔Google ドキュメント〕議事録やレポートの共同作成をしよう

1 議事録の共同作成をしよう

学級会や委員会での議事録を作成するときは，Google ドキュメント を活用しましょう。これまでは，書記担当の児童生徒にノートに書かせたり，PCに入力させたりしていました。ノートの場合は，児童生徒1人で作成するので，聞き漏らしや間違いがよくありました。また，PCで作成する場合でも，2人でそれぞれ作成した文章を合体させるため，時間がかかる上に重複や空白が生まれてしまうことがありました。ドキュメントを活用すれば，そのようなミスや手間をなくし，より早く正確に議事録を作成することができます。

児童生徒に議事録を作成させる場合は，2人程度がよいでしょう。ドキュメントを共有し，2人で時系列に沿って話し合ったことを入力させていきます。互いに書き漏らしている点は，相互に補い合うよう指示しておけば，ある程度キーボード入力ができる児童生徒であれば楽しんで行うことができます。その際，箇条書きで端的に記述することや，小見出し，記号（中点や矢印等）等の基本的な使い方の約束を確認しておくとよいでしょう。

> **第２回　園芸委員会　議事録**
> 2020.9.28　議事録担当　山田・山本
>
> **１　先生から**
> ・委員会が始まって１ヶ月が経ちましたがどうですか
> ・どのクラスも植物の世話をしっかり取り組んでいる
> ・今日は種まきと今後の取組について話し合います。
>
> **２　種子まき**
> ・冬花壇の種まき。６年生の卒業式で咲く花。
> ・パンジー（赤、黄、白）、ネモフィラとコスモス（秋用）
> ・各クラス１ケース植える
>
> **３　これまでの反省と今後取り組みたいこと**
> ・反省（あるクラスだけ）
> 5-2　雨に日は植物の世話はどうしたらよいか
> →別の日に草取りだけお願いします
> 6-1　ゴーヤ畑の草はどうしますか
> →もう少ししたら、みんなで片付けます
> ・今後取り組みたいこと

図31-1　委員会での議事録

2 レポートの共同作成をしよう

説明文を読み，学びを生かして書く活動が小学校中・高学年の国語科の学習で頻繁に行われます。その際，教師の説明と個人作成の間に，グループによる共同作成の時間を追加すると，個人作成でつまずく児童が少なくなります。6年生国語科「提案文」を例に紹介します。

この単元では，提案文の構成（きっかけ，提案，まとめ）を学んだ後，それを活用して身の回りの問題に関する提案文を個人で作成します。この単元では，個人作成の前に1時間程度，グループでのレポート作成を行うことをお勧めします（**図31-2**の④）。グループは4名程度で構成します。新たな情報を調べる時間はないので，内容は児童にとって既に十分学習したものがよいでしょう。**図31-2**の場合は，4年生で学習したごみ問題を題材としました。教科書の例を参考にしながら，自分の担当箇所を作成します。途中で内容や書き方について分からないこと，相談したいことがあればそのつど話し合うようにさせます。そうすることで，集めた情報の中から何を選択し，どのように配置することで提案文ができるのかイメージをもつことができます。

共同編集時の注意点としては，友達の文章を尊重するという点です。誤字脱字等の明確な正誤基準があるものは別ですが，そうでない場合は原則相手に一言伝えてから修正するというマナーは必要でしょう。

> **【単元の流れ】**
> ①　教師による単元の流れの説明を聞く。
> ②　身の回りの問題について考え資料を集める。
> ③　提案文の構成を教材文から知る。
> ④　**グループで提案文を作成する。**
> ⑤　自分が考えた身の回りの問題について，個人で提案文を作成する。
> ⑥　提案文を読み合って，感想を伝え合う。

図31-2　単元の流れ（提案文を書こう）

> **提案文を書こう（練習）**
> 名前（山田・山本・山下）
>
> 提案文を書く練習をグループでします。
> テーマは「ごみ」です。４年生で学習したことを思い出して、ごみとどのように関わっていくかを提案文に整理しましょう。
>
> **１．提案のきっかけ**
> ４年生のときに、ゴミについて学習をした。
>
> 以上のことから、私たちのグループでは次の２点の提案を行う。
>
> **２．提案（２、３程度）**
> **（１）いつでもビニール袋を持ち歩く**
> レジ袋がなくなり、
>
> **（２）ゴミの分別ポスターをつくり、各家庭に配付する**
> 学習をするまでは、なぜ分別をしなければいけないかということが分かっていなかった。多分このことは、大人の人も同じだと思う。分別をしないと環境や焼却場などでどのような影響がでてしまうのか、わ
>
> **（３）**
>
> **３．まとめ**

図31-3　グループで共同作成中の提案文

3 パンフレットの共同作成をしよう

学習のまとめとしてグループでパンフレットを作成するときにもドキュメントが有効です。**図31-4**は，小学校5年生の米作りのパンフレット例です。

作成に当たっては，1グループ当たり4名程度がよいでしょう。グループが決まったら，1人1ページで役割分担をします。役割は，「1　学習の概要」「2　学んだこと①」「3　学んだこと②」「4　まとめ・感想」など，ざっくりと人数に合わせて分担させます。しかし，大切なのは，大まかに役割分担をしますが，常に対話をしながら自分の担当箇所以外についても関与させることです。作成しながら積極的に質問や相談，意見などをするよう言葉かけをしていきましょう。また，発表の際も自分の担当箇所のみの発表ではグループで取り組む意味が薄れてしまいます。全体発表の際には，自分がつくったページ以外を発表させたり，隣りの児童生徒に対して1人で全体の説明をさせる活動を取り入れたりすることで，成果物全体に関与する必然性が生まれ，グループの仲間と協働して取り組もうとする意識が高まります。

2．学んだこと①（山本）

米作りの１年

米作りの１年と、くふうについて説明します。

３月　たねまき・苗づくり

４月　育苗・田植えの準備
・硬くなった土を柔らかくする（しろかき）

５月　田植え
・最近は機械でやることが多い

７月　稲の成長
・水の管理が大切
・水があることで、病気やがい虫、急な温度変化から守る

８月　稲の熟成

９月　収穫
・穂（ほ）が垂れ下がり、黄金色に輝き始めるころに収穫
・稲から茎や葉をなくす脱穀（だっこく）をおこなう

１０月　乾燥・出荷
・水分が多いとくさったりカビがはえるので、しっかり乾燥させる
・ふくろにつめて出荷

米作りは、たくさんの工夫がつまっていました。
それから、５月ぐらいから始めると思っていたけど、３月から始めるということは知りませんでした。「だっこく」とか「しろかき」とか、聞いたことがあったけどよく知らなかったことをしれて良かったです。

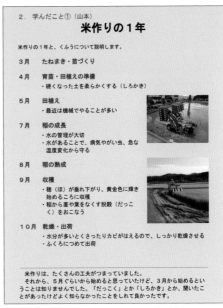

図31-4　Aグループのパンフレット（一部）

4 年度末反省を年度始めから

多くの学校が，2学期末から3学期にかけて1年間の反省を集約しているのではないでしょうか。しかし，年度末になると1学期や2学期前半に起きた出来事は忘れてしまっている場合が多いと思います。そこで，4月から「年度末反省」への記入を提案しておくことをお勧めします。ドキュメントで作成し，Google Classroom で共有しておくと，気付いたときに反省事項を入力することができます。そうすることで，忙しい年度末の業務を削減することができます。何よりも，書き込む際に自分自身の担当箇所を確認することで，年度途中に反省事項を把握し，年度末を待つことなく修正・改善することが可能になります。

また，共同編集機能を活用すれば，複数の教師が同時に入力する時期でも「誰かがファイルを開いているから書き込めない」ということがありません。毎回紙を印刷して配付し，集約して打ち直すという手間も省けます。

令和２年度　年度末反省

各部の取組について、良かった点、課題、改善点などを記入してください。
今年度から、これまで個別にアンケートを配付していた避難訓練や運動会などの行事もこのドキュメントで一括して集約します。気づいた時にその都度入力してください。
また、ご自身が担当される部会への書き込みについても、時々見てもらえると早めの対応につながると思います
【記入方法】
○（白丸）部内者・担当者からの意見
●（黒丸）部外者からの意見
→（矢印）次年度の方向性（担当者が記入）

1　教務
（1）日課
● コロナの影響で、例年よりも勤務開始時間が早くなった。今後も消毒等の時間が必要なので、次年度もこの時間で良いのではないでしょうか。
○ 次年度も朝会をオンラインで行う可能性が高い。移動がないぶん短時間で済む。業前日課を５分短くしたい。
（2）年間行事
● 今年も、９月は暑かった。来年は、運動会を春季にしてはどうでしょうか。市内で春季に行う学校も多くなったと聞いています。
→春季開催も視野に入れて検討していきたいと思います。
（3）各教科等
（4）総合的な学習の時間
（5）特別活動
（6）その他

2　安全指導
○ 遊具の近くで走り回り、ぶつかりそうになった児童がいる。安全指導を徹底するともに、児童が遊具の周囲で走り回ることのないよう、カラーコーンやバーでゾーンニングをしたい。
● 特に、梅雨の時期に廊下を走る児童が多く、怪我が心配。
→６月の月目標を「廊下はゆっくり歩きましょう」とし、学校全体で呼びかけていきます。

3　生徒指導

4　保健指導

5　情報・視聴覚

6　給食指導

7　図書館教育

8　環境・清掃指導

図31-5　年度末反省の記入例

5 様々なURLを共同編集で一つにまとめよう

運動会や卒業式などの学校行事では，全体計画や放送，業前練習，演技図，職員のお弁当の注文，謝恩会，反省会など様々な部会から提案が行われます。一つ一つがバラバラの場所に保管されていると，データを探すのがとても大変です。そこで，それらのリンクをコピーし，全て一つのドキュメントに貼り付けてもらうようにします。タイトルとともに整理することで，資料の確認がとても簡単になります。

32 〔Google ドキュメント〕相互コメントで学習を深めよう

1 2種類のコメント方法を知ろう

Google ドキュメント では，共有された友達の成果物にコメントをすることができます。コメントの方法は2種類あります。

一つめは，「コメントを追加」です。この方法は，友達の感想や作文などに対して「私もそう思ったよ」「すごいね」「この字が違うよ」など，気軽に感想や意見等を伝える場面に適しています（**図32-1**）。

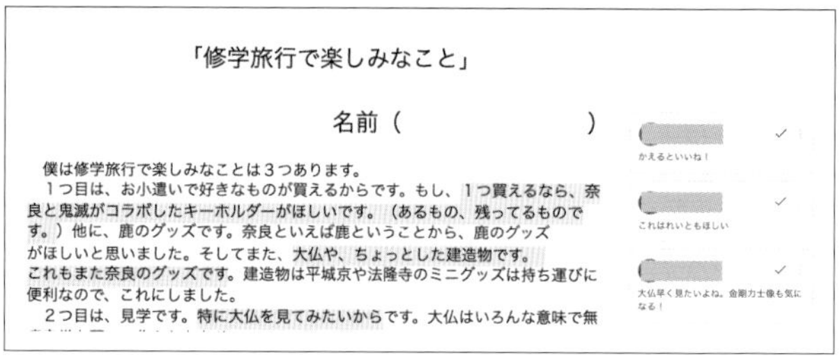

「修学旅行で楽しみなこと」
名前（　　　　　　　）
僕は修学旅行で楽しみなことは３つあります。
１つ目は、お小遣いで好きなものが買えるからです。もし、１つ買えるなら、奈良と鬼滅がコラボしたキーホルダーがほしいです。（あるもの、残ってるものです。）他に、鹿のグッズです。奈良といえば鹿ということから、鹿のグッズがほしいと思いました。そしてまた、大仏や、ちょっとした建造物です。これもまた奈良のグッズです。建造物は平城京や法隆寺のミニグッズは持ち運びに便利なので、これにしました。
２つ目は、見学です。特に大仏を見てみたいからです。大仏はいろんな意味で無
かえるといいね！
これはれいともほしい
大仏早く見たいよね。金剛力士像も気になる！

図32-1　「コメントを追加」で気軽にコメント

二つめは，「編集内容を提案する（提案モード）」です。この方法は，「Aくんはこういう文章や段落構成にしたけれど，ぼくはこうしたほうが伝わりやすいと思う」といったような，深く表現方法を吟味したり，グループ内で協働したりする場面で使われることが多いと考えています。

この二つは，組み合わせて使うことも可能です。児童生徒に指導する際は，厳密な使い分けにこだわらず，好きな方法を選択したり組み合わせたりして活用させるとよいでしょう。

2 感想文や作文に気軽にコメントをしよう

作文や国語科で初発の感想を書いたら，コメント機能を使って意見交換をさせましょう。

運動会の作文での実践を紹介します。基本的な流れは**図32-2**に示しています。共有方法の詳細や Google Classroom の活用法は別項に譲り，ここでは⑤のドキュメントでのコメント方法について紹介をします。コメントする場合は，コメントしたい文章をドラッグし，「コメントする」をクリックします。コメントが完了すると，ドラッグした部分の色が変わります。コメントを読んだら返信をすることもできます。

【学習の流れ】
① 各自，ドライブからドキュメントを選択する。
② 運動会の作文を作成する。
③ 共有をクリックし，「リンクを取得」の設定を「編集者」に変更（**図32-3**）。
④ Classroomのストリームから「追加」→「ドライブ」を選択してドキュメントを共有。
⑤ 友達の感想文や作文を読み，コメントをする。

図32-2　学習の流れ（運動会の作文）

コメント機能を使うと，児童生徒によってコメントをもらう数に差ができてしまいがちです。そういうときは，例えば「まずはグループの子の作文を読み，1人に二つコメントをします。グループ全員分の作文が読めたら，他の人の作文も読んでコメントします」等，読む友達やコメントする数を指定することで，そのような差を小さくすることができます。

ちなみに，一つのドキュメントに全員分の作文を書かせることもできます。教師がストリームにドキュメントを一つ共有しておくだけで済みますので，共有設定等の操作を児童生徒にさせる手間が省けます。1枚のドキュメントに4月から3月までの行事の振り返りを一人一人書き溜めさせていけば，自分の成長や学級の仲間との思い出を振り返る効果が期待できます。どのような方法を用いるかは，授業や活動の目的次第です。この点は，Chromebook の活用が前提となる学習においても変わらないでしょう。

ユーザーやグループと共有
リンクを取得
リンクをコピー
閲覧者（コメント可）
閲覧者
A
閲覧者（コメント可）
編集者

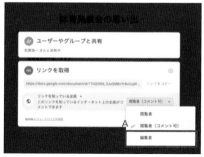

図32-3　共有設定

3 提案モードで発表原稿の質を高めよう

卒業文集や各教科のまとめレポート，総合的な学習の時間での発表原稿などが書けたら，友達と作品を読み合い相互コメントをしましょう。「提案モード」を使うことで，文章構成や表現方法，主張の伝わりやすさ等「コメントを追加」では伝わりづらい文章の修正提案ができます。小学校社会科で「日本との関係の深い国」についてグループで調べ，発表する際の発表原稿の作成を例に，「提案モード」での相互コメントについて説明します。

グループ内で発表箇所の役割分担をしたら，共同編集機能を使って発表原稿を作成します（**図32-4**の④）。原稿が完成したら，「提案モード」を使って相互コメントをします。

【学習の流れ】
① 調べる国をグループで決める。
② 選んだ国について調べ，まとめる。
③ 発表会に向けてグループ内で役割分担をする。
④ 発表原稿を個々で作成する。
⑤ 発表原稿をグループ内で推敲する。
⑥ 発表練習をする。
⑦ 発表会をし，グループの取組を振り返る。

図32-4 単元の流れ（国調べ）

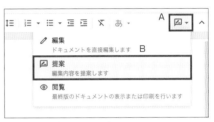

まず，ツールバー右端の「編集モード」をクリックします（**図32-5**のA）。「提案」を選択することで，ドキュメント全体に修正を加える提案をすることができるようになります（**図32-5**のB）。このモードの最中は，消去をすると取り消し線が表示されます。また，加筆すると，別の色で表示されます。提案を受けた作成者は「提案を承認」するか「提案を拒否」するか選ぶことができます。提案を承認することで，その変更が即座に反映されます。

図32-5 提案モードの選択

この機能を活用することで，グループ内で早く原稿ができた児童は，時間を持て余すことなくすぐに他の児童を手伝うことができます。また，グループ内で発表練習をする際にも，半数の児童が発表している間に，その様子を見ながらもう半数の児童が修正提案をすることができます。操作に慣れると原稿作成と推敲の時間を短縮することができます。

なお，児童生徒に相互コメントや相互評価をさせる場合は，その評価軸となる視点が不可欠です。これまでの生活経験や学習経験からコメントさせることも重要ですが，やはり基本は本時や本単元の目標です。「敬体と常体の統一」「はじめ・中・終わりの構成」「事実と意見の区別」「比喩」「見出しのインパクト」「見やすいレイアウト」等，学習目標を明確にし，その視点を意識しながら相互コメントさせるとよいでしょう。

4 コメント機能を使って定期テストをつくろう

定期テストを作成する場合は，担当の教師が作成した後，同じ教科の複数の教師で点検をしているかと思います。ドキュメントで定期テストを作成し，コメント機能を活用することで点検業務をより効率的に進めることができます。簡単な誤字脱字程度であれば「コメントする」で十分です。ある程度まとまった文章の修正は「提案モード」がおすすめです（**図32-6**）。何をどう修正するべきなのか分かりにくいコメントは，かえって仕事の効率を悪化させます。教師も児童生徒も，受けた人が理解して修正しやすいようなコメントをするよう心がけましょう。そのようなコメントスキルも，この先児童生徒に身に付けさせたい力の一つだと考えています。

〈石原 浩一〉

2 江戸時代に関する次の資料を読み、各問に答えなさい。

資料A：太郎と花子のペア学習中の会話

太郎：江戸時代ってどんな時代だったんだろう。
花子：関ヶ原の戦い後の1603年に、家康が征夷大将軍に任じられたことで始まったみたいだね。
太郎：日本全国に城をつくり、大名を配置したって小学校で習ったよ。
花子：（ ① ）以前から徳川氏に従っていた大名を譜代大名と言ったんだよね。
そういえば、譜代大名は江戸の近くの領地を与えられているよ。
太郎：反対に、主に江戸から遠い地域を領地としている大名は（ ② ）となっているね。
家康は、どうしてこのような仕組みにしたんだろう。
花子：そのほかにも、徳川氏はいろんな仕組みを整えたみたいだね。

資料B：武家諸法度

一 学問と武芸にひたすら精を出すようにしなさい。
一 諸国の城は、修理する場合であっても必ず幕府に申し出ること。
まして新しい城を作ることは厳しく禁止する。
一 幕府の許可なしに、婚姻を結んではならない。
（部分要約）

資料C：江戸時代の仕組み

江戸時代の仕組み
（著作権のため画像なし）

（1） （ ① ）（ ② ）に当てはまる語句を答えなさい。

（2）下の２つの資料は、鎌倉時代と室町時代の仕組みを示したものである。
２つの資料と「資料C」との比較によってわかることとして、適切なものを１つ選んで記号で答えなさい。~~選んで答えなさい。~~
ア 日本全国が平和になったため、侍所のような軍事を司る部署は必要がなくなった。
イ 法律を定め、天皇や公家の行動を制限した。
ウ 朝廷を監視するような部署は、室町時代にはなくなったが、江戸時代には再び設置された。
エ どの時代にも、将軍ではなくその代理の者が中心となって政治を行う仕組みが存在している。

鎌倉時代の仕組み
（著作権のため画像なし）

室町時代の仕組み
（著作権のため画像なし）

（3）~~江戸時代は「平和が２６０年続いた平和な時代」である~~江戸時代は、「平和が２６０年続いた時代」と表現されることがある。その根拠として最も適切な資料を「資料B、C、D」から１つ選び、記号で答えなさい。またその資料を使って「江戸時代が平和な時代だと言える理由」を簡潔に説明しなさい。

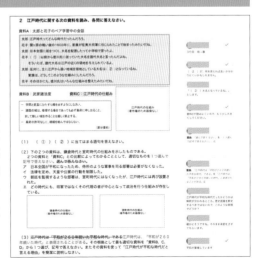

図32-6 社会科のテスト作成イメージ

Google スプレッドシート の活用法を知ろう

1 これができます！

　Google スプレッドシート では，MicrosoftのExcelやAppleのNumbersと同じように，式や関数を使った計算やグラフの作成をすることができます。学校生活においては，児童生徒や教師が実施したアンケートの結果を集計して，データを可視化することができます。授業においては，クラス全体の意見を把握したり，表やグラフを作成したりする場面でよく使用されます。

　授業場面での活用例として，学級名簿を入力したスプレッドシートを配付し，問いに対する考えを入力させることがあります。学級の全員が同じスプレッドシートにアクセスし，共同編集ができるため，考えを入力しながら，他者の考えを参照することができます。授業以外の場面では，縦割り活動の遊びを決める場面で Google フォーム でアンケートを実施し，その結果をスプレッドシートに出力することなどがあります。スプレッドシートを基にどの遊びを希望している児童生徒が多いのか，どのような意見があるのかを参考に，縦割り活動で行う遊びを決めていくことができます。更に，得られたデータをグラフにすることで，教師や他の児童生徒に示す際の根拠とすることができます。

2 こう使います！

⑴　ファイル

　ファイルの保存やコピー等，データの管理をはじめとした操作を行うことができます。データをコピーしたり，PC上にダウンロードしたりすることができます。

⑵　挿入

　行や列を挿入したり，グラフや画像を挿入したりすることができます。グラフは自動で適したものを選択してくれます。適していない場合は，自分でグラフの種類を簡単に変更することができます。

⑶　シート

　一つのデータに対して複数のシートを作成することができます。振り返りを記入するシートを分けたり，使用する場所を分けたりすることが可能です。

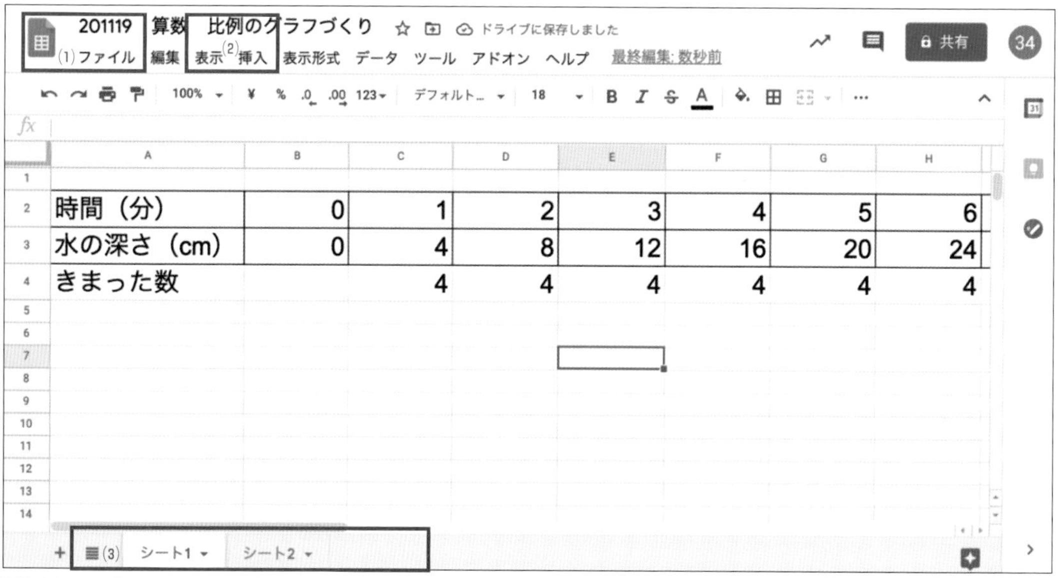

	A	B	C	D	E	F	G	H
2	時間（分）	0	1	2	3	4	5	6
3	水の深さ（cm）	0	4	8	12	16	20	24
4	きまった数		4	4	4	4	4	4

図33-1　スプレッドシートの画面

3 便利な機能

　便利な機能の一つめに，これまで使用してきたExcelファイル等との互換性があります。**図33-2**の「インポート」をクリックし，**図33-3**の「アップロード」の部分で，これまでに作成したExcelファイルをアップロードすると，大きな崩れもなく，そのまま活用することができます。

　例えば，夏休みの職員の動向表や，学年ごとのカリキュラム一覧表等のファイルがExcelデータで管理されていた場合，スプレッドシートにインポートすることで，職員全体で共有し，同時進行で編集を進めることが可能になります。そうすることで，複数のデータを学年ごとに作成するのではなく，絶えず他の学年や教師の編集の様子を確認しながら作業を進めることができます。また，スプレッドシートで作成したファイルは，Excelファイルにすることも，PDFファイルにすることも可能です。

　便利な機能の二つめは，共有機能です。同じデータを見せたい，共同で編集したい場合に，**図33-4**の「共有」をクリックすると，共有設定の画面が表示されます。「ユーザーやグループと共有」を押すと，メールアドレスで共有することができます。また，**図33-5**の赤枠部分の「リンクを取得」では，リンクをコピーして共有することで，メールアドレスを入れずともリンクを共有するだけで，ファイルを見てもらったり，共同で編集できたりします。リンクで共有する際には，このリンクを知っている人に閲覧権限を与えるのか，編集権限を与えるのかを区別しておく必要があります。

図33-2　インポート

図33-3　PC上のファイルをアップロードできる

図33-4　共有すると，共同で編集することができる

図33-5　リンクを作成し，共有することができる

4 活用のコツ

　上で紹介したような基本的な機能や活用法は，児童生徒にも教えておくことが重要です。最初は教師が資料をつくって共有することが必要ですが，徐々に児童に任せていくという意識がより大切になります。例えば，当番活動や委員会活動の一覧表等を児童生徒に任せることができます。児童生徒にとっては，自分がもっているスキルを学級活動に生かすことができるので，集団への参画・帰属意識が高まるでしょう。教師にとっても学期始めの忙しい時期に，掲示物をどうするか等で悩む必要がなくなります。教師にとって便利な機能は児童生徒にとっても便利な機能であり，それを活用するスキルを身に付けることは生涯にわたって役に立つ可能性があると思われます。教師が身に付けたスキルは児童生徒にも身に付けさせていくという意識をもって活用することが大切です。

34 〔Google スプレッドシート〕クラスの意見を把握しよう

Google スプレッドシート を活用すると，児童生徒の事実や意見を共同で入力し，整理・分析することができます。このことは二つの側面から見てメリットがあります。一つは児童生徒側のメリットです。児童生徒は，意見を表明する際に，「自分の意見が間違っていたらどうしよう」などの不安を少なからずもっています。そのため，授業中に挙手する児童生徒が偏ることや，本当に苦手な児童生徒は意見を表明できないということがあります。学級経営的な側面からいえば，様々な工夫でそのように思う児童生徒が少なくなるように努める必要があります。しかし，スプレッドシートを活用すれば，友達の意見を参照しながら書き込むことができます。そうすることで，少しずつ意見表明のハードルを下げ，成功体験を積ませることができます。

また，教師側のメリットもあります。一つめは，上述のとおり，意見表明を苦手とする児童生徒の意見を拾い上げることができます。挙手しなくても，そこに書き込まれていれば意見表明できたということになり，認めてあげることができます。机間指導をすることなく，画面に表示される児童生徒の意見を読むことで，「みんな，Aさんの意見がとても上手に書けているから，ぜひ参考にしてね」と伝えることで，価値ある意見を全体に共有することができ，共有された意見を児童生徒はすぐに参照することができます。また，前項で述べたことともつながりますが，教師の働き方という視点でいえば，共同編集機能を児童生徒に活用させれば，当番活動等の掲示物などの，学級で確認する頻度が高いものをつくらせることができます。

ここで，意見が見えるようにしていくまでには，少しステップを踏んだほうがよいでしょう。いきなり意見を書いて，というよりは，「共同で何かを作成できる」「友達の意見や考えが見える」ことのよさを感じてから，授業等で意見を表明していくことがよいのではないかと思います。

1 学級で使用するものを作成しよう（スプレッドシートに直接入力させる）

Google Jamboard の項目とも重なりますが，まずは，「しりとり」のような誰でもできる遊びを通して，共同編集の体験をするとよいでしょう（**図34-1**）。最も重要なことは，共同編集のよさを実感させ，ハードルを低くすることです。

図34-1　しりとり体験

また，**図34-2**は学期始めに当番活動を決める場面で活用したスプレッドシートです。これまでは，教師が黒板に当番の名前を書き，その具体的な活動内容を説明し，挙手や名前の書かれたシートを黒板に貼って……という流れが多いかと思いますが，スプレッドシートを活用すると，事前に配付しておくことが可能なので，「明日決めるから，見ておいてね」とすることが可能です。実際に決める場面では，全員に編集権限を与えておきます。そして，決まった児童生徒から自分の名前を入力するだけです。つくったものは掲示物になるので，教師は印刷するだけです。もしくは Google Classroom のようなプラットフォームに資料として掲載すればいいので，印刷すらしなくてもよいでしょう（**図34-3**）。

図34-2　当番活動を入力させる

図34-3　頻繁に見るデータを整理しておく

遊びや学校生活場面での共同編集体験を通して，スキルの習得やよさを実感させつつ，授業でも活用を進めていくことが大切です。手軽に，高い頻度で実施できるのが，授業や単元終末で実施する「振り返り」の場面です。まず，授業ではClassroomに授業の目標やルーブリック，学習過程を示しておきます（**図34-4**）。その投稿に「振り返りシート（11月）」というスプレッドシートを添付します。そのスプレッドシートには，教科ごとにシートを分けて児童生徒の名前を記入して

図34-4 常にスプレッドシートを添付する

おきます。どの教科の授業でも同じスプレッドシートなので，児童生徒は「振り返りといえばスプレッドシート」という感覚で毎日の学びを進めることができます。

授業の終盤にスプレッドシートを開き，振り返りを書き込みます。振り返りの内容は，本時の学習内容のまとめや，学習方法に関わること，そして感想等です。

振り返りでスプレッドシートを活用する際のポイントを説明します。**図34-5**のようにしています。まず，日付とルーブリック，名前，番号については固定しておき，スクロールしても常に画面に表示されるようにしておきます。日付や番号を固定しておく理由は，日付が進むと児童生徒は右へスクロールして自分のセルを見付ける必要がありますが，そのときに迷いにくくなります。ルーブリックを固定しておくことで，児童生徒は振り返るべきポイントを見失いにくくなります。また，振り返りを参照しやすいという点は，教師にも当てはまります。これまでは，机間指導を行い，よく書けている児童生徒の文章を全体に共有していましたが，教師はスプレッドシートを見て，よく書けている児童生徒を指名したり，「Aさんのセルにいいことが書いてあるから，参考にしてみてください」と伝えたりすることができます。また，**図34-6**のように，よく書けている児童生徒のセルを色付けしておくことで，いつでも，他の児童生徒が参照しやすくしています。

振り返りの場面でスプレッドシートを活用することで，いつでも自分や他者の振り返りを参照できます。このようなメリットを意識して，児童生徒のこれからの学びにつながるような学習の振り返りへと質が高まっていくことが大切だと思います。ノートかスプレッドシート，どちらがよいのかという質問をされることがありますが，振り返りの質を高めて，これからの学びへつなげるという目的を見失わないように，適切な手段を選択していくことが大切だと思います。

図34-5 スプレッドシートでの振り返り

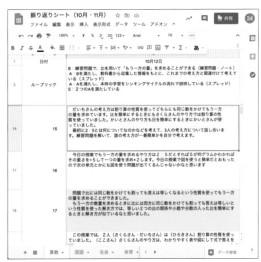

図34-6 よく書けている児童生徒の文章に色を付ける

（Google スプレッドシート）データ分析をしよう

　小学校6年生算数科「資料の調べ方」（啓林館）を基に，児童に Google スプレッドシート を活用させるという流れを紹介します。スプレッドシートを用いてデータを整理し，合計や平均だけでなく，最大値，最小値等の代表値を求めます。その後，ヒストグラムを作成し，単元終盤には自分で調べた統計データを用いてレポートを作成するという流れです。

1 表にまとめよう

　この単元の学習を始める際に，「6年1組，2組，3組がソフトボール投げをした。どのクラスが一番優秀といえるのだろうか？」という課題を提示します。その課題解決に向けて，スプレッドシートを活用します。

　まずは，教科書に示された6年生児童のソフトボール投げの記録をスプレッドシート上に入力するという活動をします（**図35-1**）。スプレッドシートのセルは，半角数字しか数値として認識しないことを児童は知りません。そのため，①単位を入力しないこと，②半角数字で入力すること，の2点に気を付けて指導する必要があります。

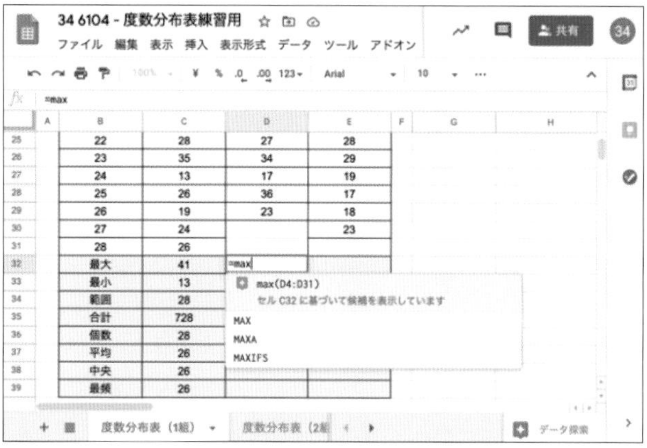

図35-1　最大値を求める関数を入力する

　入力したデータを基に，最頻値，中央値等の代表値を入力する活動を行います。最初は手計算で行わせた後に，関数の入力方法を伝えます。児童は苦戦しながらも，徐々に入力に慣れてきます。最初だけは通常の授業より時間数を要しますが，ここで方法をしっかりと学べば，理科の学習等で繰り返し活用し，加速度的に学習の速度は上がっていきます。

　関数の入力をはじめとして，手順が分からなくなった場合は，まず近くの友達に聞くこと，それでも分からなければ「最頻値　関数」のようなキーワードで検索するとすぐに分かることを伝えました。このように，分からなくなったときの対処法を事前に指導しておくことで，分からない児童がいても児童同士でフォローし合える仕組みの下，学習を進めることができます。

　次に，ドットプロットについて学習した後に，表から度数分布表を作成する活動を行いました。度数分布表を作成することで，どの階級に何人くらい児童がいるのかを明らかにすることができます。度数分布表も，「COUNTIF」関数を用いれば容易に数えることができますが，小学生にこの関数は複雑過ぎます（**図35-2**）。そのため，得意な児童以外は手作業で数えて，度数分布表を作成しました。どこまで教えて，どこから教えないのかを考える際には，得た知識や技能を他の場面で使用する可能性があるかどうかという基準で判断するとよいでしょう。

ソフトボール投げ（6年2組）		
距離（m以上・未満）	人数（人）	割合（%）
10~15	0	
15~20	5	
20~25	=COUNTIF($D$4:$D$29,">=20")-COUNTIF($D$4:$D$29,">=25")	
25~30		
30~35	7	
35~40	2	
40~45	0	
合計	26	

図35-2　難しすぎる関数は，他の場面で使えない

2 集めたデータをグラフにしよう

　作成した度数分布表を基に，ヒストグラムを作成します。度数分布表から手作業でグラフを作成する活動を行った後に，スプレッドシートを使ってヒストグラムを作成します。それには二つの方法があります。

　一つめは，度数分布表から縦棒グラフを挿入し，ヒストグラムを描く方法です（**図35-3**）。実際のヒストグラムは棒同士が接している必要があることを踏まえた上で，グラフにすると散らばりがよく分かるということを示します。

　二つめは，直接ヒストグラムを作成する方法です。データを入力した表を選択し，グラフを挿入します。そこで「ヒストグラム」を選択する方法です（**図35-4**）。そうすることで，度数分布表をつくることなくヒストグラムを作成することができます。また，階級も自分で設定することが可能です。クラス同士を比較したい場合は，縦軸や横軸が揃っていることが大切であることを伝えることが重要です。あくまで課題解決のための手段であることを忘れずに指導を行う必要があります。

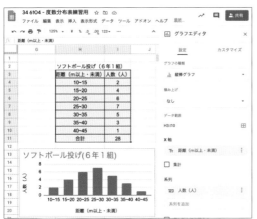

図35-3　度数分布表からヒストグラムを作成

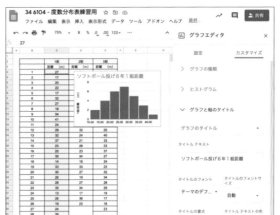

図35-4　表から直接ヒストグラムを作成

3 集めたデータを基に，レポートを作成しよう

　上で紹介したような手順を学習した後に，自分で調べたデータを活用して，レポートを作成します（**図35-5**）。一度学んだはずの表のつくり方や，最大値や最小値の求め方，グラフのつくり方が理解できていないことに児童は気付きます。そこで他の児童とデータを共有したり，整理の仕方を教え合ったり，協働的に課題解決に向けて取り組んだりする姿が見られました。スプレッドシートからドキュメントに貼り付けたグラフは，元のスプレッドシートのデータとリンクしているので，数値や階級等の幅を修正した際には，再度貼り直す必要はなく，更新するだけで最新のデータになります。

　このように，学んだことをレポート作成するという思考を伴う問題解決的な学習を通して，知識や技能の習得が確かなものになります。

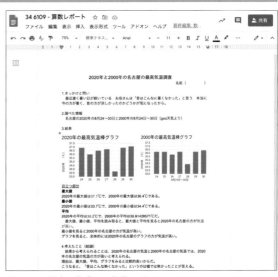

図35-5　児童の作成した算数レポート

〈久川　慶貴〉

36 Google スライド の活用法を知ろう

アプリ活用編

1 これができます！

共同編集機能を利用して，グループで発表資料を作成することができます。

グループ活動で調べたことをまとめるときに，Google スライド を活用して共同編集しながらプレゼンテーションの資料を作成します。そして，作成した資料を使って発表活動を行います。このようにグループで取り組んできたことをグループでまとめ，発表する活動に有効です。

また，スライドを利用することで，何人かで協力しながらPRポスターを作成することができます（**図36-1**）。

これまでは，画用紙を用意し，下書きをしてからペン書きや色塗りなどをして作成してきました。ペン書きや色塗りで失敗をしてしまうと，手直しすることが難しいです。しかし，スライドで作成すると，何度でも書き直しができ，塗りつぶした色の変更も容易に行うことができます。また，画用紙でのポスターづくりでは，同時にいくつもの作業を行うことが難しいです。スライドであ

図36-1 花の紹介ポスター

れば，同時に何人でも編集作業をすることが可能で，色を塗りつぶす人，見出しの文章を考える人，イラストを描く人など，役割分担をしながらポスターづくりを行うことができます。

2 こう使います！

① 新しいスライドを作成する

「Google アプリ」から「スライド」をクリックします。「空白」を選ぶと新しいプレゼンテーション資料を作成できます。「テンプレート」から目的に合ったスライドを選んで作成を始めることもできます。

② ファイル名を入力する

画面左上の「無題のプレゼンテーション」をクリックしてファイル名を入力します。

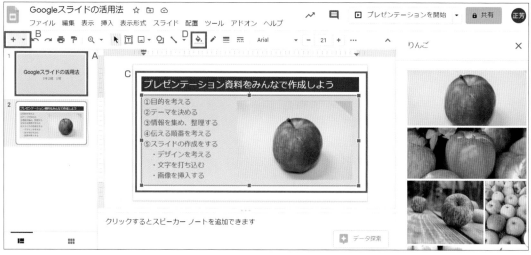

図36-2 スライドの基本画面

③ スライドを作成する

a タイトルページを作成する：「クリックしてタイトルを追加」をクリックして，タイトルを入力します（**図36-2**のA）。

b スライドを追加し，2枚目以降のスライドを作成する：「＋」をクリックするとタイトルと本文のある

スライドを追加できます。「▼」をクリックすると，レイアウトを指定して新しいスライドを追加できます（**図36-2**のB）。

c　見出しや本文を入力する：見出しは内容が伝わるように，短く簡潔に入力しましょう。本文は，項目番号を付けたり箇条書きなどを設定したりして，読みやすくなるように工夫します（**図36-2**のC）。また，文字数を減らして情報量が多くならないように注意し，文字は大きく見やすくすることがコツです。

d　スライドのデザインやレイアウトを整える：スライドの背景の色を変更することができます。また，タイトルや本文のテキストボックスの色も変更することができます（**図36-2**のD）。背景の色や文字の色を工夫して，見やすいスライドを作成しましょう。ただし，デザインにこだわり過ぎないように注意し，余計な装飾をせずにシンプルにしましょう。

3 便利な機能

⑴　ウェブ検索をして画像を挿入する

　スライドでは，様々な方法でスライドに画像を挿入することができます。その中で便利な機能が「ウェブを検索」です。Google 画像検索で表示される画像をPCにダウンロードすることなく，そのままスライドに挿入することができます。また，画像を検索するときに新しいタブを開く必要はなく，スライドの画面を見ながら検索ができます。

図36-3　「ウェブを検索」で画像を挿入する手順

●手順

①「画像の挿入」をクリックする。→②「ウェブを検索」を選択する。→③語句を入力して画像を検索する。→④挿入したい画像を選択する。→⑤画像を挿入する。

⑵　「コメント」機能を利用して評価する

　作成したスライドに「コメント」を挿入することができます。この機能を利用して，作成したスライドに関する話合いをしたり，感想や評価を伝えたりすることができます。例えば，共有したスライドをみんなで見合って，「コメント」を使って感想を記入します。そうすれば，作成したスライドの感想交流が簡単にできます。

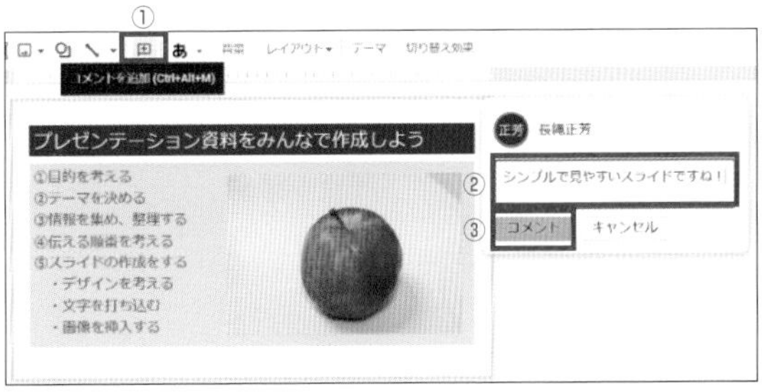

図36-4　「コメント」機能の利用

●手順

①「コメントを追加」をクリックする。→②コメントを入力する。→③コメントを投稿する。

4 活用のコツ

⑴　スライドにまとめたことを共有する

　スライドに記述した感想や意見，作成した作品などを簡単に共有することができます。例えば感想交流のときに，1人につき1枚のスライドを割り当てて記述させます。そして，記入したスライドを見合うことで簡単に共有できます。更に，記入したスライドを見てもらいながら発表活動を行うことも可能です。

⑵　スライドが勝手に消えてしまう!?

　スライドで共同編集をしているときによく起きる現象があります。それは，スライドが勝手に消えてしまうことです。原因は，スライドを選択中にBackSpaceキーを押してしまうからです。誤って押してしまうこともありますが，多くの場合はスライドを選択後に，画像やテキストボックス内の文字を消去するなど編集作業をしようとするときに起きてしまうようです。操作をよく確認させながら編集させるなど，作業を始める前に注意を呼びかけるとよいでしょう。

（Google スライド）プレゼンを作成して何度も練習しよう

アプリ活用編

これまでの学校現場では，日常的に児童生徒がプレゼンテーションソフトを使って発表をすることは大変難しいことでした。パソコン室でつくったプレゼンを教室のプロジェクターでスクリーンに映しながら発表することも，環境だけを考えれば可能でした。しかし，他教科との兼ね合い，教室移動の大変さなどの教室やPCの運用面から，PCを使ったプレゼン自体を児童生徒に経験させることは難しく，できたとしても継続性のない実践となってしまうのが現実でした。模造紙にプレゼンをつくるという実践もありますが，時間がかかり，次の学習にしわ寄せが行きます。おそらく日本中どこの学校でも同じような理由から，児童生徒がプレゼンを作成して発表をするような教科の学習は割合としてとても少なかったのではないでしょうか。

一人一台環境になって，運用面でのストレスは皆無になりました。それどころか，児童生徒がプレゼンを作成し，発表する上で Google スライド の共同編集の機能は威力を発揮します。学びをより協働的にしながらプレゼンの作成と発表を児童生徒に何度も経験させることが可能になりました。また，探索ツール等を使って使いたい画像を容易に検索したり挿入したりすることができる等，作成にかかる時間も少なくなりました。これからご紹介するいくつかの工夫を教師が行うことで，よりよいプレゼンテーションを児童生徒に経験させることができます。

① 目的を生徒と共有する

今回紹介する中学校での実践では「来年中学校に入学する校区の小学6年生に，中学生がどのような学びをしているのかを紹介します。今回はオセアニア州の学習で学んだことを分かりやすくプレゼンすることにします」という状況設定を行いました。目的によってプレゼンの作成や，発表の工夫の仕方が大きく変わってきます。目的を生徒と共有することが大切です。

② 発表のモデルを見せる

初めて生徒にプレゼンを作成させ，発表させるときに気を付けておきたいことがあります。プレゼンをつくることに慣れている生徒はほとんどいないということです。ましてや，共同編集を経験してきた生徒もいません。この状態で「やってみましょう」と指示を出しても，生徒の活動が停滞することは容易に想像できます。イメージをもたせるために教師自身がプレゼンモデルを見せることが必要です。ゴールのイメージを明確にすることで生徒が活動的になっていきます。

③ 作成のモデルを見せる

発表のイメージをもたせたら，作成のイメージをもたせることも大切です。筆者は，Classroomにモデルとなるプレゼンを置きました。教師が作成したプレゼンのまねをしてもよいということも伝えると，安心した様子で活動を行っていました。加えて，「伝えたいことを決める」「プレゼンの流れを決める」「分担する」「伝えたいことを支える資料を決める」などの作成の流れを提示しました（**図37-1**）。一方で「文字を少なくする」「伝えたいことが分かる写真や図，グラフなどを示す」などの情報の提示の仕方も指導し，指導した内容もClassroomに掲載しておきました。モデルやコツがすぐに取り出せるところにあるため，生徒は自分で学びやすくなります（**図37-2**）。

```
本時　プレゼンづくり
 《コンテンツをつくる前に》
  ・伝えたいことを決める「アジアとなぜ強く結びつくようになったかを一言で」
  ・班で流れを考える
  ・使う画像や資料を決めよう（できるだけ少なく！）
 《コンテンツをつくるときに》
  ・文字の量は最低限にする
  ・一人1枚作成する
 《コンテンツができたら》
  ・プレゼンの練習をする
   コツ　聞き手を見る
   コツ　見てほしいところを指す
   コツ　自分の言葉で話す
   コツ　ちょうどよい声の大きさで話す
```

図37-1 Classroomに示したプレゼン作成の流れ

④ 三人班で一つのプレゼンを作成させる

オセアニア州の学習は，教科書を見ると「オセアニア州をながめて」「資源によるアジアとのつながり」「人々によるアジアとのつながり」の三つのパーツで

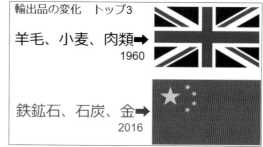

図37-2 生徒が作成したスライド画面

できていました。一人一つのパーツを担当し,最後に
「なぜ,オセアニア州はアジアと強く結び付くように
なったのか」についてのまとめを共同編集しながらつ
くることで協働的に学ぶ経験をさせることができます。
経験からですが,3名というのは生徒にとっても活動
しやすい人数だと思います(**図37-3**)。

⑤ **コンパクトなプレゼン時間を設定する**

　1分から2分の短いプレゼンでよいことを生徒に伝
えます。プレゼンをさせる目的は様々あります。学習
内容をアウトプットさせることで生徒の中で情報を再
構成させ,より質の高い知識を獲得させていくことも

図37-3　三人班での活動の様子

目的の一つです。修正を繰り返しながら何度も繰り返
しアウトプットさせることで,知識の質は高まります。5分もかかるような長いプレゼンをつくらせていては,
繰り返しアウトプットさせ,知識の質を高めるチャンスが激減します。コンパクトな設定にすればするほど,
生徒は情報の優先順位を付けるようになります。その過程で情報と情報を比較検討する場面も生まれること
を考えると,「こんなに短くていいの?」と思えるくらい短いプレゼンでよいと考えています。

⑥ **発表のスキルや聞くスキルを指導する**

　プレゼンに意欲的に取り組む生徒を育てたいと考えています。生徒がこうした活動に意欲的になるために
は「成功体験」が大切です。「うまく伝わった」経験が,「次もやりたい」という気持ちにつながっていきま
す。うまく伝わる経験をさせるために,「聞き手を見て話す」「ちょうどよい声のボリュームで話す」「見せ
たいところを指し示す」などのスキルを教えておきたいです。スキルをシンプルに示すほど,生徒も受け入
れやすいです。聞き手には,うなずくなどの「傾聴」の大切さも教えておきたいところです。

⑦ **ペア班でのプレゼンと全体でのプレゼンを使い分ける**

　回数を経験させたい場合はペア班での発表を繰り返します(**図37-4**)。一方で,全体的なプレゼンの課
題を示したいときは,そのモデルとなる班のプレゼンを学級全体で見る時間をつくります(**図37-5**)。こ
うすることで質も量も高まります。何度も繰り返し,プレゼンに慣れていく経験を生徒に保障することがで
きます。

図37-4　ペア班でのプレゼンの様子

図37-5　学級全体でプレゼンを見ている様子

⑧ **自分のプレゼンを振り返らせる**

　他の班のプレゼンと自分の班のプレゼンとを比べて気が付いたことや,今回身に付けたいプレゼンスキル
と自分のスキルを比べて気が付いたことなどをノートに書かせます。次のプレゼン場面に生きてきます。

38 〔Google スライド〕意見や考えをレポートにまとめよう

1 短歌の鑑賞文を書く

中学校2年生国語科「短歌を味わう」（光村図書）の実践です。教材文「新しい短歌のために」の解説文を参考にして、教科書に掲載されている6首の短歌の中から一番心に響いた一首を選び、選んだ短歌のよさをクラスの全員に伝える鑑賞文を作成します。

Chromebook の配付前だったため、まずはワークシートで構成メモ、下書きを行いました。構成メモは同じ短歌を選んだ生徒同士、グループで話合いをさせました。その後、構成メモを基に下書きを各自書きましたが、普段から書くことに抵抗がある生徒はなかなか筆が進まず、活動時間内に書き切れませんでした（図38-1）。

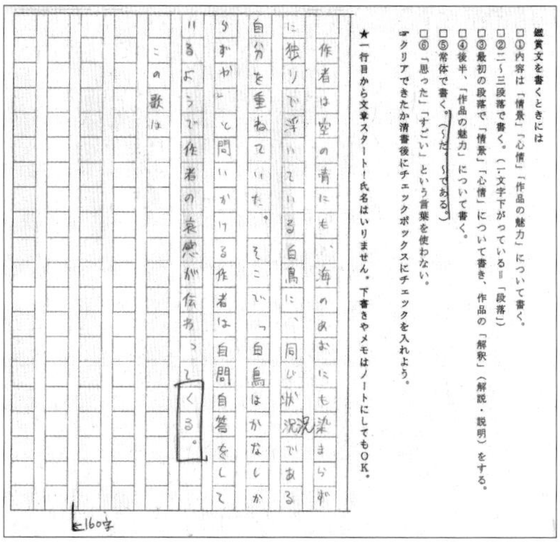

図38-1

2 Google スライド を使って、鑑賞文を入力

1人1枚のスライドに氏名、選んだ短歌、鑑賞文を入力する枠をつくっておきました。生徒はその枠内にそれぞれ鑑賞文を入力していきます。Google スライド を使っての入力は初めてだったため、最初は自分のスライドではないところに入力してしまったり、画面をタッチして操作をしていて、誤ってスライドごと消去してしまったりと様々なトラブルが起こりました。ほとんどのトラブルは画面をタッチしての操作中に起こったので、全体のルールとして「操作に慣れるまでは、キーボードを使って操作をする」ように確認しました。その後は、ほとんど入力上のトラブルはなくなりました。

今回は、生徒たちがキーボードでの文字入力に不慣れであると考え、作成する鑑賞文の文字数は少なめの160～200字で設定しました。実際に入力してみると、一番時間がかかった生徒でも時間内に入力を終えることができました。

ワークシートの下書きをスライドに入力するという「作業」でしたが、それでも一部の生徒にとっては、「書くこと」へのハードルが高く感じられるもののようでした。そこで、「書き方が分からなかったり、表現に困ったりしたら、他の人の作品が画面上ですぐに見られるから、どんどん見て参考にしていいよ」と全体に指示をしました（図38-2）。生徒たちはすぐに他の生徒のスライドに目を通し始めました。「よいと思うところは自分の鑑賞文にどんどん取り入れていいからね」と言うと、早速、他の生徒のスライドを見て「ああ、こうやって書けばいいのか」「そうそう、これが言いたかった」などとつぶやき、自分の作品に取り入れ始めました。

実践前は、生徒たちの多くはキーボード入力に不慣れであり、入力が思うように進まないのではないかと懸念していました。しかし、普段は「書くこと」が苦手な生徒も、すぐ見られるところに他の生徒の鑑賞文という「モデル」があることで、ワークシートや原稿用紙に向かうより、スムーズに取り組むことができていました。また、他の鑑賞文を参考にできるという点と併せて、進捗状況がクラス全体に可視化されるということは、中学生にとって適度な緊張感をもたらし、前向きに課題に取り組めていたようです。

図38-2

3 推敲の手軽さ

　ワークシートや原稿用紙で推敲をすると，場合によっては，訂正の線や文字を書き込んだり，段落を入れ替えるために矢印を書いたりして，せっかくの作品の見た目が悪くなります。しかし，そのために一から書き直すという手間を考えると，生徒のモチベーションが下がってしまい，途中でいやになって投げ出すということも今まではありました。スライドでの入力の場合，自分の鑑賞文を読み直し，気になるところがあったら，切り取り→貼付して文章の順番を入れ替えることができます。確認し，元の順番のほうがよかったとなれば，戻すことも簡単にできます。紙の上では難しいこうした推敲が，簡単に，しかも何度でもできます。こうした手軽さから，活動時間ギリギリまで何度も試す生徒もいました。

　「書くこと」の指導では，推敲の跡が見えるということがよい場合もありますが，自分にとって一番納得のいく状態（**図38-3**）でクラスのみんなに見せることができることが，中学生にとっては抵抗感を減らす一因になるのではと感じました。

> ### 3
>
> 　　選んだ短歌　白鳥はかなしからずや空の青海のあをにも染まずただよふ
>
> **鑑賞文**
> 　空の青と海のあをに真っ白な白鳥が一匹とんでいる。空の青はどこまでも広がっていく青、海のあをはどこまでも深くこい青。作者は一人悲しく空の青、海のあをに染まらぬ一匹とんでいる白鳥にかたりかけ寂しくないのかと問いその姿を見ているのである。
> 　空の青と海のあをは同じではない青をあらわしている。そこに空の青、海の青どちらにも染まらぬ白鳥一匹がただよいまるで自身が何にも染まらないと表しているようだ。

図38-3

　活動の最後に，互いの作品を読み合う時間を設けたところ，熱心に作品に目を通していました（**図38-4**）。その際，漢字や助詞の間違いなど，読んでいて気が付いたことを互いに教え合う場面もありました。作品は Google Classroom 上でいつでも読めるので，時間内に読めなかった作品も読むことができます。

〈井村　亜紀子，小川　晋，長縄　正芳〉

図38-4

38

（Google スライド）意見や考えをレポートにまとめよう

105

Google フォーム の活用法を知ろう

1 これができます！

　Google フォーム を活用することによって，アンケートや小テストを簡単に実施することができます。これまでは，ワープロや表計算ソフトで作成したアンケートを印刷し，児童生徒や保護者へ配付して，手作業で集計を行っていました。また，集計の際には手作業で提出・未提出の確認を行い，未提出者には教師から個別に催促・再配付し，集計を行ってきました。フォームではこれらの配付・集計を自動で行ってくれます。提出・未提出についても一覧にすることができるため，教師の負担はぐっと減ることになります。

　これまでよりずっと簡単に，素早くアンケートや小テストを実施することができます。

2 こう使います！

① フォームを作成

　Google ドライブ やフォームのアプリからなど，いろいろな作成の方法があります。例えば，ドライブの「+新規」ボタンから作成できます。タイトルと説明を入力したら準備完了です。

② 質問をつくる

　・記述式：自由に記述できます。語句など，単語・短文向きのテキストタイプです。

　・段落：自由に記述できます。改行できる長文向きのテキストタイプです。

　・ラジオボタン：複数の選択肢から一つ選択してもらうタイプです。

　・チェックボックス：複数の選択肢から，複数選択が可能です。

　・プルダウン：回答をどれか一つ選択してもらうときに使います。選択肢が多いときに使用します。

③ 送信する

　送信の方法はいくつかありますが，ここではURLを使った共有の仕方を紹介します。

　まず，「送信」ボタンを押します。URLのアイコンを押すと，リンクが出てきます。このリンクをコピーして，Gmail や Google Chat，Google Classroom などに貼り付ければ完了です。リンクは必要に応じて短縮できます。

　※「メールアドレスを自動的に収集する」にチェックを入れると，回答者は Google for Education アカウント へのログインが必要となります。

④ 結果を見る

　回答が送信されると，「回答」ボタンに現在の回答者の数が表示されます。ボタンを押すと，表やグラフで現在の回答状況が表示されます。

3 便利な機能

⑴ プレビュー

　プレビューは，フォームを受信した相手から見た画面を確認する画面です。こまめにプレビュー機能を活用することで，安心して作業を進められます（**図39-1**）。

⑵ 質問のコピー

　選択した質問をコピーできます。質問を作成するときに，回答の選択肢を毎回入力するのは大変です。このコピー機能を使って質問を複製し，一部分だけ編集すれば，素早くフォームを作成することができます。

⑶ 「回答の必須化」機能を活用する

　テストやアンケートを実施したときに困ることの一つは，記入漏れです。フォームでは質問ごとに「回答を必須化」することができます。必須化された質問は，回答しなければ完了できません。「氏名」や「これだけは」という質問を必須化しておくと，確実に回答・回収することができます（**図39-1**）。

図39-1 フォームの活用法①

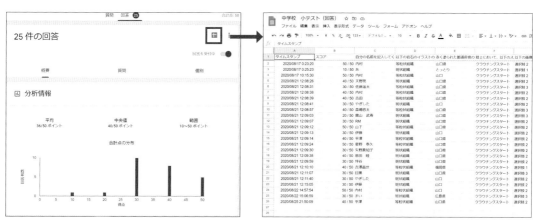

図39-2 フォームの活用法②

⑷ Google スプレッドシート で回答状況を確認する

「回答」タブより「回答をスプレッドシートに表示」をクリックすると，回答結果が入力されたスプレッドシートが自動作成され，新たにデータを入力することなく，個人の成績管理や分析を即座に行うことができます（**図39-2**）。

4 活用のコツ

⑴ 「ログインが必要」な設定に注意する

設定から，回答を1日1回に制限したり，同じドメインのユーザーに回答者を限定したりできます。これらの設定を行うと，回答者はアカウントへのログインが必要になります。そのため，チェックを外しておくのが無難です。

⑵ フォームが活用できる場面を探してみる

児童生徒や保護者，教師同士でも，相手の考えや状況を知りたい場面はたくさんあります。「もしかしたらフォームでできるかも……」という視点で身の回りの仕事や授業を見つめ直してみると，効率化できる場面が見付かるかもしれません。

（Google フォーム）アンケートをつくってみよう

1 授業の前の実態把握に活用する

これまでは，アンケートを紙で配付・回収し，手作業で集計を行っていたため，授業の単元計画を立てる前に大変な作業を行う必要がありました。この作業の負担軽減のために Google フォーム を活用しました。フォームで児童生徒が作成したグラフをそのまま指導案に添付することもできます。

また，簡単に児童生徒の実態を把握することができるようになるため，様々な単元の導入でアンケートを積極的に取り入れることができます。記録は Google ドライブ に保管してあるため，前の単元のアンケート結果と次の単元のアンケートの結果を比較できます。それにより，児童生徒の成長を見取ることもできます。アンケートが手軽に実施できるようになることで，今まで以上に児童生徒の実態に合った学習指導を行うことができるようになります。

図40-1 単元前のアンケート

2 道徳科の授業中に意見を尋ねる

道徳科の授業では，自分の立場や意見についての考えをワークシートに記入したり，様々な教具を活用したりして，自分の考え・意見の可視化をすることが大切です。これまでは，自席の近くの児童生徒の意見・考えしか見ることができなかったり，黒板に意見を貼り付けた際に，全体では見づらかったりした実態がありました。

そこで，より活発な学習活動を行うためにフォームを活用します。題材を読んだ後，「あなたは主人公の行動に賛成ですか，反対ですか」という質問に対して，「4. とても賛成」「3. どちらかといえば賛成」「2. どちらかといえば反対」「1. とても反対」の選択肢から回答させます。回答は自動で集計され，グラフ化され

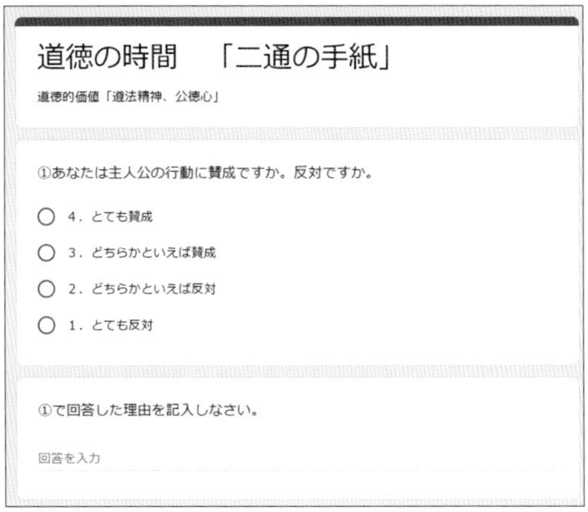

図40-2 道徳科のアンケート

るため，クラスの中で賛成の立場の人が多いのか，反対の立場の人が多いのかが一目で確認できます。アンケートはすぐに実施できるため，その後の議論をする活動にたっぷり時間を取ることができます。

3 係活動や委員会活動でアンケートを取ろう

係活動や委員会活動で，児童生徒がフォームを活用することで，教育活動の質が高まります。

係・委員会活動でのアンケートでは，全員に実施する際，印刷に手間がかかり，帰りの会や学級活動の時間の一部を学級担任と相談し，回答時間の捻出を行う必要があります。自由提出式でのアンケート実施の場合，廊下等に回収箱を設置しますが，廊下でアンケートの記入を行うことが困難であったり，人目に触れづらく，回答が集まりにくかったりするという実態があります。

そこで，この作業の質を向上するためにフォームを活用します。例えば生活委員会では，校内設備の適切な使用を促すために，校内の児童生徒の実態調査を行うことにしました。アンケートの項目を委員会活動の

時間に話し合い，「水飲み場の蛇口を下に戻していない」「廊下を走っている」「利用禁止のところでボール遊びしている」など，議題を出し合います。話し合ったことを基に，フォームを活用してアンケートを作成し，URLを委員会の中で共有し，各クラスの Google Classroom を通して実施を呼びかけます。小学校低学年については，各クラスの担任に児童が依頼します。課題を解決するための情報を収集する際にフォームを使うことで，大人と同じようなツールを活用して，大人と同じようなプロセスの活動を経験することは，児童生徒にとって大きなプラスでしょう。

4 遅刻・欠席連絡に活用しよう（校務）

これまで，児童生徒が遅刻や欠席をするときには，朝に保護者から電話で連絡を受けたり，近所の生徒が生徒手帳を持って教師に渡したりしていました。この方法では，朝の忙しい時間帯に保護者が連絡できなかったり，電話回線の混線により学校側へ連絡ができなかったり，生徒手帳を渡された生徒が教師に渡せなかったりして，情報の共有を上手に行うことができません。このように，児童生徒の安否を確認できないという実態がありました。

そこで，この遅刻・欠席の連絡にフォームを活用します。保護者側は，朝学校に連絡がつく時間になるのを待って連絡しなくてもよいことや，電話がつながらない心配がいらなくなります。また，教師側にとっても，朝の準備の時間に電話対応に追われることなく，授業準備や児童生徒との関わりに時間を捻出することができ，すぐに学校全体で児童生徒の欠席状況を確認することができるようになります。

図40-3　欠席連絡のフォーム

遅刻・欠席連絡のフォームは，「学年・クラス」「氏名」「理由（欠席・遅刻・早退など）」「日にち」の基本情報に加えて，「体調不良」「学校感染症」「忌引き」「行き渋り」などの利用を尋ねるようにします。加えて学校側との面談希望や具体的な対応，期日，症状を記入する記述欄を設けます。フォームを作成する際には，「学年・クラス」のような選択肢の多いものは「プルダウン」で尋ね，日にちは「日づけ」でカレンダーから選択できるように工夫します。

5 学校行事の保護者アンケートを取ろう（校務）

学校行事が終わった際に，保護者に対してアンケートを取っています。

これまでは，児童生徒を通して保護者にプリントを渡して，再び児童生徒を通して回収，集計を行ってきました。未回収の児童生徒がいる場合には，再度児童生徒に配付したり，何度も催促をしたりする必要性がありました。また，集計を行う際に，担当者が手作業でアンケートをデジタル化し分析を行うため，担当者の負担が大きいという実態がありました。

この作業を効率化するためにフォームを活用します。

例えば運動会のアンケートをフォームで作成します。運動会の満足度やその理由を尋ねることにします。送信する際に「設定」から，「ログインが必要」欄のチェックを外します。ここにチェックが入っていると，保護者が回答する際に Google for Education アカウント にログインする必要があるためです。保護者もアカウントをもっていれば問題ありませんが，地域の方や行事を見に来た祖父母等も回答できるように，チェックを外して実施します。フォームのURLを取得して，Classroomを使って保護者に回答を依頼します。配付の手間だけでなく，集計の手間もなくなるため，大幅に仕事の効率化を図ることができます。

（Google フォーム）テストをつくってみよう

1 歴史のミニテストをしよう

　小学校6年生の社会科で，基本的な知識を確実に定着させるために，ミニテストを行った取組を紹介します。これまでは，教師がミニテストの作成・印刷を行い，テスト終了後には採点し，教師が誤答の傾向などを手作業で分析していました。

　そこで，Google フォーム を活用することで，どの児童がどの程度知識を習得できているか，特に習得されていないのは何かなど，素早く，簡単に把握することができるようになります。その結果，教材研究にこれまで以上に時間をかけることができるようになりました。フォームで事前にミニテストを作成し，Google Classroom に掲示しました。授業前や授業後の数分時間を取って，知識の確認を行いました。休み時間などを活用して，主体的に，繰り返し取り組んでいる児童の姿も見られました。

　使った機能は，自動採点機能です。予め模範解答を入力しておくと，児童生徒が回答を送信するとただちに正答，誤答，点数が表示されます。また，誤答した児童生徒に対する文章でのフィードバックも事前に入力することができます。

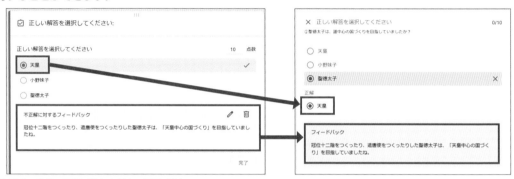

図41-1　教師の画面（左）と児童の画面（右）

2 理科の小テストをカラーでつくろう

　理科の小テストを紙で実施する際の難点は，採点の手間の他に，カラーでの出題ができないことが挙げられます。授業中に資料集等で提示されたものと，テストで出題された白黒の写真が同じものであることに児童生徒が気付けないことも少なくありません。

　そこで，フォームを活用して小テストを行うことで，カラーの写真を使い出題することができます。その結果，現実世界に対応した問題をつくることができるようになります。テストの印刷にかかる費用が削減されるのもメリットです。

　使った機能は，画像挿入機能です。フ

図41-2　画像を挿入する

ォームの画像アイコンを押すと，Google ドライブ やパソコンに保存してある写真を挿入することができます。GIF形式の画像を挿入すれば，動きのある体育の問題作成も行うことができます。

3 児童生徒が自作した小テストを互いに解かせてみよう

フォームを活用し，学習した内容を基にして，児童生徒自身に小テストの作成を行わせることも効果的です。

授業のねらいに沿った小テストを児童生徒自身が自作するためには，授業で学習した多くの知識を総動員する必要があります。知識を活用する場面の設定を教師が意図的に行うことで，知識の定着を図るとともに，児童生徒がより主体的に学習に取り組むことにもつながります。

また，自作したテストを友達同士で解答し合うことで，切磋琢磨しながら，よりよいテストをつくろうとして，より高次元で活用することができるようになります。

使った機能は「共有」です。共有ボタンを押すとURL等が表示されます。事前に用意した Google スプレッドシート のセルにURLの貼り付けを行うことで，他の友達のテストを解答したり，友達が解答してくれたりすることができます。

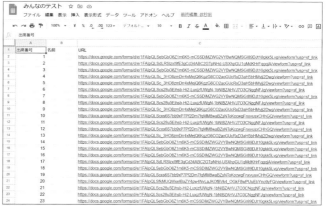

図41-3　生徒同士によるテストの自作

4 記述式の問題を設定する

質問方式を「記述」にすることにより，記述式の小テストを作成することもできます。「回答の検証」を設定することにより，解答する際の最小文字数・最大文字数も設定することができ，細かく解答の規則を決めることができます。

児童生徒が解答した際には，記述問題以外の問題の点数が先に表示され，解答があったことが教師にメールで知らせが来ます。教師は児童生徒の解答の点数を手入力することができ，作成したルーブリックに当てはめて採点することができます。これにより，複合的な出題を同時にテストに盛り込むことができるため，児童生徒の実態把握や評価により役立てることができます。

このようにテストでは，児童生徒が解答した後，すぐに集計ができることや，複数回のテストの結果から

図41-4　記述式による出題と評価

データを積み重ねて分析できるようになります。その結果，児童生徒の理解度に応じた個別最適的な学習の提案につながります。また，将来的には教育データの活用にもつながることも予想され，教師の働き方改革，負担軽減に大きな効果を上げることが期待されます。　　　　　　　　　　　　　　　　〈内村　昌史〉

42 Google Jamboard の活用法を知ろう

1 こんな使い方ができます！

Google Jamboard は，クラウド型のホワイトボードです。Jamboardのアプリを使ってどんなことができるのか簡単に把握しましょう。

Jamboardが共有された人は，ブレインストーミングやミーティングなどで文字や図を書き込んで遠方にいる人とも同時に内容を共有することができ，更には編集することも可能になります。また，同じようなアプリに Google スライド がありますが，文字のサイズや色，文字と絵の前後配置など，伝えたい内容以外に気にしなければならないことが多くあり，こだわると時間がかかり作業に専念しにくいデメリットがあります。しかし，Jamboardは付箋入力，手書きの文字・絵，画像の挿入のみで意見やまとめの共有に専念できるようになります。

研究授業などの場面では，「よかったところ」「改善するとよいところ」などを紙の付箋を使って整理していたことで，その後の保存（数日すると付箋紙が剥がれてどこかへ行ってしまうなど）に気を遣うことが多くありましたが，Jamboardの付箋に変えることでデータとして保存ができ，いつでもどこでも見返すことができるようになります。

学習の場面では，例えば算数科での問題の解き方を個々の児童がJambardに入力し，全ての児童の考え方をリアルタイムに可視化することができます。また，考え方がまとまっていない児童がすでにまとまっている児童の考え方を参考にしながら入力することもでき，全員参加の授業をより実現しやすくなります。

このように，リアルタイムでクラウド上にデータが保存されるため，様々な環境で学習に取り組むことができ，今まで以上に児童生徒間，教師間で協働作業を促進することができるツールとなります。

2 Jamboardを始めるには

① 右上のアイコン（**図42-1**）からJamboardのアイコンを選択します。Jamboardを新規作成する場合は，右下のプラスアイコンを選択します。作成したJamboardは，最近作成したJamboardに一覧で表示されるので，名前を付けておくと便利です。

図42-1

② 作成したJamboardに付いている三つの点を選択すると，「名前を変更」「PDFへダウンロード」「削除」が出てきます。

③ 最近使用したJamboard（**図42-2**）には，自分がオーナーとして作成したJamboardと自分以外がオーナーとして作成したJamboardを分けて表示することができますので，作成時に選択しておくと整理や検索がしやすくなります。

図42-2

　Jamboardは，左側のツールバーを操作して編集をします。ツールバーの機能についてです。

図42-3

① 「ペン」を使うと「ペン・マーカー」「蛍光ペン」「ブラシ」が選択でき，文字や絵を描くことができます（ペンは4種類，色は6色から選択できます）。

② 「消去」を使うと，文字や絵を消すことができます。使う指を増やすと消去の幅が太くなります（タッチパネルの場合）。

③ 「選択」を使うと，選択したい範囲を枠線で囲むことができます。

④ 「付箋」を使うと，画面に付箋を挿入することができます（付箋は5色から選択できます）。

⑤ 「画像の追加」を使うと，端末等から写真のファイルを挿入することができます。「画像を検索」ツールを使用すると，オンライン上の著作権フリーの画像を探すことができます。

⑥ 「描画」を使うと，8種類の図形を選択して挿入することができます。

⑦ 「テキストボックス」を挿入することができます。

⑧ 「レーザー」を使うと，プレゼン時のポインタとして使用することができます。

４ 活用のコツ

⑴　共有設定

　Jamboardを作成したら，学習者と共有できるように共有設定を変える必要があります。Jamboardの右上の共有ボタンから，「リンクを取得」の下にある「変更」を選択します。共有するリンクが出てくるので，右端にある「編集者」を選択します。ここを変更しなければ，学習者と協働編集ができなくなります。

⑵　ペアやグループ活動での活用

　各グループに番号を付けて，その番号のフレームにアクセスするように指示しておくと，学習者は混乱せずに協働編集に参加することができます。フレームは最大20枚まで作成できます。

⑶　協働編集の人数

　Jamboardの協働編集は他人が書いたものや付箋などを簡単に消せるため，一つのフレームに多くの人数で参加する活動には向いていません。1フレームに3〜4名で協働編集する活動に向いています。3〜4名で編成すれば，20フレームで最大120名まで参加することが可能になります。

⑷　背景として画像を差し込む

　画面上部のツールバーから背景が選択できます。背景は8種類から選択ができ，児童生徒に授業で活動させたい内容によって使い分けることができます。また，自作の背景を作成しフレームとして保存することで，分類や比較などの活動が容易にできるようになります。自作フレームが背景として固定されていることで，活動中に余計なものを動かすことを防ぐことができます。

⑸　手書きの文字入力

　共通操作編「文字入力・キーボード操作を習得しよう」（p.52〜）を参照ください。

（Google Jamboard）みんなで書き込もう

　Google Jamboard は文字や図などをノートに鉛筆で書く感覚でフレームに書くことができるため，キーボード入力のできない小学校低学年でも使うことができます。使い方を説明する場合も，Jamboardは機能が単純なため，簡単な説明で済みます。学年や児童生徒の実態にもよりますが，まずは付箋機能は使わせず，書き込むための説明だけに絞ると更に簡単です。画面の上のほうにある矢印で，フレームの番号を進ませたり戻らせたりすることができる体験をさせたり，ペンと消しゴムの機能の説明をしたりするくらいの説明ですぐに使わせることができます。

1 しりとりで遊ぶ

　まずは，しりとりで練習するとよいでしょう。しりとりのように児童がよく知っている遊びで体験すると，Jamboardでの協働編集の面白さが児童に分かりやすいです。また，初めて体験する場合は隣り同士の2名程度のほうがよいと思います。自分の順番がすぐに回ってきてJamboardに書く回数が増えますし，相手の画面を覗くこともできるので，Jamboardの動きを理解しやすいです。

　まず，隣り同士で1枚のフレームにしりとりの文字を書くことを伝えます。そして，どのグループがどのフレームを使うのかを指示します。このとき，今後授業で使うときのことを想定しながらフレーム番号の指示をすると，授業で使うときに少ない指示で児童に説明することができ，スムーズになります。

　次に，Jamboardでのしりとりのルールの説明を簡単にします。最初に書き始める子を決めておくこと，矢印を描いてしりとりを続けていくことなどです。筆者が小学校2年生の児童に体験させた際，開始直後，自分が書いていないのに画面に文字が書かれていくこと，自分が書いた文字が隣りの子の画面に書かれていることに，児童は何が起こっているのか分からない表情でした。しかし，すぐに分かった様子で，隣りの子とフレームに言葉を交互に書き合い，しりとりを楽しんでいました（**図43-1**）。

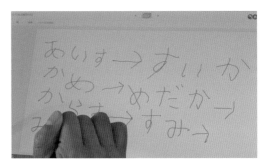

図43-1　2人でしりとり

　しりとり終了後，Jamboardのフレームを移動させると他のグループが書いたしりとりを見ることができることを教えておきましょう。今後の授業で友達の考えを参考にする手段を児童が知ることができます。

2 友達と一緒にお絵描きをする

　しりとりで遊んだ後には，Jamboardを使ってお絵描きの体験をさせると，更に児童がJamboardでの協働編集に慣れていきます。しりとりのときより多くの子と協働編集する体験をさせるために，3〜4名程度のグループにするとよいでしょう。

　まず，4人グループをつくり，絵を描くフレーム番号を教師が指示します。そして，例えば「山を描く子」「川を描く子」「木を描く子」「魚を描く子」というように4人それぞれに描く絵を教師が指示していきます。その際，グループ同士でどんな絵を描くか相談してはいけないことにしておきました。教師の合図で一斉に絵を描き始めさせると，グループの子がフレームのどの辺りに，どのくらいの大きさで描くのか，これからどう進めていくつもりなのか，お互いに分からないので，意外な絵ができていき，大変盛り上がります（**図43-2**）。

図43-2　4人でお絵描き

遊びが盛り上がってくると，同じグループの子が描いている絵を消したり，他のグループの絵にいたずら書きをしたりする子が出てくることと思います。特にJamboardの書き込みは落書きの感覚に似ているため，問題が起こりやすいです。問題が起こったら，これをチャンスと捉え，モラルやルールについてクラスで話し合っておくとよいでしょう。授業で使うときの土台となってきます。初めからルールで縛ってしまうより，児童の困った体験からみんなでルールをつくっていくほうが，後に児童が主体的に学ぶことができるようになります。

3 友達と問題を出し合う

遊びでJamboardの体験をさせたら，次に授業の中で少し取り入れてみましょう。万が一，Jamboardを使うことに失敗した場合でも，従来の方法にすぐ切り替えられるような単純なことから挑戦するとよいです。

小学校2年生算数科「かけ算⑵」（啓林館）の単元の実践例です。絵を見てつくったかけ算の問題をJamboardに書き，隣り同士で問題を解き合う場面で使いました。

まず，ノートに問題をつくらせておいてから使うフレーム番号を指示し，Jamboardに書き写させます。問題をつくることとJamboardに書くことの二つのステップを一つずつに分けるためです。学年や児童の実態によっては，いきなりJamboardに書かせてもよいでしょう。児童がつくった問題を書き写したら，隣りの子とフレームを交換し，問題を解き合わせます。フレームに文字を書くことに慣れていないため，問題だけで画面いっぱいになってしまう子もいます。そのため，黒色で書いた問題に対して，式と答えは色を変えて書くように指示すると区別が付きやすくなります。解き終わったら，自分のフレームに戻させて，赤で丸付けをするように指示します（**図43-3**）。

ノートの場合，人のノートに問題を解くことはできませんが，Jamboardなら気軽に交換して解き合えるところがよいです。

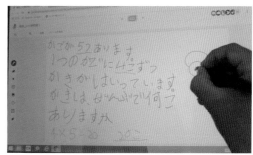
図43-3 2人で問題を解き合い丸付け

4 図に書き込んで考える

Jamboardのフレームに図を貼り付けておいて，そこに書き込むこともできます。しかし，貼り付けた図を固定することができないため，児童が作業している際に図が動いてしまうことがあります。そこで，線などの簡単な書き込みのみで使うか，もしくは図を自作の背景にしましょう。

5年生算数科「面積」（啓林館）の単元での実践例です。Jamboardに図を貼り付け，いろいろな平行四辺形の面積の求め方を考えさせる場面で使いました。今回の実践のように多様な考えを出させるためには，1フレームに同じ図を複数用意しておくと，児童が思い付く考えをいろいろに書くことができます（**図43-4**）。考えが思い付かない児童には，フレームを移動させて友達の考えを参考にしてよいことを伝え，考える手立てとさせるとよいでしょう。更に，付箋機能も併せて使わせると，簡単な言葉による説明も付け加えることができます。実は，付箋機能を併せて使う方法は，この授業中に児童から出たアイディアです。児童の意見や発想を大切にして，一緒にチャレンジしていく教師の姿勢がよりよいクラウド活用につながると感じます。

書き込みが終わった後に，友達のフレームを見る時間を与えましょう。今までは自分で考える時間の後に，自分の考えをクラスで発表させていました。しかし，Jamboardを使うと，短い時間でいろいろな友達の考えを知ることができますし，普段発表しない友達の考えも知ることができます。更に，フレームを見て友達の考えを知った上で，誰の考えがよさそうだなどの一つ先の意見を発表し合うことができます。

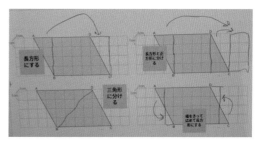
図43-4 図に線を引いた考え

（Google Jamboard）付箋で整理しよう

　紙の付箋に思い付く言葉や考えを書いて分類するという方法は従来からありました。Google Jamboardの付箋機能を使うと，今まで紙の付箋に書いて情報を整理していたのと同じような感覚で情報を整理することができます。しかも，今までより短い時間で気軽に情報を整理し，伝え合うことができるようになります。更に，付箋を大量に準備する必要がなく，後で付箋のごみがたくさん出ることもなくなります。

1 付箋に書いて移動させて分類する

　小学校5年生国語科「対話の練習　どちらを選びますか」（光村図書）の単元での実践例です。校長先生がペットとして犬とねこのどちらを飼うか迷っているという設定です。犬を勧めるチームとねこを勧めるチームに分かれて，校長先生役のグループの人にそれぞれの考えを伝えます。校長先生役のグループの人に「飼おう」と思わせるために，それぞれのどんなよさを伝えるとよいかを考える場面で使いました。

　まず，隣り同士で2人のグループをつくります。犬，またはねこをペットにすることのよさを，思い付く限り2人でJamboardの1枚のフレームに入力させます（**図44-1**）。このとき，それぞれ自分が使う付箋の色を決めさせておくとよいでしょう。2人のどちらが入力したかを分かるようにするためです。2人で同時に入力していくと，似たような意見も出てきますが，まずは気にせず入力させましょう。

　入力したたくさんの付箋を，似たような内容によって2人で分類させます（**図44-2**）。そして，分類したものに「見た目」「世話」などのタイトルを付けます。ここまでできたら，他のグループが「どんな内容を入力したのか」「どんな分類の仕方をしたのか」を知ることができるように，他のグループのフレームを自由に見る時間を与えましょう。そして，自分たちが思い付かなかった内容や分類の仕方があれば，自分たちのフレームに付け加えてよいことを伝えます。他のグループから学ぶことで児童が考えを深めることができます。

図44-1　考えを付箋に入力

図44-2　内容によって分類

2 付箋機能と書き込みを併せて使って整理する

　付箋を移動させるだけでも情報を整理することはできますが，そこに線を書き込むと更に整理の仕方が広がります。

　一つめは，小学校5年生国語科「季節の言葉3　秋の夕暮れ」（光村図書）の単元の実践例です。秋らしいものや様子を文章に書き表すために，秋の言葉を付箋に入力して集めさせます。集めた言葉の中から自分が文章に書き表したい言葉を一つ選ばせます。その後，選んだ言葉が書かれた付箋をフレームの中心に移動させ，そこから線を引かせながら思い付く言葉を付箋に入力させていきます。そうすることで，言葉の広がりが分かりやすくなります（**図44-3**）。

　二つめは，小学校6年生社会科「武士の世の中へ」（東京書籍）の単元の実践例です。武士の暮らしについて，絵から見付けたことを3人グループで付箋に入力させます。そして，付箋を移動させ，3人で「衣・食・住」に分類させます。このとき，移動させるだけでなく，間に線を引かせると，何の視点で情報を分け

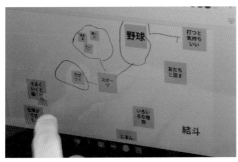

図44-3　言葉を広げるための線

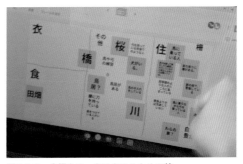

図44-4　分類をはっきりさせるための線

ているのかはっきりさせることができます（**図44-4**）。予め教師が枠をつくってJamboardに貼り付けておき，付箋を分類させてもよいですが，枠の線も児童に書かせて整理させることで，自分たちの考えで情報を整理することにつながっていくと思います。

3　付箋機能と写真・絵やテキストボックスを合わせて整理する

　付箋に長い文を入力すると，付箋の大きさはそのままで文字サイズが小さくなります。付箋を大きく広げると文字サイズも大きくなりますが，正方形の形を変えることはできないため，改行が多くなり読みづらくなります。そこで，長い文を入力したいときは付箋ではなく，テキストボックスを使うとよいでしょう。文字数に合わせて形や大きさを変えることができます。更に，Jamboardは写真や絵の挿入を簡単にすることができます。挿入させたい写真・絵は教師が予め共有ドライブに入れる等しておくと，児童生徒が必要な写真・絵を選んで使うことができます。これらの機能を付箋機能と併せて使うことで，調べたことを整理して記録していくことができます。

　小学校6年生社会科「戦国の世から天下統一へ」（東京書籍）の単元の実践例です。外国から伝わったものを教科書や資料集から見付けさせ，付箋に入力させた後，付箋に書かれている言葉について更に詳しく調べさせます。そして，説明のための写真・絵や文をフレームに付け加えさせます（**図44-5**）。

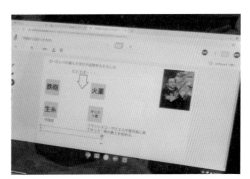

図44-5　写真・絵や文を付け加えて整理

4　フレームをコピーしながら考えを整理する

　変化していく考えを記録しながら整理し，授業を進めていきたいときがあります。その場合，フレームをコピーすることで，前の情報を残すことができます。

　小学校6年生道徳科「手品師」（光村図書）の実践です。付箋に自分の名前を入れ，自分の考えを位置で表して明確にしながら，全員で話を読み進めていきます（**図44-6**）。①読む前の考え，②ゆさぶりの場面での考え，③最終的な考え，の3回，名前の付箋を移動させ，心のゆれを明確にさせます。教師は①から②，②から③に児童

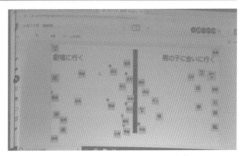

図44-6　自分の考えを位置で表すための付箋

が付箋を移動させる前に，フレームのコピーをつくり，それぞれの場面の立場を記録しておきます。Jamboardのフレームをスクリーンに映し，どうして考えを変えたのか教師や児童が問いかけることで，クラスで考えを共有し，話し合うことができます。

〈仲渡　隆真，望月　覚子〉

45 Google Meet の活用法を知ろう

Google Meet は Google 版のビデオ会議アプリケーションです。旧称は Hangouts Meet で，G Suite（当時）ユーザーのみが利用できる機能でしたが，2020年4月に改称してからは，Google for Education アカウント の保有者なら誰でも利用できるようになりました。Chromebook，カメラ・マイク付きのPCやタブレット端末，スマホとインターネット環境があれば，その場で複数名とテレビ会議ができます。同時接続人数はプランにより異なります。

1 これができます！

(1) 授業ができます

黒板の前で授業をしている姿を中継したり，スライドや動画を見せながら解説したりして，見ている児童生徒を相手に講義ができます。また児童生徒のほうからも発言ができるので，対話を通した学びをオンラインで繰り広げることができます。

(2) 朝の会・帰りの会ができます

感染症の蔓延などによる休校時にも，1日1回クラス全員とホームルームの時間を行うことができます。健康確認や課題等の情報の伝達，児童生徒の声の確認などに活用できますが，それ以上に児童生徒のほうが担任とのつながりに安心感を得られたなどの効果も報告されています。個別の相談の場にも活用できます。

(3) 会議ができます

教師同士が，小学校では教室にいたまま，中学・高校では教科室などにいたまま，職員会議や教科会議，学年会議などができます。仕事の合間に時間を合わせて気軽にできる新しいスタイルの打合せです。遠隔地とも結べるので，講演会や授業研究会などにも活用できます。

2 こう使います！

① アプリを起動する

図45-1のように「Google アプリ」ボタン（九つの点）がある場合は，そこをクリックすると「Meet」アプリのアイコンが出てくるので，クリックします。

図45-1のようにならない場合は，Google 検索で「meet」を，他の検索エンジンでも「google meet」を検索すると始められます。

② 会議を始める

始め方には，A自分が会議を始めて他を招待する，B他が始めた会議に自分が加わる，の二つがあります。いずれにしても，画面の指示に従って簡単に開始できます。

図45-2のような画面の場合は，Aならそのまま「続行」を押し，Bの場合は，知らされたミーティングコードを入力して「続行」を押します。

ログインの有無などにより，図45-2とは異なる画面になる場合がありますが，Aなら「会議を開始」ボタンを，Bならコードを入力して「参加」を押すなど，基本的な流れは変わりません。

③ 入室する前の確認をする

会議室に入る前に，もう一つ手順があります。背景を選択したり，マイクのオン／オフを設定したりする準備室のような画面です。詳細については後述します。「今すぐ参加」ボタンを押すと，会議スタートです。

図45-1

図45-2

アプリ活用編

3 便利な機能

(1) 背景設定

自宅からの接続など背景の映り込みが気になる場合，使用機種によっては背景をぼかしたりイメージ画像などに置き換えたりできます。

会議室に入る前の「準備室」画面で，カメラ映像の右下のマークをクリックすると，下に選択肢が現れます。他にも右上の設定ボタン（三つの点）から詳細な設定ができます。

図45-3

(2) 会議への招待

自分が会議を始めた場合は，次に参加者を招待します。会議開始後，**図45-4**のような画面表示が出たら，「ユーザーを追加」を押すとあなたの知っているアカウントが表示されます。選ぶだけで相手に招待メールを送れます。

また，「参加に必要な情報をコピー」を選べば，会議室へのリンクを「コピー」した状態になります。メール本文やPDFなどの文書に「ペースト」して配付することができます。

図45-4

(3) プレゼンテーションスライドを表示

予め映したいスライドアプリ等を立ち上げておくか，見せたいページを Chrome ブラウザで開いておきます。会議画面右下の「画面を共有」ボタンを押すと，**図45-5**のように選択肢が出ます。スライド等を映す場合は「ウィンドウ」を，ブラウザを見せる場合は「Chrome タブ」を選び，更に見せたいものを選ぶと，全員への画像の送信が始まります。

図45-5

4 活用のコツ（初めて活用する先生に伝えたい活用のコツ）

(1) クラス全員を一画面に表示

使用機種にもよりますが，同時に表示できる相手の数（Meetでは「タイル」と呼ぶ）が通常9〜16名の設定になっています。会議画面右下の「その他のオプション」ボタン（三つの点）から「レイアウトを変更」を選ぶと，一度に表示するタイルの数を変更できます。一人一人のスペースは小さくなりますが，慣れるとクラス全員の行動の様子や表情の変化も読み取ることができるようになります。

図45-6

(2) 共同作業のための電話使い

Meetを音声通話だけに使用し，画面共有はせず，会議参加者それぞれが同じスプレッドシートなどのクラウドファイルを開いて共同編集をすることで，話し合いながら離れたところで同じ作業を進めることができます。教師同士の打合せや，児童生徒同士のグループ課題への対応，探究学習の支援などに活用できます。

(3) ミュート指導は徹底を

児童生徒複数を相手に朝の会などをする場合，発言するときのみミュートを解除し，発言終了後常にミュートにしておくことを徹底するよう，事前指導しておくことをお勧めします。教師以外の発する音が少しでも入ると，聞きづらいだけでなく，誰が音を発しているかが気になって指示が通らなくなります。

(4) チャットのススメ

これまでの授業では教師の発言中に児童生徒が疑問をもっても，話している声にかぶせて質問をするなどには諸々の問題がありました。しかしチャットは，話を邪魔せずに気付いたときに文字を入力することができ，記録に残るので，その場でも後からでも，教師はその内容を拾い対応することが可能です。

46 (Google Meet)
テレビ会議でオンライン授業をしてみよう

1 オンライン集会をしよう

Google Meet の活用には操作スキルの獲得が必要です。急に遠隔で授業をするなど，無理な話です。教師のスキルと同時に児童生徒の基本的操作スキルも確保しておくことが，遠隔授業の成功の鍵となります。ここで使えるのが，校長先生の挨拶を教室に中継することです。Meetに接続するまでの画面操作から対室までの動きの全てを，大画面に投影します。これを繰り返すことで，具体的な接続手順のイメージを児童生徒に与えることができます。大教室や講堂への密集を避けつつ全体指導をしたい全校集会，学年集会，児童生徒会総会などの場面をこの方法に置き換えて，まずは活用を始めることを目標にしてみましょう。

校長室・放送室などから発信
各教室の大型モニターなどに投影

各教室から全体への発信も中継可能
（代表挨拶，児童生徒総会，発表会など）
※教室から話すときは端末（マイク）の近くで

図46-1

2 外部講師による講演会をしよう

校内での中継を繰り返すことで基本的な操作スキルが身に付いてくる頃には，教師ですから想像力が止まらなくなり，活用の工夫があふれてくることでしょう。児童生徒も画面越しの関係性に慣れを示すでしょう。そうなると，中継先を校外にしても，ほとんど違和感なく，学習や対話が進む可能性が高まります。移動制限や遠方かどうかにかかわらず，また交通費や移動の拘束時間をかけずに外部の講師を招聘できます。

講演内容の打合せなど事前の調整会議にもMeetが活用できます。Meetの会議室への招待も，相手のメールアドレスが分かれば簡単です。会議を作成して招待メールを送るか，Google カレンダー で会議の予定を設定した後「ゲストを追加」で会議参加者のメールアドレスを追加するだけです。本番も同じ流れで会議を開始するだけなので，事前打合せ自体が当日リハーサルになります。ただ，忘れてならないのは，これは単なる中継のための教具です。企画自体のねらいや授業設計，内容の打合せなどは今までどおり教師の大切な役割であり，進行など当日の運び方次第で講演会の充実度が決まることに変わりはありません。講演時間を最大限に取るためにも，機材の配置と接続リハーサルは事前に入念に行うことをお勧めします。

〔注意〕
・外部講師側も聴衆の反応や意見を聞きたいものです。広い範囲の音を拾う集音マイクが重宝します。ただし，複数台を使って中継する場合は，1台だけをマイク・スピーカー用にし，他は全て音を切ります。

図46-2　外部講師による講演会：教室で「いつもの」環境で受講できる

図46-3　遠隔授業を行った時のPC画面：

教室前面のスクリーンに授業者（筆者）の映像を映し，対面している状態で授業を進めた。生徒の様子は教室右前から固定して中継した（左図）。反応や活動を確認しながら講義や指示ができる。黒板カメラからは生徒の発表も見える

3 「画面を共有」「Chat」を使って教室で発表会をしよう

　遠隔での学びに慣れてきたら，児童生徒が自らMeetを操作して，実際に画面越しの関わり合いや学びに慣れることを考えます。その一例が，教室内で全ての児童生徒が一人一台の端末からMeetの同一の会議室に入って活動するものです。ただ，同一空間で複数の機材を同じMeetの会議室につなぐとハウリングが生じるので，全ての端末をミュートにし，端末自体のスピーカー音量も最低にします。教室内ですから，普段どおりに話せば生の声が全員に聞こえるわけです。

図46-4
全員同時にChatにコメントできる。時間切れで全員のコメントを聞けない，などのよくある事態を回避できる

　これで作品の発表会ができます。従来の，前に出て発表する形式では，後ろの座席からはよく見えない難点がありました。発表者は自席でPCのカメラに作品などを映して説明し，他の児童生徒も座席位置に関係なく同じ条件で，自分のPCモニターに大きく映し出された作品を鑑賞することができます。更に，Google Chat を活用すれば，発表中であっても気付いた点や疑問点を発表の邪魔をすることなく入力できます。感想の共有の場面でも，従来なら手を挙げて発言の順番を待つべきところ，全員が同時にコメントを入力でき，平等性が確保できます（**図46-4**）。Google ドキュメント や Google スラ

図46-5
目の前のモニターに表示されるので，教室のどの位置に座っていても，作品の細部や細かい文字まで見える

イド で学習成果などをつくっていれば，「画面を共有」を活用させるチャンスです。大型投影機の前で行う従来型の発表を画面上に置き換えただけですが，目の前のモニターなら細かい字も読めるので，発表用につくり直す手間も省けます（**図46-5**）。

　発表者の音声を生で聞きながら，画面から情報を読み取る状態は，自宅等の個室で遠隔でつないだ状態の擬似体験になります。教室でこの経験を繰り返していると，自宅等からつないだときにも，教室同様，画面の先にはクラスメイトが一緒にいるという感覚につながり，聴く姿勢や話すときの気遣いが期待できます。
※職員会議の資料共有をこのように行うなど，教師も普段からの活用を心がけ，操作に慣れましょう。

4 オンライン授業をしよう

　Meetを使っての最終目標は，やはりオンライン授業でしょう。①教卓の前にPCカメラを設置し，黒板を使った授業をそのまま映す，②予め作成したスライド等を教師の机上のPCから「画面を共有」して映し，解説を進める，③オンライン朝の会を行う，等はコロナ禍の急仕立てでも実施が見られた事例です。ただ，児童生徒にスキルがない場合，保護者がそばで付きっきりで操作を支援する必要がありました。

　もし児童生徒が授業を通してMeetの操作経験があり，スライドなどを作成でき，「画面を共有」やChatの機能や操作を理解していれば，保護者にPCなどを借り，自分でMeetを立ち上げ，④児童生徒の調べ学習などの報告，⑤報告を聞きながらの質問や感想の記入，など双方向のやり取りができます。⑥課外活動や⑦グループ課題の個別支援，⑧面談など，全体・少人数両方の指導や支援に対応できます。慣れると教師の介在もなく，⑨児童生徒同士で自由な時間にグループ課題を協働して進める，などが始まるでしょう。感染症の流行による臨時休校下でも学びが続き，児童生徒同士や学校と家庭のつながりも続きます。

図46-6　オンラインでの活用の初期にはミュート指導の徹底を

　しかし，上記のような活用のステップを児童生徒が踏んできていないと，オンライン授業は成り立ちません。普段の教室での学習活動でも繰り返し使い，少しずつ慣れていくことで，活用することが普通に溶け込んだものになるでしょう。こうした感覚的な慣れがオンライン授業の成立には重要になります。

図46-7　自宅から接続
教室での活用経験を通して基本の動作スキルが身に付いていれば，Meetの立ち上げから対話まで，一人でもできるようになる。休校中の友達同士のつながりや自主的な協働作業まで進展する可能性も期待できる

47 （Google Meet）授業研究会をしよう

アプリ活用編

　実際の授業を中継することで，遠隔地からの授業参観が可能になります。これにより，参観者らの移動を抑えつつ授業研究会ができることから，感染症の蔓延などによる移動制限や自粛による影響を避けながら授業・教科研究を進めることが可能になるだけでなく，通常時期においても出張による移動経費や移動に係る拘束時間などの負担をほとんどゼロにしながら授業研究会を実施できる，などのメリットがあります。

　ただ，実際に足を運んで教室の空気まで感じ取れる参観には劣るでしょうし，もともと質が異なるともいえます。初めての参観者でも有意義な参観になるためには，もともとの参観のイメージに近付けつつも，中継だからこそできる便利さを体感できるような運営が大切です。効果的な実施のための工夫をご紹介しますが，何より大事なのは事前リハーサルです。授業者も交えて必ず事前にオンラインで確認しましょう。

1 複数のカメラによる中継の工夫

　授業参観や授業研究会のために授業風景を中継する場合は，参観者の気持ちになってカメラを配置することが，見る側にも撮影する側にもストレスの少ない授業中継を実現するカギとなります。そのためには最低でも2台のタブレット端末など，できれば4～5台程度を配置して配信することを推奨します。

　まず，参観時を思い浮かべると，参観時は後方ないし両脇から授業者と黒板などの教授装置の前景と，それを受けて活動する近くの児童生徒の様子を観察するのが一般的と考えられます。それらに対応する工夫として，1台目，2台目のカメラを次の位置で撮影します。

A　1台目：教師と表示教具中心

黒板や投影映像等，前面全体を撮影できる位置から，三脚等に固定して撮影する

教室後方からの撮影（活動・全景の把握）

サイドからの撮影（教師と表示内容が中心）

図47-1

B　2台目：児童生徒中心

児童生徒の反応などが分かる角度で撮影する

教室右前からの撮影（指導助言者の目線）

サイドから生徒のみ（一人一人の観察可）

〔注意〕

・実際の参観者がいる教室を中継する場合，カメラの前をふさがれないよう，三脚や掃除ロッカーの上などを利用して，高い位置に固定する。

・画像が揺れると見にくいので，必ず1台は持ち歩かない定点カメラにする（1台目が最適）。左上3枚の写真のとおり，活動の把握や変化が分かりやすい。

2 機材の追加で授業中継を大成功に

中継成功の秘訣はここからです。追加の機材準備など費用の問題もありますが，それだけの効果はあります。

⑴ 3台目（サポート用端末）を教室外に設置

中継映像の確認のために3台目を準備し，担当者を1名配置します。入室者の確認や流れている音声も確認するため，授業の邪魔にならない教室外が適当ですが，すぐにカメラ調整等に入れるように，隣室などあまり遠くない位置が適当です（音漏れしないヘッドホンの使用で1台目と兼用可能）。

図47-2 教室外での中継センター設置例

⑵ 中継カメラの増設

4台目（参観者視点・移動中継）：参観者には，児童生徒の行動を覗いて動き回りたい方が多数いると思います。4台目としてタブレット端末を準備できる場合は持ち歩き撮影用とし，参観者役の担当者を1名配置して，参観者の目線で撮影します。見どころの撮影を外さないよう，参観者役と授業者との事前打合せは必須です（工夫次第で2台目との兼用可能）。

5台目（板書・スライド専用）：1台目でカバーしにくい，板書のアップやスライドなどの投影映像を映すために，児童生徒の最前列の辺りに台を置き，5台目を固定して黒板クローズアップ映像を中継します。画質は落ちますが，ある程度見えます（スライド投影に使っている授業者用端末自体を5台目として活用し，表示画像のみを配信する設定ができれば，非常にクリアな映像を送ることができます。ただし，これは授業者に負担をかける場合もあり，設定などの熟練が必要です）。

図47-3 3台での中継の様子（受信側の見え方）

図47-4 見る側は好きな画面を拡大できる

⑶ 映像だけではない・集音の注意点

5台目をマイク用端末に：同一の空間で複数のPCやタブレット端末が同時に同じ会議室に入るとハウリングを起こすので，マイク用端末を1台だけに決める必要があります。授業者に一番近い位置になるので，5台目端末がマイクとして適当です。その他の機材のマイクミュートの設定と，全ての機材自体のスピーカー音量もゼロになるように設定することを忘れずに。

集音マイクの活用：5台目端末のマイクだけでは集音に限界があります。また，集音マイク1台のみを5台目の位置に設置しただけでは，歩き回る教師と2列目程度までの児童生徒の声しかクリアに拾えません。教室全体での活動型の授業を中継する場合は，広範囲を集音できる複数台接続可能な機種の活用を検討しましょう。児童生徒の活動時の会話もかなり聞き取れ，授業中継が一気に臨場感を伴います。

〔注意〕
・マイクは児童生徒の活動する机とは別の独立した台に置きましょう。ちょっとした作業音まで拾います。

3 授業後の研究協議会

授業者，指導助言者，進行役と参観者それぞれが，自分の端末から Google Meet に入って研究協議会をすることができます。実際の参観者がいる場合は，オンライン参観者全員のタイル表示を大型テレビモニター等に投影し，授業者，助言者，進行役や実際の参観者，両方の席から見えるように協議会場を配置します。

〈久保田 淳〉

図47-5

48 Google カレンダー の活用法を知ろう

アプリ活用編

1 これができます！

　Google カレンダー では，スケジュールを入力・表示し，更にそれを仲間と共有することができます。
　学校では試験前や長期休業の際，児童生徒に計画を立てさせるときに学習計画表をよく使用します。従来は，いくつかの計画表を共有したい場合は，教師が何人かの計画表を選び，コピーを配付したり，掲示したりして共有することしかできませんでした。しかし，Google カレンダー では，児童生徒全員が主体性をもって計画表を共有することができます。
　やや高度な機能として，施設予約や面談予約を，教師が調整するのではなく，施設使用者や児童生徒，保護者自身が主体的に予約することができます。予約後は共有している関係者のカレンダー上に結果が表示されるため，一覧表を作成する手間も省けます。

2 こう使います！

① 　カレンダーで予定を入れたいところでクリックします。クリックするとカレンダーに色付きの四角枠が現れますが，後で動かすことができるので，時刻をぴったりに合わせる必要はありません。
② 　現れたボックスに予定等を入力し，必要に応じて詳細な説明や添付ファイルを追加します。なお，面談予約を行いたい場合は，ボックスの上部にある「予約枠」を選択した後，必要事項を入力するようにし，面談を行う時間帯と1コマ当たりの時間を設定します。
③ 　公開・非公開設定（予めカレンダーを共有していた場合のみ），ゲストへの通知などを行いたい場合は，②で現れていたボックスの下方にある「その他のオプション」を押して，現れた大きいボックスに詳細を記入します。②の要素が全て入っているボックスのため，初めから②を飛ばして③から始めることもできます。

図48-1

図48-2

図48-3

① 自分とカレンダーを共有している友達の予定や所属している Google Classroom の自分のカレンダーに表示することが可能です。他の人が自分とカレンダーを共有している場合やClassroomでクラスに所属している場合に，カレンダー左側（**図48-4**の赤枠内）にそれらのカレンダーが一覧表示されているのですが，そのチェックボックスにチェックを入れることで自分のカレンダーに重ねて表示することが可能です。学習習慣を身に付けたいと考えている児童生徒が，目標とする友達と同じ時間だけ勉強してみるといった，学習習慣そのものを主体的にまねて学ぶことが可能になります。また，Classroomでの所属クラスにチェックを入れておけば，自動的に課題の期限などが示され（**図48-4**の青枠内），同時に課題へのリンクも作成されるため，課題の提出期限忘れを防ぐことができます。

図48-4

② 「①」の機能の応用として，放課後や休日などに友達とスケジュールを合わせることが可能です。予定を見たい友達（複数選択も可能）のスケジュールを表示させ，空いている時間を確認して，自分のカレンダーに予定を入れた後，そこに友達を招待することができます。招待された友達はその招待を受けるかどうか返答することができます。目視でスケジュール調整が難しい場合は，友達をゲストに指定して，共通の空き時間を探して会議な

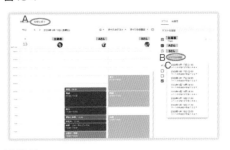

図48-5

どの時間帯を探して，いくつかの候補を提案してくれる機能もあります。図中のA「時間を探す」，B「おすすめの時間」を順に選択することで，Cのように共通の空き時間帯が表示されます。例えば，総合的な学習の時間などで出されたグループ課題を，家庭でテレビ会議システムを使って行うときなどに重宝します。

③ ②の機能を更に応用させて，施設予約を行うことが可能です。スケジュールを作成するときに「会議室」を同時に指定する機能があるため，予め学校内の施設を「会議室」として登録しておけば，施設予約を兼ねることができます。あるいは，施設名でカレンダーを作成して共有することで，施設予約カレンダーを作成することも考えられます（詳細はp.128～で紹介します）。

④ 専用の機能として，面談予約を行うという機能があります。児童生徒との個人面談や保護者を含めた三者面談などにおいて，まず教師がカレンダー上に面談可能な日時を指定した「予約枠」を作成して，その後児童生徒や保護者が予約枠からリンクをたどることで表示される「予約ボタン」を押して行います。従来の面談予定は希望を聞いて教師が予定を調整していましたが，このシステムでは先着順での予約となります（詳細はp.128～で紹介します）。

4 活用のコツ

⑴ 自分で情報管理することを徹底する

児童生徒にどのスケジュールを共有するのか考えるようにさせないと，不必要なプライベートの情報まで開示することになってしまいます。共有の概念と情報開示について，児童生徒に繰り返し指導を行うとよいでしょう。

⑵ 毎日活用する

予定に抜けがあると，家庭での協働学習などの機能が十分に生かしきれません。「繰り返し入力」の機能も活用しながら，毎日最低でも朝学活と終学活に閲覧・入力する習慣を付けるのがよいでしょう。

49 〔Google カレンダー〕学習の予定を立てて共有しよう

1 学習計画・学習内容の共有化

　児童生徒が主体的に学習することを促すために，しばしば学習計画表が用いられます。これは児童生徒が自分自身の学習を視覚化して長期休業中や試験前などの学習時間の確保を行えると同時に，教師にとっても学習の進捗や自己管理法を指導する際にもとても役立ちます。また，学習内容や学習時間を自ら管理し，遂行し，学習後の反省に生かすといった学習サイクルを確立する意味でも有用なツールとなります。

　今までこれらは紙ベースで行ってきましたが，この学習計画表をカレンダーアプリに置き換えると，その計画表をちょっとした操作で簡単に友達と共有することができるようになるため，例えばテレビ会議やテキストベースのチャットを用いて協働学習を容易に行えるようになります。本稿では Google カレンダー を用いた児童生徒個々の学習の共有方法について解説します。

2 Google カレンダー での共有方法

⑴　Google カレンダー を用いて学習予定を立てる

　カレンダーを開いて（**図49-1**），学習計画を立てるように児童生徒に伝えます。

　カレンダーを開いたら，ひとまず1週間の予定を入力（**図49-2**）させることをお勧めします。カレンダー上でクリックするだけでブロックが現れますので，「タイトル」に「国語」「理科」といった教科・領域名等を付け，「説明」に「教科書P.○○〜P.○○」といったページ番号や単元名などを入力させます。タイトルは長過ぎると見にくくなりますので，今回ご紹介したように教科名などの数文字で収まるようにするとよいでしょう。後で教科ごとの学習内容を検索するときにも，統一された共通の文字を入れておいたほうが便利です。この予定表のブロックはドラッグ＆ドロップで容易に移動できますので，ひとまずどこかで作成して，後でパズルのように動かして学習計画を組み立てることが可能です。

　なお，家庭学習の時間を把握したい場合は学校にいる時間は「学校」とひとまとめにさせてもよいでしょう。全学習時間を把握させたい場合はカレンダーに時間割を入力させます。教科ごとに色を決めておくと後で見やすくなります。また，予定表をプライベートと共有用で分けたい場合は，予め「新しいカレンダー」（**図49-3**）をつくってから作業に入ります。カレンダー名は名前順にソートされるため，名前の最初に児童生徒番号や，「★」などの記号を入れるなどさせたほうがよいでしょう。

　カレンダーの学習時間の単位はデフォルトでは1時間となっています。毎回変更するのは面倒ですので，例えば授業時間に合わせて45分や50分にしたい場合などは，右上の「⚙」をクリックして，「設定」に進み，現れるメニュー画面の「予定の設定」という項目から，デフォルトの時間を希望の時間に設定することができます（**図49-4**）。

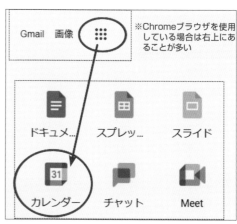

図49-1　カレンダーを開く

図49-2　カレンダーに入力する

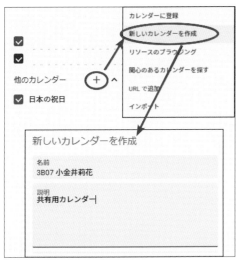

図49-3 新しいカレンダーをつくる

(2) 作成した学習予定をみんなで共有する

　作成したカレンダー（**図49-5**）を共有する作業を行うように指示します。

　左にある「マイカレンダー」から「カレンダーの設定」に進みます（**図49-6**）。もしカレンダー名を変更していない状況でしたら，前述のとおりソートされやすい工夫を行うとよいでしょう。

　「アクセス権限」で「他の Google アプリにカレンダーの情報を表示する」にチェックを入れ，「特定のユーザーとの共有」で，共有するユーザーを入力します。児童生徒名を一つ一つ入力するのは面倒なので，学年やクラスのグループアドレスを予めつくっておき，それを入力させると便利です。これで共有は完了です。

　共有が完了すると，**図49-3**の「カレンダーに登録」を選択すると「カレンダーを追加」のページが開かれるので，そこで予定を見たい友達の名前やアドレスを入力することで他人のカレンダーを追加できるようになります。複数名を横に並べて全員の空き時間を調べて（**図49-7**），テレビ会議などを用いた打合せや協働学習の時間を探すことにも活用できます。

図49-4　カレンダーの設定メニューを開く

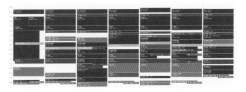

図49-5　作成したカレンダー（一部）

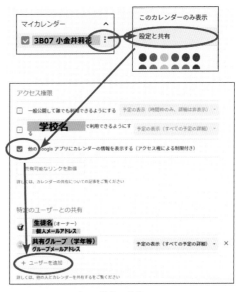

図49-6　カレンダーの共有の方法

図49-7　複数名のカレンダーの比較

50 （Google カレンダー）施設予約をしてみよう

1 施設予約・面談予約の効率化

学校における施設予約や生徒面談予約を行う際は，予約ノートに記入してどこかに貼り出しておくというスタイルが一般的です。また，保護者を交えた三者面談を行う際は，各家庭に日程希望調査を配付して記入してもらい，回収後に学級担任が紙を並べて最適なスケジュールを組み，結果をワープロソフトなどで打ち直して保護者に通知するというのが一般的です。しかし，これらはカレンダーアプリを使うことでより効率的にスケジュールを組むことができます。本稿では Google カレンダー を用いた施設予約，面談予約の方法について解説します。

2 Google カレンダー での予約方法

⑴ 施設予約をする

カレンダー上で施設を使用したい日時のエリアをクリックして予定表入力のボックスを表示させます。その後，下方にある「その他のオプション」をクリックします（図50-1）。

現れたボックスの右側にある「会議室」をクリックして，使用したい施設を予約します（図50-2）。

ただ，この方法だと施設の空きが一覧になっておらず見にくいので，前稿で説明した方法によって施設名の新しいカレンダー作成をして施設予約を行うことも可能です。なお，カレンダーの名前（施設名）の先頭に「★」などの記号や「【施設】」のような括弧付きの冠名を付けると検索しやすくなります。施設名のカレンダーから「カレンダーの設定」に進み，「招待状の自動承諾」の項目から適切なものを選びます（図50-3）。後はこのカレンダーを関係者で共有して施設予約をしてもらいます。

なお，後述する面談予約の方法によって施設予約を行うこともできます。

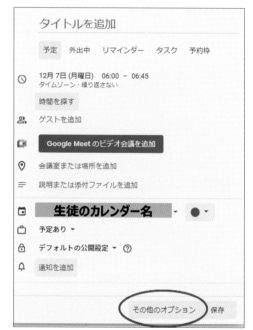

図50-1　予定表入力の画面

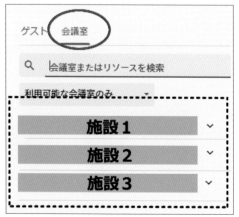

図50-2　施設予約の仕方

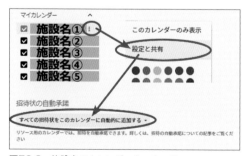

図50-3　施設名のカレンダーをつくって

(2) 面談予約をする

　この機能を使う際は，面談をアナウンスするClassroomのカレンダーを使用します。まず，**図50-1**の画面の上方から「予約枠」を選択します（**図50-4**）。

　その後現れるボックスにタイトル（「第○回三者面談」など），面談期間の枠（日にちと時間帯），面談の予約枠の単位時間を設定します。予約枠の時間は，例えば，20分面談・10分休憩の30分サイクルで行う場合は「30分単位」とします。（**図50-5**）。

　なお，時間帯はこの予約枠の単位で割り切れるようにしておいてください。予約するときは時間帯の開始時刻から自動で単位時間ごとの枠を作成してくれます。したがって，**図50-5**のように13:30〜16:30の予約枠にした場合は，13:30〜14:00，14:00〜14:30，……16:00〜16:30のいずれかから選べるのであって，13:40〜14:10のような任意の30分間を選べるわけではありません。

　もう少し詳細な情報を入力したい場合は**図50-5**のボックスの下方にある「その他のオプション」をクリックします。予定の繰り返し設定，開催場所，事前連絡のメモ，ファイル添付，通知の相手の選択など，様々なことが行えます。特にメモ欄に予約の変更の仕方などを入力しておくとよいかと思います。必要なさそうな場合でも一度開いてみることをお勧めします。

　予約枠を作成したら，その予約枠へのリンクの通知を行います。カレンダーを共有していれば通知しなくても予約枠を見ることができ，予約を行えるのですが，予約ページのリンクを通知してあげたほうが慣れていない人にも便利です。

　後は予約の手順に従って各家庭で予約をしてもらいます。手順書（**図50-6**）を予め保護者に配付しておくとスムーズに予約してもらえます。

　予約者は，手順書にもあるように，Google カレンダー（ブラウザ版）にアクセスして，「田」のマークのある予定表（予約可能な時間帯）をクリックします。続いて現れたボックスにある「このカレンダーの予約ページに移動」をクリックします。そうすると予約ページが現れるので，予約したい時間帯をクリックして予約します。なお，予約を取り消すときは Google カレンダーに表示されている予定を削除する必要があります。

〈大西 琢也〉

図50-4　予定枠入力の画面への入口

図50-5　予定枠入力の画面

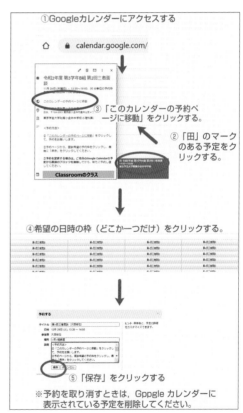

図50-6　面談予約の手順書

授業実践編

- まずはどんなことから取り組むといい？
- 授業にICTを取り入れることを「目的」ではなく「手段」にするためには？
- 学校段階や教科・領域に応じた使い方は？

まずはクラウド遊びから

Google Workspace for Education（旧称 G Suite）のIDや Chromebook が児童生徒に配付されていなくても，学校に児童生徒用のパソコンがあれば，クラウドを使うことができます。

愛知県春日井市では，2020年5月の終わりから6月の始めが分散登校でした。その間に，他学年より先に Chromebook の導入が決まっていた小学校5・6年生でクラウド体験を開始しました。分散登校中であれば，少人数なので操作にとまどう子供がいても対応しやすいからです。

Chromebook 導入前のクラウドの実践では，教師が予めファイルをクラウド上に用意し，そのリンクのショートカットをつくっていました。児童がショートカットにアクセスすることにより，クラウドを使用していました。

1 クラウドで遊ぶ

授業でクラウドを使う前に，クラウドで遊び，使い方を学ばせました。クラウドの大きな特徴は協働編集ができることです。筆者の勤務校では，授業で「まなボード」を使って協働編集をしていました。そこで，まず，Google Jamboard で遊ぶことから始めました。Jamboardなら，まなボードに似た感覚ですぐに授業で使えそうだと考えたからです。

Jamboardを使って，隣り同士でペアになり，しりとりをしました。まず，ペアで使うフレームを教師が指定しました。児童は指定されたフレームに行き，フレームにしりとりになるように手書きで言葉を書いていきました（**図51-1**）。児童は，隣り

の子が書いた字が自分の画面に反映されていくことに驚き，声を上げていました。また，別のペアのしりとりを見ることができることにも驚いていました。体験の終わりに，このフレームは「保存しますか」で「はい」と押さなくても，保存されているという説明を教師がしました。

Jamboardの付箋機能を使って，考えを整理する体験をしました。「遊びに行くなら川がいいか，海がいいか」という話題に対し，川のよいところ，海のよいところを2人ペアで考え，2人で1枚のフレームを使って付箋に思い付く考えを入力しました（**図51-2**）。その後，付箋を移動させて考えを整理しました。今まで鉛筆を使って付箋に書き，まなボードで考えを整理していたことが，クラウド上で簡単にできることを体験しました。

次に，Google スプレッドシート で遊びました。スプレッドシートは，全員で一斉に意見を入力したり，授業の振り返りを入力したりすることに使えそうだと考えたからです。スプレッドシートを使って，言葉集めゲームをしました。1枚のスプレッドシートに児童が知っている言葉を縦に入力していけるように，予め一人一人が入力できる列をつくっておきました。教師が「知っている動物の名前を入力しましょう」と指示しました。全員がそれぞれ言葉を入力し，多さを競い合いました（**図51-3**）。周りの子がどれくらい入力しているかすぐに分かるので，児童は負けないように必死で入力していました。

他にも，考えを簡単に集約できそうな Google フォーム を体験しました。フォームを使って漢字

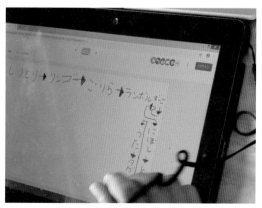

図51-1　Jamboardを使って手書きでしりとり

図51-2　Jamboardの付箋に考えを入力

図51-3 スプレッドシートで言葉集め

クイズをしました。間違えやすい漢字や四字熟語の問題を教師が用意し、児童が正解を選びました。解答の結果がグラフに表れるという説明を教師がしました。

最後に、Google スライド を使って好きな食べ物紹介をしました。スライドは調べたことや実験結果をまとめて発表するときに使えそうだと考えたからです。1ページ目に「タイトルと名前」、2ページ目に「選んだ食べ物の好きなところとその食べ物の写真」、3ページ目に「まとめ」のように、予め教師がスライドにテキストボックスをつくっておきました。2ページ目の食べ物の写真は Google 検索を使って写真を挿入させました。自分の好きな食べ物について入力するだけなので、児童は楽しみながらつくることができました（図51-4）。スライド作成後、スライドを見せながら自分の好きな食べ物を友達に紹介する活動をしました。

このように、授業で使う前にクラウド遊びをしておくことで、教師も児童もクラウドを使うイメージをもつことができます。また、授業で使う際には教師も児童も少し操作に慣れた状態になっているため、

操作にとまどい授業を中断しなければならないことが減ります。更に、クラウド遊びの際に起きるトラブルをクラスで共有しておくことにも意味があります。例えば、人の作品に落書きをするなどのいたずらに対するモラルや、誤って人の作品を消してしまうような失敗をクラスで共有しておくことで、授業で使う際のトラブルを減らすことができます。

2 クラウドを普段の授業に少し取り入れる

普段の授業の中で、児童同士の意見や考えを交流し合いたい場面があります。クラウドを使えば、互いの書いたことを見合うことができるため、簡単に意見や考えを交流し合うことができます。まずは、ほんの少しペンを使って考えを書き込み、交流することから始めました。

小学校5年生算数科「体積」で複合図形の体積の求め方を考える場面です。予め教師が1フレームに六つ同じ図を貼り付けておきました。1人につき1フレーム使わせ、全員が六つまで考えを描くことができるようにしました（図51-5）。いろいろな求め方を考えた後、互いにフレームを見合って、考えを広げていきました。

6年生算数科「文字と式」では、隣りの子と問題を出し合って、解き合い、丸付けもし合いました（図51-6）。

また、授業の振り返りをスプレッドシートに入力しました（図51-7）。使い慣れていない段階でスプレッドシートに一斉入力させる場合、入力中に他の子の入力枠を触ってしまい、他の子の入力した文字を消してしまうという問題が起こりやすいです。これを防ぐため、まずは1人1シートにしました。

振り返りのように自分の考えを文章にして入力するには、キーボード入力のスキルが必要となってきます。5年生では、まだ考えながら入力するスキル

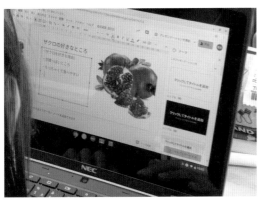

図51-4 スライドで好きな食べ物紹介

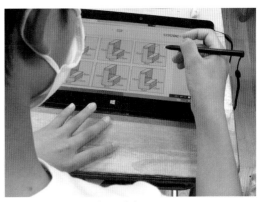

図51-5 Jamboardに考えを入力

図51-6 Jamboardで問題の出し合い

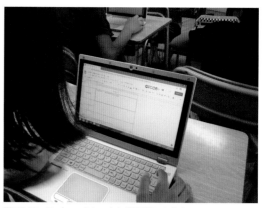

図51-7 スプレッドシートに振り返りを入力

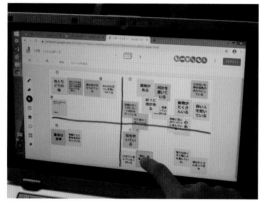

図51-8 貴族の暮らしを「衣・食・住」に整理

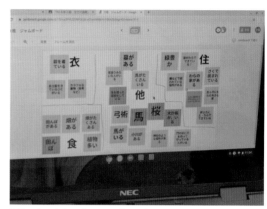

図51-9 武士の暮らしを「衣・食・住」に整理

が身に付いていない児童が多く，時間がかかりました。筆者の勤務校ではキーボード入力の練習に以前から取り組み，隙間時間に練習させていましたが，それでも短時間で自由に文章を入力するには足りないのだと実感しました。短い時間でよいので，毎日練習させることが上達のポイントです。

更に，Jamboardの付箋機能を使って，協働編集することを授業に取り入れました。6年生の社会科「貴族のくらし」で，絵から見付けたことを付箋に入力していきました。3人で1フレーム使い，付箋に入力した情報を「衣・食・住」に分類しました（**図51-8**）。ちょうどこの実践が終わった頃，筆者の勤務校ではまず6年生に Chromebook が導入されました。クラウド体験期の実践「貴族のくらし」と G Suite for Education（当時）のIDと Chromebook 配付後の実践「武士の世の中へ」（**図51-9**）では，Google Classroom からJamboardを開くというところが違うものの，同じように授業を展開することができました。

このように，普段の授業に少し取り入れる実践を積み重ねていくことで，G Suite のIDと Chromebook

が児童に配付されたとき，教師も児童も大きく困ることはありませでした。

3 G Suite や Google Classroom へ ログインする

一人一台の Chromebook が導入された際，まず Chromebook の左上に番号シールを貼らせ，自分専用に使えるようにしました。Chromebook は正確には学校のものですが，自分専用のものと決めて使わせることで，児童はいつでも使いやすくなり，大切に使おうという意識も増すと感じます。

G Suite のIDやパスワードは紙媒体で配付し，G Suite やClassroomにログインさせました。ローマ字入力がうまくできない学年の場合，G Suite やClassroomにログインすること自体が難しくなってきます。そこで，筆者の勤務校では，最初のG Suite へのログインやClassroomへのログインについては，既に G Suite を活用している5・6年生の児童が手伝うことにしました。4年生の場合，自分たちだけでログインしたクラスは G Suite と一つのClassroomへのログインだけで1時間かか

134

授業実践編

図51-10 ログインを手伝う6年生

図51-11 「あすの連絡」の入力

図51-12 「今日の1文字」の入力

りましたが、5年生10人程度が手伝ったクラスは10分程度で同等のログイン作業が終わりました。残った時間は、先に述べたようなクラウド遊びに当てることができました。2年生の場合、6年生36人が手伝いに行き、2年生1人に6年生1人が対応する体制にしました。すると、朝の学習の時間15分間だけで、G Suite と八つのClassroomへのログインが終わり、早く終わった6年生はClassroomの簡単な使い方を2年生に教えていました。更に、早くログインを終わらせた6年生の中には、ローマ字の仕組みを2年生の児童に自主的に教えていた児童もいました（**図51-10**）。

このように、校内で先に活用を始めた学年が手伝う体制をつくっておくと、効率よく最初のログインをすることができます。

4 Classroomを毎日見るしかけをつくる

導入後すぐに毎日授業で使うとなると、負担に感じる教師も多いと思います。また、児童も一人一台の環境に慣れていないため、思うように授業が進まなくなります。そこで、Classroomを毎日見ることから始めると、教師も児童も少ない負担で一人一台の環境に慣れていくことができます。

筆者の勤務校では、2年生以上は朝登校して荷物の片付けを済ませたら、Chromebook を用意してClassroomを見るように習慣付けました。

導入前、児童は登校して荷物の片付けを済ませた後、教師が予め黒板に書いておいた「あすの連絡」を連絡帳に写していました。導入後は、教師が予めClassroomに「明日の連絡」を入力しておき（**図51-11**）、児童はClassroomを見て連絡帳に写すことにしました。児童は画面を拡大させて字を大き

く見やすくする方法を自分たちで見付けて、工夫して写していました。この方法は、慣れるということ以外にもメリットがありました。荷物を片付けたり宿題を提出したり様々なことをしている児童がいる朝の時間に、児童にとって、遠くの黒板の字を写すより手元の画面の字を写すほうが楽です。また、連絡に追加や修正があった場合、今までは教師が朝急いで教室に行き黒板に書いた内容を修正していましたが、教師はどこにいても修正することができるようになりました。Chromebook の家庭への持ち帰りが始まれば、児童は連絡帳に写すことすらなくなり、Classroomを見て直接明日の準備をするようになるでしょう。そのときへの小さなステップにもなると考えます。

5・6年生では、係からの連絡もClassroomに書いてよいと伝えると、すぐに児童がClassroomに係からの連絡を入力するようになりました。低学年では、Classroomを見ることが楽しくなるように、毎日1文字ずつ「今日の1文字」を教師が入力しておき、1週間分文字を集めると何かの言葉になるというクイズをしました（**図51-12**）。

児童が自主的にClassroomを見るようになるしかけづくりが大切だと感じます。

5 教室と教室をClassroomのMeetでつなぐ

学校の外部と Google Meet でつなぐとなると、成功するように教師側で様々な準備が必要になってきます。しかし、校内の教室と教室をつなぐのであれば、外部とつなぐより気軽に挑戦することができます。

6年生の児童が修学旅行で学んだことをまとめたスライドを作成しました。そのスライドを使って5

図51-13 5年生の教室の様子

図51-14 カメラ機能を使う2年生

年生の児童に発表しました。

6年生の教室では，つくったスライドをMeetで画面共有しながら発表しました。また，児童が発表している様子を，実物投影機を使って映し，Meetでつなぎました。

5年生の教室では，6年生の児童が作成したスライドと6年生の児童が発表している様子をスクリーンに映し，発表を聞きました。発表しながらスプレッドシートに大切なことをメモしました（**図51-13**）。

スライドだけでなく，6年生の児童が発表している様子まで共有しているので，発表のよさが5年生の児童に伝わりやすいと感じました。また，今までなら，発表のために2クラスの児童が入ることのできる広い場所に移動しなければなりませんでした。しかし，移動することなく，6年生の児童は慣れた教室環境で発表することができ，5年生の児童はいつもの自分の机のある環境で座って聞くことができました。

このように，校内で挑戦していくことで，外部とつながる実践に生かすことができるようになると考えます。

6 低学年でクラウドを使う

低学年の場合，今までに学校でICT機器を使う体験自体が少なく，開始段階でできることが限られてくると思います。そこで，できることを体験させながら小さなステップでできることを増やしていくとよいです。Chromebook 導入前から，先に述べたJamboardを使ったしりとりのような遊びは体験させておきました。Jamboardは手書き入力できるので，低学年でも楽しむことができました。

Chromebook 導入後，2年生では，まず，カメラ機能を使う体験をさせました。教室の中にある長方形や正方形の形をしたものを写真に撮り（**図51-**14），なぜ長方形・正方形といえるのか，撮った写真の画面を友達同士で見せ合いながら説明する活動に取り組ませました。この活動で，写真に撮り，撮ったものの中から自分が説明したい写真を選んで画面に表示させる操作をさせましたが，実物投影機を使って教師が手本を見せながら手順を示すと，2年生の児童でも迷わず操作することができました。

次に，写真を挿入する体験をさせました。話合い活動に使っているまなボードに書いた内容のうち，残しておきたい内容のものもあります。そこで，まなボードに書いた内容を写真に撮り（**図51-15**），スライドに挿入して記録する活動に取り組ませました。写真を撮ることは既にできるようになっているため，今回の新しい体験はスライドへの挿入です。グループの番号と同じ番号のスライドにそれぞれのグループの写真を挿入させました。これも，実物投影機を使って教師が手本を示しながら手順を示すと，グループで協力しながら迷うことなく挿入することができました（**図51-16**）。

この後，別の学習の際に，自分の描いた絵を写真に撮ってJamboardに挿入する活動にも取り組ませました。このときは，クラスの一部の児童に先に教師が操作を教え，後は児童同士で教え合わせました。操作できるようになった児童が更に次の児童に教えていき，15分ほどで全員がJamboardに絵を挿入することができました。

このように，少しずつ進めていくと，低学年の児童でもいろいろな操作を自分たちでできるようになっていきます。

低学年の場合，ローマ字入力ができないことが大きな課題となってきます。そこで，Chromebookの手書き（タッチパッド）を使用すると，高学年と同じような活用をすることができるようになります。

Chromebook の手書きを使用するには，設定を変更しなければなりません。しかし，設定を変更す

図51-15　まなボードを撮影

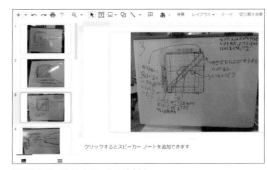

図51-16　スライドへの写真挿入

図51-17　手書きで入力する児童

図51-18　付箋を移動させて仲間分け

ることすら，低学年の児童には難しいです。そこで，この設定も6年生の児童が手伝うことにしました。2年生の児童が Chromebook を開いている朝の時間に，5人程度の6年生が2年生の教室に行き順に設定していくと，10分程度で終わりました。

手書きが使用できるようになった Chromebook で，Jamboardの付箋機能を使って言葉の仲間分けをする体験をしました。「20分休憩」（2時間目と3時間目の長い休み時間のこと）で思い付く言葉を3人で考えました。3人で1枚のフレームを使って思い付く言葉を手書きで付箋に入力していきました（**図51-17**）。集めた言葉を，3人で話し合いながら仲間分けしました（**図51-18**）。仲間の名前をグループで決め，入力しました。低学年でも，先に述べた5・6年生と同じようなクラウド体験をすることができました。

この体験を踏まえて，2年生国語科「冬がいっぱい」（光村図書）の授業でJamboardを使いました。体験のときと同じように3人で1枚のフレームを使い，冬を感じる言葉を集め，仲間分けをしました。

このように Chromebook の手書きを使用すると，低学年でも高学年と同じような活用をすることできるようになります。Chromebook の手書きは，ローマ字入力が苦手な児童への支援にもなります。しかし，ローマ字入力が上達すれば入力速度は断然速いです。筆者の勤務校では，この手書きを使用しながらも2年生からキーボード入力の練習をしています。

今できることは何かを考え，できることから始めていくことで，環境の変化に素早く対応することができるのだと考えます。

〈望月　覚子〉

52

児童の学校生活を支える一人一台・クラウド活用

1 学校生活に一人一台・クラウド活用が
　　溶け込むと

　筆者が担任する小学校6年生には，令和2年9月に一人一台 Chromebook，G suite アカウントが配付されました。一人一台・クラウド環境が整備されてから，教室の光景は劇的に変化しました。

　朝は Google Classroom に示された連絡を確認し，クラスのチャットルームには時間割変更や生活面で留意することなど，教師からのメッセージが示されています。週の初めには Google カレンダーで家庭学習の計画を立てます。友達の予定が自分のカレンダーに共有・表示されており，「あの子が水星を調べるなら，私は火星を調べよう」と刺激を受け，自らの学び方を調整します。委員会活動や実行委員の集まりに関する連絡は Google Chat で取り合います。これまでは「いつ集まるか」を直接話し合い，メンバーの誰かが不在だと話合いが進まず……という様子が見られていましたが，Chatをうまく使いこなし，話合いの効率や質の高まりを感じます。大人がICTを使いこなしながら，複数のタスクとともに生活するような光景が，公立小学校の教室という空間で繰り広げられています。

　授業においても，教師からClassroom上に示された授業の概要を基に，今日はどのようなゴールを目指して，どのような流れで学習を進めるのかを，児童が検討します。自分たちで考えたゴールに向けて，自分たちで考えた学習過程や方法で学びます。ノートも Google Jamboard も活用しながら情報を収集・整理し，まとめます。その成果を Google スライド や Google ドキュメント で表現します。振り返りでは Google スプレッドシート で友達の文章を絶えず参照しながら，自分の考えを整理し，まとめます。時にはうまくいかないこともありますが，うまくいかなかったことを省察し，次の学習へとつなぎます。このような試行錯誤を経て，自らの学びを調整できる大人に育っていくのではないか，と直感的に感じます。

　一人一台・クラウドの活用は，学習過程や学習方法の習得，見方・考え方を働かせた学びを強力に支えます。教師がしっかりと伝え，活動させる，という指導だけでは決してたどり着くことのできない境

地に，あっという間にたどり着くことができたのではないかと思います。

2 生活場面での活用から始めよう

　一人一台・クラウド環境がみなさんの学校にやって来ました。早速授業で有効活用しようと考えても，何から手を着けていいか……となることだと思います。なぜなら，児童が基礎的・基本的なスキルの習得や，共同編集等のクラウド活用のよさを感得していないからです。そのような状態で活用させたとしても，時間だけがかかって，授業が思うように進まないことがあります。

　そのため，まずは生活場面での活用から始めることを提案します。図52-1のように，「（能力的に）より多くの児童が」「（頻度的に）毎日できるか」といった面から見てみましょう。Classroomに示された朝の連絡を見て，今日の予定を確認することは，Classroomを開くだけでできます。おそらくこの作業は，全員が毎日できると思います。また，給食当番や，毎日の当番活動のグループでチャットルームをつくらせておきます。そこで毎日の活動を忘れないよう，声をかけ合わせるようにします。そうすることで，少しずつDX化された学校生活を全員が毎日体験することができ，少しずつスキルを習得したり，クラウド活用のよさを感得したりすることができるでしょう。

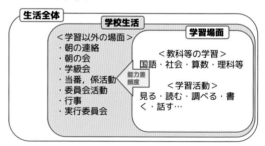
図52-1　まずは生活場面から

　生活場面のDXの事例をいくつか紹介します。
(1)　話合いの準備のために
　2学期の当番活動を決める話合いで Google フォーム とドキュメントを活用した事例です。まず，教師のサポートの下で，児童が1学期の当番に関するアンケートをフォームで作成し，Classroom上に掲載しました。計画を担当する児童にとっては，

授業実践編

フォームでアンケートを作成する体験となります。何をどのような文言で質問すれば，回答しやすいのかなどを学びます。更に，自分たちが主体となって学級の仕組みをつくっていくのだ，という責任感や自主性にも働きかけられます。その後，他の児童がつくる際には，サポートすることを義務付けます。そうすることで「私もやってみたい」と思う他の児童をサポートする教師役の児童が増えるので，活用の輪を広げられます。このアンケートを皮切りに，筆者のクラスではアンケートブームが訪れました。学級のイベントに関するもの，自主学習で使用するものなど，積極的に活用する様子が見られました。

　アンケート結果を基に，児童はドキュメントで話合いの計画を立てます。計画を共同編集できるため，テストが終わった後や，給食を食べ終わった後などの空いた時間に考える様子が見られました。小学校高学年の児童は，委員会や縦割り活動の計画等で毎日忙しい日々を送っています。直接話し合い，成果物を作成する時間はなかなか取れません。ドキュメントを活用すると，空いた時間に，複数の児童で，

図52-2　アンケートが投稿されたClassroom

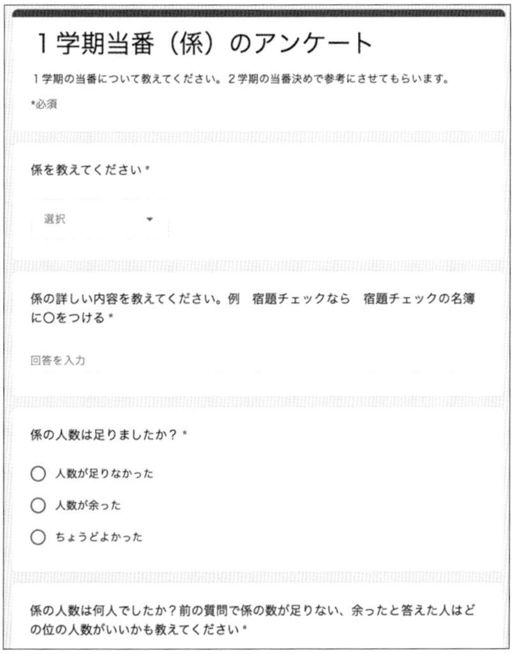

図52-4　児童からの提案メール

誰かが忙しくても，他の誰かが計画を進めることができました。作成できた計画の確認とアドバイスを求めるメールを教師に送りました（**図52-4**）。メールが送られてきたのが土曜日の夕方だったので驚きました。週明けに児童に「大変だったんじゃないの？」と尋ねたのですが，「宿題や自主学習をやる感覚と変わらない」とあっさりと返されてしまいました。児童の家庭での学び方に対する考え方が変わる体験でした。

　その後はドキュメントのコメント欄でやり取りをしました（**図52-5**）。教師に何度も聞きに来ることなく話合いを実施することができました。話合いの方法から自分たちで考え，実行する体験を通して，基本的なスキルの習得，クラウド活用のよさの感得が進んでいったと考えられます。

図52-5　児童とのやり取り

(2)　**簡単な話合いはチャットルームで**

　次に，Google Chat のチャットルームを活用した実践を紹介します。チャットルーム上で計画を進め，本当に大切なことを話し合うために活用する姿が見られます。一つめはクラス内で学級新聞をつくるプロジェクトについてです。筆者の学級では，少しずつ一人一台環境に慣れてきた頃に，児童から「学級新聞をつくりたい」という提案がありました。加えて，チャットルームをつくりたいという提案もありました。チャットルームは，教師からの連絡用に活用を始めた頃でした。児童は，記事の内容の相談や，集まる時間の連絡・調整のためにチャットル

1学期当番（係）のアンケート

1学期の当番について教えてください。2学期の当番決めで参考にさせてもらいます。

*必須

係を教えてください*

選択　▼

係の詳しい内容を教えてください。例 宿題チェックなら　宿題チェックの名簿に〇をつける *

回答を入力

係の人数は足りましたか？*

○　人数が足りなかった

○　人数が余った

○　ちょうどよかった

係の人数は何人でしたか？前の質問で係の数が足りない，余ったと答えた人はどの位の人数がいいかも教えてください*

図52-3　児童が作成したアンケート

ームを活用する様子が見られました（**図52-6，7**）。

児童は9月に第1号が発刊されてから，新聞をスライドで作成し続けています（**図52-8**）。今では，クラス内の複数のグループから新聞が発行されています。これまでの筆者の経験で言えば，新聞の発行は手間がかかり過ぎるので，最初はたくさん発行するのですが，徐々に息切れし，最後には自然解消してしまうというパターンが多かったように思います。

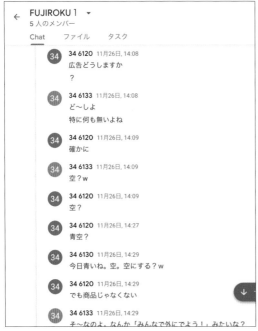

図52-6　記事の内容を相談する様子

図52-7　集まる時間帯を相談する様子

第10号

10回記念
～FUJIROKUができるまで～

Fujiroku1

年	出来事
2020-09-15	FUJIROKU1 結成
2020-09-16	第一号　発行「FUJIROKU1動き出す」
2020-09-25	第二号　発行「屋上畑　雑草パラダイス」
2020-10-2	第三号　発行「一つの反対地図帳」
2020-10-9	第四号　発行「雑草パラダイスの行方は、、」
2020-10-16	第五号　発行「お詫び申し上げます」
2020-10-23	第六号　発行「生まれ変わった屋上畑」
2020-10-30	休刊　　　「間に合わなくて…」
2020-11-6	休刊　　　「修学旅行楽しんだぜ！」
2020-11-13	第七号　発行「秋と言・え・ば❤」
2020-11-20	第八号　発行「オシャレに目を向けよう」
	「この冬流行りのBEST2」
2020-11-27	第九号　発行「面白ホーム画面特集」

2020年11月
記者

今回でフジロク第10回目になった。そのため、今回はフジロク1の年表が作成された。

私達はこれからもどんどん進化していく。　　by
仲間と協力すればどこまででも行ける。　　by

図52-8　児童が実際に作成した学級新聞

しかし，チャットルームやスライドをはじめとしたクラウド活用によって，連絡調整が容易になり，新聞作成のハードルが下がることによって持続可能な取組になったのではないでしょうか。

児童の思いを尊重し，目的をもったチャットルームを使わせることで，児童は目的を達成するために適切に活用することができることを，筆者が学ばされる結果となりました。

以上のような生活場面での活用を学級全体で進めてきました。次からは，授業における活用事例を紹介します。

3 児童に学習過程・学習方法を身に付けさせるための一人一台・クラウド活用

筆者が授業において実践したことは，**図52-9**のように，授業のめあて（課題），ルーブリック（ゴール），学習過程，振り返りシート（スプレッドシート）を Google Classroom に掲載したことです。筆者は，総合的な学習の時間の学習過程を参照し，「課題の設定」「情報の収集」「整理・分析」「まとめ・表現」の四つを意識して指導してきました。これまで，めあてやまとめなどは黒板に提示し，児童に意識付けることができていましたが，学習過程や学習方法については，毎回のように提示し，意識付けることはできていませんでした。

しかし，Classroomを活用することで，本時の学習について児童と共有できる内容が圧倒的に増えました。もちろん，教師主導の授業を行わなくなったわけではありません。しかし，教師が学びを牽引

図52-9　授業の具体的な内容を掲載したClassroom

する授業をずっと続けていては，児童は「教師がいないと学ばない」ようになってしまうと思います。保護者や教師がいなくても学び続けるためには，自分で学習の課題（めあて）や，何ができるようになればいいのかを決め，どのような流れや方法で学ぶのかを設定する体験をする必要があると思います。そうすることで，学習内容だけでなく，学習過程や学習方法をメタ認知し，次の学びに向けて調整する力が身に付くのだと思います。

　導入初期段階は，Classroomに授業についての全ての内容を掲載します。掲載された内容について，教師が解説を加えてから本時の学習に入ります。学習の流れや方法の具体的な内容を教師が丁寧に説明することが大切です。児童は慣れてくると，授業が始まる前にClassroomを確認するようになります。そのタイミングで，徐々に掲載する内容を減らしていきます（図52-10）。ルーブリックのAやSを省略する場合もあれば，学習過程の一部を省略する場合もあります。そうすることで，徐々に児童から「ここはどうするの？」「こうしたらいいんじゃない？」というように，アイディアが出るよう，児童が考えられるような足場を架けていきます。

　授業冒頭に，学習の流れや方法について話し合うことが当たり前のようになってきたら，児童の中から教師のように司会をやってみたいという児童が現れます。最初は，授業の中心となって発言するよう

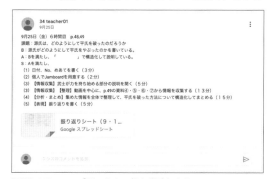

図52-10　ルーブリックの一部を省略したClassroom

な児童でもかまいません。一度任せてみると，最初はうまくいきませんが，授業前に教師に相談をしたり，児童同士で授業内容について相談したりして，だんだんとコツをつかめてきます。コツをつかむ児童が増えてきたら，徐々に司会に参加する児童を増やしていき，交代で司会を務めるよう仕組みをつくります。その際にもチャットルームが活躍します。授業中に前で司会をする2名の児童に対して，チャットルームで意見を伝え合ったり，チャットルームでの会話を基に，全体へ意見を伝えたりします（**図52-11**）。

　この段階になると，教師がClassroomに掲載する内容は，本当にごく最小限のものになっていきます。示された教科書のページや課題を見て，児童が学び方を話し合い，考えられるようになります。教

34	**34 6133** 11月19日, 8:25	11月19日（木）2時間目の社会
34	**34 6120** 11月19日, 8:36	OK
34	**34 6129** 11月19日, 9:39	ゴールどうしますか ぼくは
34	**34 6117** 11月19日, 9:40	Sは蘭学と比較がいいと思います
34	**34 6103** 11月19日, 9:40	たしかに そう思います
34	**34 6133** 11月19日, 9:40	私も蘭学との比較でいいと思います
34	**34 6129** 11月19日, 9:40・編集済み	B：蘭学とは何かを説明することができる。A：Bを満たし，広まった理由と効果 S：Aを満たし，蘭学との比較
34	**34 6117** 11月19日, 9:41	〇〇〇のがいいと思う
34	**34 6120** 11月19日, 9:41	そうじゃない
34	**34 6133** 11月19日, 9:41	国学ね
34	**34 6129** 11月19日, 9:41	B：国学とは何かを説明することができる。A：Bを満たし、広まった理由と効果 S：Aを満たし、蘭学との比較

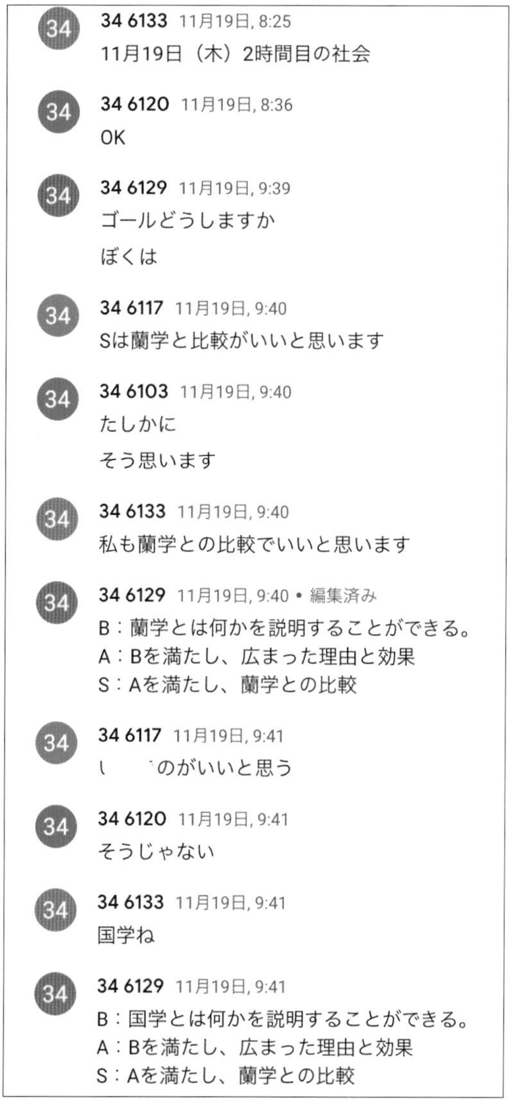

図52-11　チャットルームでルーブリックについて話し合う様子

師が掲載したClassroomの内容（**図52-12**）を，児童が話し合って再度掲載します（**図52-13**）。これも，チャットルームや学級全体の話合いの最中に行われます。教科の本質に迫るために，教師が全く口を出さなくなることはありません。Classroomやチャットルームを活用しなければ，児童が自分たちの学習について考えることができるようにはならなかったように思います。

図52-12　教師が掲載した内容

図52-13　児童が書き足した内容

4　成果物の相互評価を支える一人一台・クラウド活用

ここまで，ClassroomやChat等の活用を通して，児童が学習過程や学習方法の習得に関する実践についてお伝えしてきました。本項では，ドキュメントやスライドを共同編集したり，コメントし合ったりすることで，成果物の質を高める実践について提案します。一人一台・クラウドを活用した授業実践を行ってきて，最も大きな変化が起きたのは，単元における成果物を作成する頻度が高まった点と，成果物を児童同士で評価し合い，質を高められるようになった点です。

本項では，小学校6年生国語科「『鳥獣戯画』を読む／日本文化を発信しよう」（光村図書）の単元において，共同編集機能を活用して成果物を作成し，相互評価によって推敲を行った実践について取り上げます。

単元の流れを説明します。単元冒頭では「課題の設定」としてパフォーマンス課題（**図52-14**）を

提示し，「情報の収集」の段階では，説明文「『鳥獣戯画』を読む」から読み手を引き付ける表現技法について学習します。パンフレットというメディアの特性を基にルーブリックを作成し，「整理・分析」としてピラミッドチャートを活用して構想メモを構造化します。最後に，「まとめ・表現」として日本文化に関するパンフレットを作成します。以後は，児童がJamboardを活用して考えをまとめる場面，パンフレットを作成し，相互評価する場面を取り上げます。

児童が前時までに作成したルーブリックは**図52-15**のようになります。ルーブリックには三つの視点を示しています。「内容面」は，児童がパンフレットに書く内容が論理的な構造をしているかを評価するものです。「表現面①」「表現面②」は，前単元『鳥獣戯画』を読むで学んだ表現技法や資料との関連について評価するものです。構想メモに対しては，「内容面」の視点を中心に相互評価します。パンフレットに対しては，「表現面①」「表現面②」の視点について相互評価します。

図52-16は，パフォーマンス課題に対する成果物としてのパンフレットです。作成したパンフレットを児童同士で読み合い，改善点を考える授業を紹介します。Classroomは**図52-17**になります。これまでに相互評価して改善点を考える授業は何度も実施しているので，どのような学習過程で学ぶのかは事前に共有されています。「情報の収集」として代表グループの発表を聞き，相互評価の流れとポイントを確認しました。その後，「整理・分析」とし

課題
みなさんは藤山台文化博物館の所長です。11月下旬から「日本文化のすばらしさ」という特別展を開催することになりました。たくさんの小学生に来てもらいたいので、事前に小学校高学年の児童に配付するパンフレットを作成することになりました。 　表現の工夫を「『鳥獣戯画』を読む」の筆者である高畑勲さんから学びます。そして、読み手が日本文化の魅力を感じ、特別展に行きたくなるようなパンフレットを作成しましょう。

図52-14　パフォーマンス課題

内容面（主張と事例とのつながり）	S	A	B	C
内容面（主張と事例とのつながり）	すべての部分で、主張のつながりが意識されており、内容がよく伝わってきた	半分ほどの部分で、主張のつながりが意識されており、内容が伝わってきた	主張が何かを意識して、パンフレットが作られていた	主張が何か分からない
表現面①（文章）	わかりにくい文章が1程度しかなく、高畑さんの表現の工夫を2回以上用いていた	わかりにくい文章が1程度であり、高畑さんの表現の工夫を1回は用いて読者を引きつけようとしていた	わかりにくい文章、（、や。の使い方、主語と述語、一文の長さ）が3程度あった	文章が長かったり、わかりにくい文章が5以上あった
表現面②（資料とのつながり）	ほとんどの部分で、文字と資料が関連しており、効果的に内容を伝えていた	ほとんどの部分で、文字と資料が関連している部分が1つはあった	文字と資料が関連している部分が1つはあった	文字と資料が関連している部分が1つもなかった

図52-15　パンフレットに対するルーブリック

図52-16 児童が作成したパンフレット

図52-17 教師が提示したClassroom

図52-18 児童の振り返り

て，グループ同士で発表と意見交換を行いました。ルーブリックの視点を基に自他のパンフレットを比較し，改善点を考え，最後に「まとめ・表現」として，自分たちの改善点をスプレッドシートにまとめました。この授業においても，児童は学習過程や，いくつのグループが発表するといいのか，相互評価で意識すべきポイントなどを検討していました。

　グループ同士でパンフレットを相互評価する際に，自分たちの班のパンフレットを「コメント可」の権限で共有し，コメントし合う活動を選択する班もあれば，パンフレットを見せてプレゼンテーションし合い，直接やり取りすることを通して，質問やアドバイスをし合う班もありました。

　学習過程を意識して学ぶことが習慣化されている児童たちにとって，ルーブリックはパンフレットを作成する際に参照するだけでなく，自他のパンフレットの複数の視点による比較を促し，推敲のためのツールとして有効に作用しました。教育過程で示された時間内で，手書きで作成したものより圧倒的に量も質も高い成果物ができました。児童にとっては，複数の視点で比較し，推敲する学習過程を通して，より効果的に考えを伝えるという資質・能力の育成に効果的であったといえるでしょう。クラウド活用によって児童が学習過程や学習方法の習得という地盤の下で，クラウド上で学習に関するあらゆる情報が共有されることは，「比較する」という汎用的な見方・考え方を働かせた質の高い学びの実現可能性を高めるといえるでしょう。

5 学習を丸ごと共有するツールとしての一人一台・クラウド活用

　ここまで，児童が自分で学び続けられるように試行錯誤してきた様子をお伝えしてきました。授業実践に至るまでには，基礎的・基本的なスキルの習得や共同編集のよさの感得が土台として存在します。授業においては，児童の資質・能力の育成という目標を見失うことなく，学習過程におけるどの学習活動がクラウド活用によって質的な高まりを見せるのかを想定する必要があるでしょう。それを想定するには，クラウド活用による学習に関する情報に加えて，学習活動全体が共有され，見方・考え方を働かせるためのハードルが下がるという点がポイントになるでしょう。

〈久川 慶貴〉

53 Google Workspace for Education で学校DX時代がやってくる

授業実践編

1 教員同士がつながる場から学校と家庭がつながる場へ

　東京都町田市立町田第五小学校（以下，「本校」）では，持続可能な未来社会を創造する力を身に付けるため，「自律と協働」をテーマに，様々な取組を行っています。

　このビジョンは数年間変わっていませんが，ビジョンの実現のために，毎年様々なアプローチをしています。令和2年度（以下，「今年度」）に新たに取り入れたことは，「自ら学びをデザインすること」（自律）と，「セカンドクラス（1年生から6年生までの異学年で構成されるもう一つのクラス）」での活動（協働）です。

　本校に Chromebook がやってきたのは2年前です。

　最初に1クラス分40台の端末と全教員一人一台の端末が配備されました。早速みんなでいろいろ試し始め，このクラウド環境の便利さを実感しました。Google Classroom で，時間・空間を超え，いつでもどこでも教師同士がつながれることは，校内の活性化につながりました。様々な情報や互いの授業実践，教材が共有されました。更に，校務の資料の協働編集や，アンケートの集計・結果の蓄積まで Google Workspace for Education（旧称 G Suite）を校務にフル活用しました。

　今年度当初の臨時休業中も日常の延長線上としてスムーズに学校が運営できたのは，このように，日常的に教員同士がつながって，クラウド環境をうまく活用していたからだと思います。Workspaceは，児童への学習支援はもちろん，教員のリモートワークでも生かせました。毎日 Google Meet でオンライン会議を行いながら，教材作成や校務を全教員で協働的に継続し，「ICTはなくては困るもの」ということを再認識しました。

　以下に続く「2　子供たちがつながる情報活用能力の実践」と「3　場所を超えてつながる学びの場」は，本校の教員2名が学校を代表して執筆しました。GIGAスクール構想による児童一人一台環境が整備される前の実践です。本校では，クラウド環境でつながる学びの可能性をよく分かっていますので，端末をいつでも自由に使えることを教師も児童も待ち望んでいました。台数が足りないので，授業で端末を活用する際は予約しなければならない状況でしたが，そのような条件の中でも，1年生から6年生まで，ひたすら使えるタイミングをねらって実践を行ってきました。

　今後は，一人一台の端末を自由に使える恵まれた環境の中で，学習の基盤としての情報活用能力をしっかりと身に付け，協働的な学びや個別最適な学びを発展させていきたいと考えています。

　また，臨時休業中に端末を持ち帰って学びをデザインした6年生の実践から，学校と家庭とのつながりをもっと日常化していけるように検討しています。学びはもちろんのこと，それ以外にも挑戦し，今年度はオンライン個人面談を行いました。保護者には児童のアカウントからMeetに入ってもらいました。

　時間どおりに進行し，マスクを外して笑顔で面談できたと保護者にも教員にも好評でした。今後もいろいろなことに挑戦していきます。まさに「学校DX」の時代です。

2 子供たちがつながる情報活用能力の実践

　本校では情報活用能力について「学習の基盤としての情報活用能力」「プログラミングに関わること」「問題解決能力としての情報活用能力」の三つの視点で捉えています。これらは相互に関わっているので，単純に分解することはできませんが，より分かりやすくするために，三つの視点での実践例を紹介します。

⑴　学習の基盤としての情報活用能力

　本校では，情報活用能力の育成のために必要なことを細分化し，それらを発達段階に合わせた形で体系表をつくりました。それにより各学年に身に付け

図53-1　町田市立町田第五小学校が目指す力

させたい力を明らかにしているだけでなく，6年間を通しての指導が可能となっています。

●1年生

情報活用能力を育成するスタートである1年生では，直感的操作による活用を主として行いました。使用したアプリケーションは，Canvas，Googleスプレッドシート，Google Jamboard です。Canvasは，お絵描きアプリです。生活科の単元でおもちゃを作る計画を立てるときなどに活用しました。スプレッドシートでは，プルダウンで◎○△を選び，選んだ理由を手書き入力で書き込むことでクラス全体の意見共有をしました。Jamboardでも同じように手書き入力で付箋に意見を入力し共有し，付箋を動かすことで仲間分けすることができました。

図53-2　Canvas，スプレッドシート，Jamboardの活用

●2年生

1年生での直感的操作による活用に加え，ローマ字の活用を始めました。「キーボー島」というタイピング検定サイトを活用しています。初めてローマ字の学習を始めたのは7月です。初めは，ローマ字表を確認しながら1文字ずつゆっくり打ち込んでいましたが，2か月後にはローマ字表に頼らずローマ字打ちができるようになりました。本来3年生で学ぶローマ字ですが，2年生での学習も問題に感じることはなく，ICT活用の幅を広げることができました。

●3年生

「まち調べ」で分かった内容を，Google マイマップ を活用して地図上に表しました。マイマップを活用することで，気付きがビジュアル的に見やすくなるだけでなく，紙ベースで起こる劣化や紛失などの心配もなくなりました。また，より詳しい情報を記録したり，容易に修正したりすることが可能となりました。更に，共有機能を活用することで，クラス全体やグループごとにマップをつくることができるようになり，気付きも一目で分かるようになりました。

今まであったらいいなと思っていたことが，全て可能になりました。また，調べたことをまとめるた

図53-3　スライドの活用

めに Google スライド を活用しました。スライドをまとめることで，自然とタイピングスキルも向上しました。また，紙ベースで新聞を作成していたときよりも，加筆・修正することが容易であることから，レイアウト変更や情報の修正も最後まで行われ，止まらない試行錯誤による学びの実現が可能となりました。また，「個」の作業になりがちな新聞づくりも，「全体」で共有することで，一人一人のペースで学習を進められるだけではなく，随時友達のスライドを参考にしたり，コメントによってアドバイスをしたりし合うなど，全体での学びが可能となりました。

●4年生

Google フォーム を活用して，情報の収集や調査を行いました。従来の挙手やアンケートでは集計に時間がかかることがありましたが，フォームを活用することで集計時間を短縮し，考察や振り返りなど試行錯誤の時間を多く取ることができました。また，文字によってアンケート項目をつくることで，分かりやすい質問項目の作成や答え方を学ぶことができ，国語力やネットモラルの学びにつながりました。更に，みんなの意見や考えをコンピュータ上で知ることができるため，普段発言に消極的な児童も積極的な姿勢が多く見られました。

個別最適化の学習で活用している「インタラクティブスタディ」（シャープ）のデータ分析に力を入

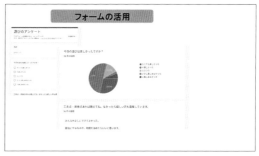

図53-4　フォームの活用

れました。自分の学びを客観的に確認し，次の学びに生かすことができるようにしたことで，自律した学びが可能になりました。また，スプレッドシートを活用して，友達と意見の共有を行いました。スプレッドシートを活用することで，友達の意見が自然と目に入るなど，友達の意見を生かして自分の意見を深めることができました。スプレッドシートの活用は，普段文章が苦手な児童や意見がまとまらない児童にとって，書き方の参考がたくさんあるので，それを見て，書き方を学ぶことができます。また，自分の意見がすぐにもてる児童も，他者の目があるため，もっと見てもらいたい気持ちが高まり，よりオリジナリティのある文章にしていくことで，自分の行動を意識したまとめになりました。

更に，スライドを友達と共有して作成することにも取り組みました。共同編集することで，役割分担の必要性に気付き，それぞれの長所を生かしたスライドづくりが自然と行われました。また，グループを交換してスライドの続きをつくるなど，授業を工夫することで，他者の気持ちや考え方を汲み取った作成も可能になります。このような経験は，自分でスライドを作成するときにも生かされています。

●5年生

社会科の統計表からグラフを作成する学習でスプレッドシートを活用しました。増減を示すのか，差を示すのかなど，統計の種類によって利用するグラフが違うということに気付き，データの分析に生かしました。

高学年になると，様々な教科，活動でICTを活用しています。児童は，学習内容に応じてアプリケーションを選択します。スプレッドシートで作成したグラフをスライドに貼り付けたり，友達のものを消してしまうミスを防ぐため，ドキュメントで作成したデータをスプレッドシートに貼り付けたりしています。

⑵　プログラミングに関わること

本校では，各学年でのつながりを意識して段階的にプログラミングを学び，最終的に学校生活や社会生活で役立つものを考える思考力を育成することを目標としてプログラミングの体系表をつくりました。

●1年生

「はやくあんぜんにひなんしよう」という題材でアンプラグド教材を活用したプログラミングの実践をしました。地震から守るためのアルゴリズムをフローチャートで表します。地震のときの行動を自分で考え，ホワイトボードにブロックを並べ，その後役割分担ごとに集まり，それぞれの考えの説明や修正をします。最終的に元の班に戻り，役割分担ごとに検討したフローチャートを説明することでプログラミング的思考を育てました。

●2年生

国語科「スイミー」の学習でviscuitを活用したプログラミングに取り組みました。物語の登場人物の動きや情景をプログラムする活動を通し，物語の世界に親しみ，情景や登場人物の気持ちを考えながら本文の記述を注意深く読むようになりました。スイミーは他の魚よりも早く動かしたり，くらげをゆらゆら動かしたり，本文の内容を読み取ってそれに合うプログラミングを試行錯誤していました。

算数科「長方形と正方形」ではScratchを使った算数のプログラミングを行いました。「まちごぴよ」というひよこのキャラクターで長方形や正方形を描きます。1年生でのアンプラグドプログラミングでフローチャートをつくった学習を生かして，ブロックを組み立てました。この活動を通して図形を構成する各要素に着目して思考し，判断することを目指しました。この学習は5年生で行う正多角形と円の学習につながります。

●3年生

Scratchを活用して，音楽科の旋律づくりに取り組みました。ブロック定義を活用することで，簡単な操作で旋律をつくることができ，児童は何度も試行錯誤をしていました。また，繰り返し修正・工夫していくことで，プログラミングの「順次」「繰り返し」を自然と学ぶ

Googleスプレッドシートによるつながり

B	C	D	E	F
普段みんなで利用する場所や物を大切に使おうと意識しますか	人々やあなたがみんなの場所やものを大事に使えないことがあるのはなぜ？（その弱さはどこから来る）	友達の意見を見て確かにと思った事をコメントで	授業を通して、考えたことや実践したいことを具体的に	今後、みんなで利用する場所や物をどのぐらい大切に使おうと意識しますか
3 少し意識する	公共の場を全員大切にするという気もちを持っているわけではないから、誰か一人は空き缶などをポイ捨てしてしまう。でも、それを見て、いちいち拾って捨てるということをする人もいない。だから、空き缶などのゴミが目立つ。	さんの「他の人もやっているからやっていい」や、面倒くさいからなどの心の甘えが出ているというのに共感できた。あと、さんの「汚しても、捕まらないし罪にならないから別にいいや」と言うのがいいと思う	自分自身もちゃんと、ジュースなどは飲んだらゴミ箱に捨てて、ポイ捨てされているところを見たら、近くのゴミ箱に捨てる。	4 かなり意識したい
2 あまり意識しない	その公共の場で自分が寝て、食べて過ごすわけではない。➡（暮らす場所ではないと思う人がいる。）　「自分は別に気にならない」と思う人がいる。	さんの【「どうせバレてないでしょ」と思っている人がいる】そういうふうに思っている人が確かに多いのではないかと思った。➡ポイ捨てをしている人を見る限り辺りを見回すことが多いかも？ さんの【今ゴミ袋を持っていないから拾わない人が多い】という意見に対して自分➡ゴミ袋を持っていないからゴミは拾わないと思ったことがある。	これから学校でも公共の場でもゴミやものが落ちていたら拾おうと思った。そして時々はゴミ袋を持ち歩こうかなと思った。	4 かなり意識したい
3 少し意識する	公共の場所という自覚を持てていない。その自分の捨てたゴミがどうなるのかしらない。他人に任せる意識が強い。自分は総合の学習でポイ捨てについて調べてやはり人目につかない場所やあまり使われていない場所に多くそこから使われてないならバレにも迷惑がかからないと思っているのかもしれない。	さんのはなるほどっと思った。　たしかに公共の場だとみんなが使うからその誰かが掃除するだろうと思ってしまう。さんもなるほどと思った。　やっぱり自分の家とかだと自分のためにやるけど、それに対して公共の場だと自分がやらなくてもみんなの場所だから他人がやってくれると思う。	自分の身近なところだけでも多く拾い、ごみが多く落ちているときでも気持ち悪いからとか他人ごとだと思わないで自分たちが使っていくから積極的に近くのゴミ箱などに捨てる。	4 かなり意識したい

図53-5　スプレッドシートによるつながり

ことができました。

　また，Scratchの拡張機能を用いた画像認識に挑戦しました。AIによる画像認識ツールを活用して画像を覚えさせることで，AI学習について学ぶことができました。また，実際にプログラムして起こったエラーから，プログラムに問題があるのか，画像認識に問題があるのか，コンピュータの設定に問題があるのか，それらを考えながら友達と解決することで，より深い学びとなりました。

●4年生

　Key Touchを活用したプログラミングに挑戦しました。今まではviscuitやScratchなどを活用し，プログラミングしたものを画面上で動かしていましたが，キーボード拡張機能を備えたKey Touchを活用することで，プログラミングしたものが道具を介して反応するため，児童はより主体的に取り組むことができました。

●5年生

　算数科「偶数と奇数，倍数と約数」の単元で，単元のまとめとして，Scratchを使った学習を行いました。偶数，倍数，約数について振り返り，「もし，2の倍数であれば音が鳴る」といったプログラムを作成しました。定義の確認と同時に，「もし」「AかつB」など，ブロックの使い方も学ぶことができました。少人数算数での取組なので，3コースに分けて異なるスタートで学習を行いました。

●6年生

　理科「電気の性質とその利用」の単元では，「どんな世の中になるか」「そのためにどんな物が必要になるか」を考えました。そこで，AIやScratchを使ったスマート社会の実現に向けての仕組みをつくる授業を行いました。

⑶　問題解決能力としての情報活用能力

　低学年・中学年で身に付けた情報活用能力を，高学年でどのように生かしたか紹介します。

●5年生

　環境をテーマに，学校をよりよくするための探究学習を行いました。ある児童は，ゴミの分別がされていないことを問題点と考え，「正確に分別し，ゴミの量を減らそう」というテーマで探究学習に取り組みました。以前学習した画像認識の経験を生かし，「ごみを分別するAI」を考えました。1年生にも分かりやすいように，様々なものを燃える・燃えないに分けてAIに学習させました。学んだ技能を，問題解決に生かしています。

　また，日本の工業生産について，統計資料から分かることを読み取りました。

①　本時の課題となる三つの統計資料をスライドで提示。

②　3人で分担し，分かることを記入（個の学び）。

③　それぞれの記入したスライドを関連付け，日本の工業生産について分かることを記入（グループでの学び）。

④　他のグループのスライドを見て，「なるほど！」と思ったことや質問したいことをノートに記入。

⑤　全体で共有（全体での学び）。

●6年生

　臨時休業中にChromebookを持ち帰り，Classroomに参加して学習に取り組みました。こちらの6年生の実践については次項で詳しく説明します。

3　場所を超えてつながる学びの場

　場所を超えて学びをつなげることができるWorkspaceのクラウド環境の特徴が最も生かされたのは，新型コロナウイルスの影響で学校が臨時休業になったときでした。

　6年生では，臨時休業後半の約3週間（令和2年5月末～6月中旬），一人一台Chromebookの持ち帰りを実施しました。日頃から「自律」「協働」「学ぶ意欲」を大切にしてきた本校では，臨時休業を学校と家庭の学びをつなげるチャンスと捉え，「教師が与えた課題を受け身でさせることだけは避けよう」全教員でそう共有しました。

　一人一台のクラウド環境で目指したのは，学校と家庭の学びをつなぎ，各自が自律した学びができること，児童が自主的にコミュニケーションの場を運営できる環境をつくることでした。

　ここからは，その経緯や成果，課題について具体的に紹介します。

⑴　Classroomの立ち上げ

　持ち帰りが始まって最初にしたことは，学年全員が参加できる臨時休業用のClassroomを立ち上げることでした。日頃から学校で使用しているIDとパスワードと同じものでログインできるようにしたため，家庭での活動もスムーズにいきました。

⑵　担任（学校）とのつながり

　Classroomを立ち上げた後は，すぐにフォームを活用し，児童一人一人と担任とのつながりをつくりました。扱ったのは，健康観察や個人的な相談などパーソナルな内容に関わるのものです。

(3) Classroomの自主運営

同時に，児童同士の自由な交流の場として，三つの掲示板をつくりました。一つめはみんなで質問や悩みを相談したり解決したりする「相談板」，二つめは「学びや活動に関わる交流板」，三つめは「自由交流板」です。

三つの交流の場では，児童による自主運営を目指していたので，あえて細かなルールはつくりませんでした。当然，初めは，思い思いの自由な書き込みが多く見られました。また「どうしたらよいですか」など，すぐに教員に頼る児童も多く見られました。

一方で，そのような不必要な情報の多さを指摘したり，自分たちでどうにかしようとしたりする児童も出てきました。そのタイミングで，担任から「Classroomを自分たちで運営してみないか」と提案しました。すると，試行錯誤しながら，自分たちで運営のルールづくりを始めました。更に，自主的に悩みや疑問，質問，相談を自分たちで解決したり，自作の問題やアンケートを共有したり，気になるトピックを立ち上げたりする姿が多く見られるようになりました。

このような自主運営に児童が抵抗なく取り組めたのは，学校で日頃から学習や特別活動など様々な場面で自治的・主体的な活動を取り入れていたことの影響が大きいと考えています。

(4) 家庭での学び

ここからは臨時休業中の家庭での教科学習の取組について紹介します。

臨時休業当初の一人一台持ち帰りが始まる前は，児童は学校から提示されたプリントやドリルのような全員共通の課題に取り組んでいました。しかし，そのような課題では，各自にとって本当に必要な学びができていないのではないか，常にその悩みがあ

りました。そこで持ち帰りが始まったタイミングで，児童一人一人に，Google カレンダー を使って自分だけの学習計画を立てさせることにしました。併せてその取組についての振り返りも定期的に実施しました。一人一人が自分に必要な課題を考え，計画・実践・省察していくこの活動を，本校では「学びのデザイン」と呼んでいます。

(5) 学びのデザイン

学びのデザインでは，一人一人が毎日，「個別課題」と「共通課題」の二つを組み合わせて，オリジナルの学習計画をつくりました。「個別課題」は，各自で目標や内容が異なり，必要な学びを自分で選択，計画するものです。「共通課題」は，目標や内容が全員共通で，共有や協働をしながら学んでいくものです。それぞれの課題の事例を一つずつ紹介します。

「個別課題」の象徴的な課題は，「インタラクティブスタディ」による学びです。各自の学習ペースや理解状況に合わせた学びができるため，「学びのデザイン」をしやすいのが特徴です。臨時休業当初は，算数科だけで取り組んでいましたが，途中から他教科も取り入れ，一人一人が必要な学びを選択して取り組めるようにしました。ここでの担任の役割は，各自の学習状況などのデータを読み取り，学習すべき内容を児童と相談，助言することなどです。

続いて，「共通課題」の事例について紹介します。

スライドを使った社会科の課題では，一人一枚自分の出席番号のページに考えを表現しました。全員分のページを共有することで，友達の考えや助言などを基に自分のペースでしっかり考えをつくることができました。また，全員で評価のルーブリックを共有することで，家にいながら一人一人がポイントを押さえた学びができました。

「学びのデザイン」で各自が取り組んだこれらの

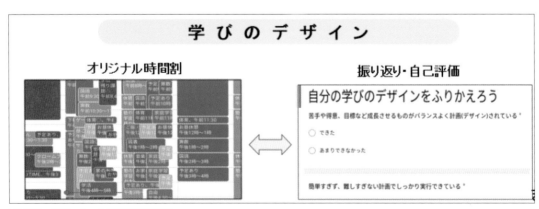

図53-6　児童一人一人の学びのデザイン

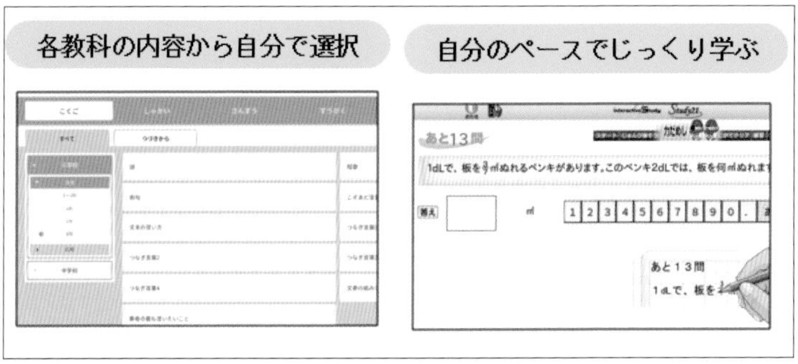

各教科の内容から自分で選択　　自分のペースでじっくり学ぶ

図53-7　「個別課題」による個に応じた学習

課題は，ほとんどが日頃，学校でも取り組んでいることなので，家庭でも同様の学びができました。むしろ離れた場所であることにより，主体的に協働しようとする動きが活性化されていたと感じます。

実際に，1泊2日の栃木県日光市への移動教室でも一人一台 Chromebook を活用し，バス車内や宿泊施設で，一人一人が経験したことを自分なりの視点で，ときに共有・協働しながら主体的にまとめている姿は，「自律」と「協働」そのものでした。

また逆に，家庭での活動が学校によい影響を与えたということもありました。例えば児童から「臨時休業の経験を生かして学校でもオンライン上で係活動を自主運営したい」や，「学校でも算数だけでなく各教科で自分に合った個別最適学習に取り組みたい」などという要望が多く出ました。実際にすぐに学校でも取組を始めました。

⑹　**自律と協働を軸にしてつながった学び**

これらの実践を通して分かったことは，一人一台のクラウド環境があれば，児童が学校から離れて学ぶ状況になっても，日頃の学校での学びが基盤となり，学校と家庭の学びが自然につながるということです。そして，よくも悪くも，日頃の学校での学びが，家庭での学びに大きく反映されるということも分かりました。また，一人一台のクラウド環境が実現したことにより，「自律」や「協働」の学びが新たに活性化されたことも大きな成果といえます。一人一台のクラウド環境がもたらされたことにより，児童がどの場所においても，進んで仲間と協働して学ぶ力が身に付いてきていることを実感できました。

⑺　**今後に向けて**

もちろん課題も見えてきました。持ち帰りをした際の振り返りや学習履歴を見ると，何人かの児童は，自分に必要な学びをうまく選択，計画できていませんでした。また，自ら進んで学ぶのが難しかった児童もいました。「学ぶ意欲」に関わることです。

それを受けて本校では，学校と家庭での学びを着実につなげるために，学校で事前に家庭での課題に少し取り組んだり，必要な学び方や，疑問を予め共有したりするなどの時間を設けるようになりました。

更に，多様な仲間と学ぶ場（セカンドクラスなど）をつくることで，「もっと知りたい」「できるようになりたい」という意識が自然にもてるような環境をつくりました。「学ぶきっかけをつくる」「学び方を学ぶ」「多様な相手と学ぶ」などの活動を意識的に取り入れるようになったのです。

今後は，一人一人が自分のできないことをしっかり理解し，次に何を学習すればよいか自分で判断できるような力を身に付ける活動を取り入れていきたいと考えています。また，各自の自律的で協働的な活動を推進するために，情報モラルの日常的な育成にも力を入れていきたいと考えています。

4　学校DX時代の学び

本校では，コロナ禍になる前から，「自律」と「協働」をテーマに，学校で対面とオンライン，一斉と協働と個別の学習を組み合わせて，一人一人に最適な学びに取り組んできました。今回の一人一台持ち帰りを通して，学校と家庭の学びが自然につながり，効果を上げることを実感しました。また，家庭でも一斉・協働・個別の学習を組み合わせて一人一人に最適な学びができることも実感しました。更に，学校と家庭・学校外の学びが自然につながる環境においては，学校や教員の役割や意識も，これまでとは変わってくることも実感しました。

一人一台時代の到来により，「学びの変革＝DX」が着実にもたらされていると感じます。

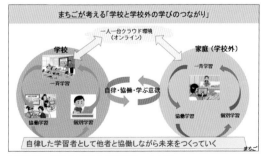

図53-8　学校と学校外の学びのつながり

〈五十嵐　俊子，余語　亮，西田　智春〉

149

Google Classroom と Google Chat の活用
〜パフォーマンス評価による資質・能力の育成〜

本実践紹介では，資質・能力の一つの柱である思考力，判断力，表現力等の育成を目指した単元設計を，「何を学ぶか」に視点を当てて提案していきます。同時に，その育成のために「どのように学ぶか」の視点から学習過程に応じたICTの活用について提案したいと思います。また，学習目標ごとの「振り返り」を通じて，児童生徒がメタ認知を働かせる手立てについても提案していきたいと思います。そしてこれらが Google Classroom と Google Chat の目的に応じた使い分けによって児童生徒が主体的に学ぶ姿に近付くことを説明したいと思います。

1 パフォーマンス課題とICTの特性の関係

「知識の理解の質」が高まるためには，児童生徒が知識及び技能を身に付け，それを関連付けるために思考・判断し，表現することが必要です。更にそれらを往還させることも必要です。そこで必要になってくるのが「見方・考え方」を働かせる過程の設定です。教師はそれらを踏まえて，年間を通して教科領域を見渡し，重点単元において「思考・判断・表現」と「主体的に学習に取り組む態度」を一体とした評価を設定することが肝要です。その手段としてパフォーマンス課題の設定があります。

パフォーマンス課題とは，「思考する必然性のある場面で生み出される学習者の振る舞いや作品（パフォーマンス）を手がかりに，概念理解の深さや知識及び技能の総合的な活用力を質的に評価する方法」※です。思わず児童生徒が考えたくなり，情報をつなげることで深みのある解決を導くことのできる課題を単元の中核に据えます。そのことで，児童生徒が教科の「見方・考え方」を働かせた深い学びの姿に近付くことができるようになります。これを単元の初めに共有し，この学習が現実世界とのようなつながりがあるのかを実感しながら学んでいきます。このような問いと答えが長い課題に向き合う際には，「主体的に学習に取り組む態度」と一体となった評価が必要となってきます。パフォーマンス課題には自らの学びを自己調整する粘り強い姿が必要となるからです。

課題解決の学習過程にはICTの特性が大いに発揮されます。気軽に学習が記録できたり，学習の蓄積をその後の学習に生かしたり，成果物作成のために再構成したりすることが容易になるからです。また，記録を読み合うことも容易であり，話合いが活発化する側面もあります。課題解決に向けてICTを用いることは，児童生徒が主体的に情報に対応し，それらを教室内で相互に共有する姿を生み，知識及び技能を総合する深い学びの姿を育むことが可能になります。つまり，ICTは知識及び技能の総合化を支援する仕組みとなるといえるのです。

2 見方・考え方を単元に合わせて明文化し，パフォーマンス課題とルーブリックを設定する

本稿では，小学校6年生国語科「やまなし」（光村図書）を取り上げて学習過程におけるICTの活用について説明します。文部科学省によって「言葉による見方・考え方」は「自分の思いや考えを深めるため，対象と言葉，言葉と言葉の関係を，言葉の意味，働き，使い方等に着目して捉え，その関係性を問い直して意味付けること」と整理されています。まず，教師は学習者として教材を紐解くことで，その教材での見方・考え方を見付けます。本教材では，見方を，「作品の登場人物が，表現の効果（情景描写，比喩，オノマトペ，色彩表現）によってどのような意味を持つのか着目する」と整理し，考え方を「表現の効果によって生み出される作品世界と，作者の生き方・考え方，他作品とを関連づけ，作品世界の観点を整理し意味づける」と整理しました。これらを働かせることで，「題名，構成，擬音語，擬態語，比喩表現，色彩表現の効果を分析したり，他の作品の理解や，作者の考え方や生き方をふまえたりして作品の全体を理解し，自分なりの作品解釈をまとめている」という思考・判断・表現の評価の観点が具体化します。その姿としての本単元のパフォーマンス課題とルーブリックを設定していきます。本単元のパフォーマンス課題は以下のように設定しました。

あなたは，物語の研究者です。宮沢賢治作『やまなし』には，辞書にのっていない，賢治が創作した表現が登場するために，読者のなかには，どのように理解すればいいのかわからない人がいます。あなたは，物語の研究者として，『やまな

し』をどのように理解しますか。賢治の他の作品や，賢治についての伝記を読んで，『やまなし』の理解を深めましょう。そして，あなたの『やまなし』についての理解を，読者に向けて解説しましょう。

　この課題では，まず役割として「物語の研究者」を設定しました。パフォーマンス課題においては，学びの必然性のための「リアルな文脈」が必要です。そのリアルさとは，「児童生徒の実生活にとって」という意味もありますが，「その学習材にとって」のリアルさが大切だと考えています。社会とのつながりを，学習を通して感じていくという意味においても大切な視点であると思います。また，課題追究の方法として，この「やまなし」の解釈が多くの議論を呼んできたという事実を踏まえ，これまでの解釈を精査した上で自分なりの解釈をしていくことを求めました。例えば「クラムボン」について考えるのではなく，どのように考えられているのかを知った上で，自分なりに言葉を精査したものと照合していくような過程の重視です。

　このように，教科の本質を追う過程を大切にし，思考・判断・表現の評価の姿として具体的にパフォーマンス課題を設定しました。

③ 「見方・考え方」を働かせる学習過程の設定

　学習指導要領では，文学的な文章の「読むこと」の学習過程は，「構造と内容の把握，精査・解釈，考えの形成，共有」と整理されています。それを課題解決の学習過程に整理します。パフォーマンス課題を単元の中核に据えるので「課題把握」から始まります。

　児童と単元の初めに「課題把握」としてパフォーマンス課題を共有します。その学習目的を意識した上で作品の「構造と内容の把握」の過程に入ります。ここでは「知識及び技能」を習得しながら作品を読んでいきます。そして，習得した知識及び技能を使いながら作品について「精査・解釈」をしていきます。その過程で，作者である宮澤賢治の伝記や一次資料に触れ，なぜそのような作品を描いたのかについて更に精査を進めます。その関連付けによって本単元で働かせている見方に「気付き」ます。解釈された作品への理解を基に他作品と比較して更に「精査・解釈」を進めていきます。他作品の表現の工夫や，内容について，「やまなし」との共通点や相違点を明らかにすることで，更に作品に対する理解の質を高めていきます。そしてこれらの情報を基に，パフォーマンス課題の「課題解決」を行います。見方・考え方を「働かせる」場面です。最後に課題に対する考えを「共有・評価」することで，次の「読むこと」に向けて「新たな課題」を設定していくことになります。これらの学習過程でのICTの活用ポイントを以下で説明していきます。

④ 学習過程におけるICT活用のポイント

　「課題把握」においてパフォーマンス課題とルーブリック（**図54-1**）をClassroomで共有します。Classroomでは，回収してルーブリックによって「採点」するものを扱います。ルーブリックは三つに整理しました。「『やまなし』の表現の工夫」「作者」「他作品」です。

　まずそれぞれのB基準を作成し，そこから，Aを作成していきます。Aは複数の知識を関連付けていくことを求めています。例えば，「『やまなし』の表現の工夫」の項目では，「題名の解釈を，他の表現

図54-1 Classroomでパフォーマンス課題とルーブリックを設定

の工夫と関連づけて自分なりに結論づけている」という姿をAに設定しています。これらを単元の初めに児童と共有することで、学びの目的・動機付けを行います。

「内容と構造の把握」では、「五月」と「十二月」を読んで「描かれているもの」「描かれ方」の視点で比較します。このとき、手描きがしやすいアプリ等を使い実際に2枚の「幻灯」を描きます。目的は作者による表現の工夫が、登場するあらゆるものに施されていることを知るためです。ここでは、「かにの親子」など描写の複雑さが求められるものは教師が予めテキストなどで使用アプリ内に配置しておきます。児童は実際に幻灯を描き出す中で、オノマトペや色彩表現、比喩などの言葉を詳しく把握し、それによって表現されるものを配置していきます。この比較により、「やまなしの木」が「十二月」だけでなく、「五月」の場面に存在することを捉えていきます。ここでは授業支援アプリを用い、児童が描いたデジタルの幻灯を一覧表示によって比較し、その根拠を作品の言葉に求めて話し合い、作品の「構造と内容の把握」を確かなものにしていきます。

「精査・解釈」の段階では、作品の題名の意味に迫ります。そのために作者の伝記や、一次資料を読んだり、他作品を読んだりします。この学習過程で児童は本単元で設定した「見方・考え方」に「気付く」ことになります。これまでの学習過程で十分に作品を解釈し知識及び技能を習得しています。その上で、作者の生き方・考え方が書かれた文章に触れたり、他作品から得られる情報に触れたりすることで、これまでの情報が統合され意味付けられていきます。ここで得た児童の理解は、パフォーマンス課題解決へのパーツとなります。これはClassroomで配付したパフォーマンス課題のフォーマットであるドキュメントに随時書きためていきます。自動的にマイドライブに保存されていくので、習得しながら加筆・修正していくことが可能です。

本事例のパフォーマンス課題は個人の評価として設定しています。共有し協働する過程と、個人で取り組む過程を明確にしてICTを活用していくことが肝要となります。ゆえに、以降の学習過程では、「個の構想」を確保した上での情報の共有を設定していく必要があります。

「考えの形成」の段階では、まず作品の「表現の工夫、作者の生き方・考え方、他作品」の三つの分類で協働して情報を整理することで、自分の描きたい作品世界の「観点」を見付けていきます。ここで

の「観点」は、本単元における「見方」を働かせたものとなります。これまでの習得した情報を正確に整理するために、Google スライド を使います。スライドの配付は、Chatでリンクを貼ることで行います（図54-2）。「Google ドライブ の○○を見ましょう」では作業が煩雑になります。Chatを使えば教師は児童にどこにアクセスするのかを素早く提示することが可能になります。リンクからグループの Google スライド にアクセスし、共同編集によって情報を上記の三つに分類していきます（図54-3）。本事例では協働する人数の枠を作成し（3名）、そこに個々が記述していく方法を取りました。共同編集の際には、初めから共同編集して学ぶ場合と、初めは個々が記述し、その中で気付いていく学びの場合があります。今回は後者の学びをスライドの共同編集で誘発しました。協働しながらスライドを作成することで、これまで習得した知識を振り返り、協働によって確かめることができます。

「作者の生き方・考え方」の分類では、以下のような記述が見られました。

　生きることの大切さや、自然を思う心、また、人間も動物も植物も全て同じ大きさで大切なもので、人間も動物も植物も互いに心が通い合うような世界などについての考えがある。他にも賢治の妹であるトシの死にも関わっている。さらに、地元の災害などで人がたくさんなくなっていることも影響している。

同時編集で発声に頼ることなく個々のまとめを確認し合うことで、作品世界の観点がせり上がってきます。このグループでは、「人間も動物も植物も互いに心が通い合うような世界」を観点として挙げました。この観点設定が本単元に設定した見方・考え方を「働かせる」状態になります。つまりICTが、「観点を探す」という活動を通して児童の見方・考え方を働かせることに活用されたのです。ここでのデータは、共有ドライブに保存され、後の個の課題解決に利活用されます。

次に、この観点を基に個人でパフォーマンス課題の解決に取り組みます。協働したスライドは共有ドライブから常に見ることができるので、それを各々が参考にしていきます。その中で自分なりの観点を設定し、三つの分類を横断して見方・考え方を働かせて課題に取り組みます。

個人の思考の補助として、Chatを活用します。

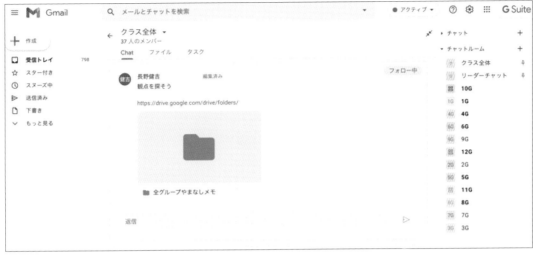

図54-2 Chatでのフォルダへの誘導

「やまなし」の作品世界

『やまなし』での「表現の工夫」	宮沢賢治の生き方・考え方	宮沢賢治の他作品
① 繰り返し構造を使い、幻想的な場面をさせながら、「やまなし」の中を引き立たせている。中では、色彩表現の色を変化させることによって、登場人物の心情の変化を表している。比喩表現では、水面を天井など比喩う表現をもたらせた言葉を使っている。オノマトペで、「トブン」で木から落ちていることが分かる。十二月に突然木が眠れる訳ではないからやまなしは五月から直接描かれてはいないが、やまなしがずっといる。実を落とし、食物連鎖を連想させる。	① 人間が人間らしい生き方ができる社会と人間も動物も植物も、互いに心が通い合う世界が賢治の理想と夢である。また、人間のために動ける人である。それは、「なんとかして農作物の被害を少なくし、人々が安心して田畑を耕せるようにできないものか」と考え、「そのために一生を捧げたい。それにはまず、最新の農業技術を学ぶことだ。」と思い、盛岡高等農林学校に入学し、得た知識を使って、農作物を育て、そこから命がつながっていく。	① 鷺の死に関して、「白い」という色彩が使われていて、鷺が殺されることによって、他の人の命を繋いでいる。また、友達が亡くなることに関しても「白＋黒＝灰」で、表し、宮沢賢治の妹がなくなっていることに関しても関連付けている。そして、「寂しい・悲しい」などを登場人物の思いに重ねて、妹をなくした悲しさも書かれている。（銀河鉄道の夜から）
② 色彩では、丸い大きなもので恐怖感を出している。また、気持ちの変化などが青く暗い鋼のような青白いなどに出ている。他にも繰り返し構造を使いそこここで山梨が出てくる。物語を強調させたりしている。また、比喩を使って共感などがしやすくしている。またオノマトペなどを使っている。このようなことから生きていることや食物連鎖のなかに視点の沢山の恐怖なども書かれて	② 生きることの大切さや、自然を思う心また、人間も動物も植物も全て同じ大きさで大切なものて人間も動物も植物も互いに心が通い合う世界などもしについての考えがある。他にも賢治の妹であるトシの死にも関わっている。他にも、じもとの災害などで人々がたくさんなくなっている。このことから、任憲について書かれている。	② グスコーブドリの伝記とは、賢治の考え方である。生きることの大切さや、自然の大事さそしてみんなが平等というものが共通点である。また、カニは自分が生きるために、山菜などをとろうとしているので、ブドリと同じように、生き生きとしたみちを選んでいると考えられる。
③ 沢山の登場人物を出して、沢山の情景を描いている。その情景の中で、登場人物の心情だけではないことを表したりしている。そして、食物連鎖の食べる嬉しさや、食べられる恐怖なども書かれている。	③ 強く正しく生きるということは、自分だけの価値観をちゃんと意識して、まっすぐに生きることだと思うと考えている。このように、つよく正しく生きなければいけないというような考えや、生き方であるということがわかる。	③ 登場人物が、強く正しく生きれていないため、死んでしまったり、森で迷子になって死にそうになってしまったりなど、沢山の作品で死と生が関係している。

「やまなし」とは	①命のつながりについて書かれた作品
	②生と死が明確に描かれている作品
	③生と死について書かれている作品

図54-3 スライドによる共同編集

ここでは新しく思い付いた観点や，それをどのような意図で観点をつくったかについてChatを使って非音声テキストで児童同士の交流をします。児童の画面は，課題に取り組む Google ドキュメント と，Chat分割表示とし，それらの情報を眺めながら自分の課題に取り組んでいきます（**図54-4**）。また，画面切り替えによってルーブリックを確認しながら作業する様子もありました。完成したものは，Classroomで提出します。

「共有・評価」の段階では，それぞれの課題を読み合い，更に作品世界についての理解を広げていきます。共有の入口はChatを使用します。教師のマイドライブに保存されている提出課題を「閲覧者

図54-4 Chatとドキュメントを画面分割を使って作業する児童の端末画面

（コメント可）」のリンクで共有します。児童同士で全てのレポートを読んでコメントすることは難しいので，偶数班同士など活動のサイズを限定します。指定された友達のレポートをドライブの「ワークスペース」に移動させ，コメントを付けていきます。自分の捉えた作品世界と比較しながら読むことで，同じような観点語でも異なる内容を見付けることができます。付けられたコメントは，本人が確認し，他者評価から理解を深めます。

「新たな課題」の段階では，「共有・評価」で広げたり深めたりした理解から，次の文学的文章についての読みの方向性を決めていきます。

このように，ドライブへの入り方を整理することで学びは効率的になります。児童が個別にルーブリックを活用して課題に取り組み，提出・採点を受けるファイルをClassroomに整理し，共有したり協働したりするフォルダやファイルをChatに整理します。また，Chatにはもう一つの役割があります。児童同士による「非音声」によるコミュニケーションです。これは個の学びを充実させる手立てとなります。教室という同じ時間・空間にいても，学習対象を通しての児童同士のつながりにはChatが大きな手段となりうると感じています。

5 学習過程における振り返りのポイント

学習過程において，自己の学びを認識，蓄積，共有していくことは資質・能力の育成の大切な要素となります。そのためにICTを活用していきます。

振り返りの項目は，以下の2点です。

① めあてに対しての自分の学び

② パフォーマンス課題に対して，今回学んだ知識はどう使えるのか

この2点をスライドの中に構成し，Classroomで学習目標ごとに配付します（図54-5）。

①の項目では，学習過程に基づく学習目標に対して書きます。教師はこれを形成的評価として活用し，指導と評価の一体化を図ります。

そのため「振り返り」は必ずしも45分単位ではなくなります。「めあて」は学習過程の評価に基づいており，回収しルーブリックに基づいて「採点」します。振り返りのルーブリックは各教科共通の3段階（S，A，B）で以下のように設定しています。

S：学習目標と照らし合わせて事実をもとに論理的に書いている

A：学習の事実（知識）同士を関連づけて書いている

B：学習の事実（知識）を書いている

記述内容が不足している場合は，コメントを個別に返却していきます。

②の項目では，児童自身が単元を見通して習得した知識を振り返るために書きます。児童は学習で得た知識は課題に対してどのように活用できるものかを潜在的に考えるのではなく，「振り返り」のたびに明確に考えることになります。学習目標への振り返りと併記することで，その関連を意識することになります。

GR

他作品を読んで、やまなしと比較し、やまなしの表現の工夫や他作品の共通点・相違点、さらに宮沢賢治の生き方・考え方と関連づける。

銀河鉄道の夜では、寂しいや悲しい・暗いや薄暗いなどの表現が使われていた。これは、宮沢賢治の唯一の理解者である妹のトシが亡くなった悲しみを登場人物の主人公であるジョバンニと重ねて書いている。この他にも、最後の場面でジョバンニの親友であるカムパネルラが亡くなったことにも共通していた。カムパネルラは、友人の命を助けるために亡くなったので「黒い」という色彩が使われているが、生きている人たちは、「白い」という色彩が用いられていた。この 2つの色彩が混じり合うことで灰色という色彩になり、事故が起きた川の色に使われていた。このようなことから、宮沢賢治は生と死について理解している人だと考えられた。また、鷺が鳥捕りに殺される場面では、「白い」や「明るい」などの色彩表現や表現が使われていた。これは、やまなしが他の動物や植物に命を与える時に用いていた色彩と同じである。そして、「銀河鉄道の夜」には「夜」が主になっていて、「やまなし」でも重要な場面は「夜」だったので、「夜」は何に特別なものがあるのではないかと考えられた。

セロ弾きのゴーシュでは、明日への予感をさせる表現が多く使われていた。同じような場面で同じような言葉が使われていたり、「東の空がぼうっと銀いろになって、そこを真っ黒な雲が北の方へどんどん進んでいきます」などの情景で同じような感じになることを読者に予感させていた。また、ゴーシュは自分がやりたいことをやりながら、他の動物を助けることができる。宮沢賢治が生まれた年は、「災害」にみまわれた年で、生まれた岩手県だけでも 5万人以上の人が亡くなる大きな災害だったため、農業にも影響が及んだ。そのため、宮沢賢治は、「人々が安心して田畑を耕せるようにできないものか」と人のために一生懸命考えた。このことから、自分が農業をやりながら人を助けるという宮沢賢治に似ていると感じた。

今日得た知識は、P課題に対してどのように活用していけるだろうか。

作品世界を作るに当たって、宮沢賢治の生き方である「平等」と「生死」をもとに繋げていきたい。また、やまなしと銀河鉄道の夜を比較することで、「比喩表現」の種類が違ったことに着目したい。そして、「色彩表現」の使われ方にも着目したい。

図54-5　スライドの振り返りシート（学習目標への振り返りとパフォーマンス課題への活用について）

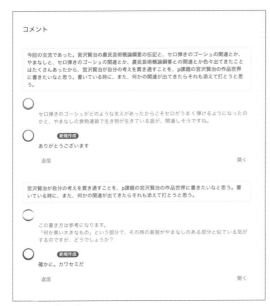

図54-6　振り返りへのコメント

図54-7　教師の Gmail の画面でのコメントの把握

　課題解決の過程の前には，②の「習得した知識をどのように使うか」の項目について交流をします（**図54-6**）。

　教師のマイドライブに保存されている振り返りスライドを「閲覧者（コメント可）」のリンクで共有します。前項目での課題の共有時と同じように共有する人数を限定します。指定された友達の振り返りスライドをドライブの「ワークスペース」に移動させ，コメントを付けていきます。これらの活動は，教師の Gmail 画面で確認することができます（**図54-7**）。

　このように「学び方を学ぶ」というメタ認知の育成を意図した「振り返り」を学習過程に位置付けることが資質・能力の育成において大切だと考えています。

6　学習者の環境としてのICT

　育成すべき資質・能力に対し，「何を」「どのように」学ぶかを単元設計の段階から明確にすることが大切です。そのためには「見方・考え方」を働かせる総括的評価としてのパフォーマンス課題の設定，そして形成的評価としての「振り返り」を学習過程に効果的に位置付けることが必要だと考えます。ICTの活用はそれらの設計の下に成り立ちます。

　ICTは，学習過程での見方・考え方を働かせることを目的とした活用が必要です。学習者の「見方・考え方」をICTによってより活性化させるというアプローチは，「何ができるようになるか」への有効な手段であると考えています。つまり，「見方・考え方」の階層を，「ICTの活用」という枠組みで捉えることで，「資質・能力」の階層がより明確になり，目指すべき子供の姿が具体化するのです。そのためにはまず教材となるコンテンツを，コンピテンシー・ベースで捉えることが肝要です。「何を学ぶか」を教師は明確にもち，その学習対象となるものと学習者の思考をつなげる役割をICTにもたせます。特に Google Workspace for Education（旧称 G suite）は協働する学びと個人の学びを分断することなくつなげることができます。例えばChatは，考えが行き詰まった際に友達に問うように使います。これは検索エンジンの活用とは異なります。検索では，個人がウェブに問い，答えを探すという「閉じた」形になります。一方，Chatに問うという形は，その考えがメンバー内に広がり，問われたほうも，今教室でどのようなことが話題になっていて，どの部分を深めるべきなのかを知ることができます。また，友達の問いを自分のものと捉えることによって，異なった視点から学習対象に向かうことも期待できます。このように，学習者同士の思考をつなげながら，個の学びを広げたり深めたりする環境をつくり出すことができるのです。時間や空間を超えて学びの本質に向き合える「環境としてのICT」が大切だと考えています。

※石井英真（2015）『今求められる学力と学びとは―コンピテンシー・ベースのカリキュラムの光と影―』日本標準ブックレット，p.56

〈**長野　健吉**〉

55 「学級」「学校」という壁を越えた，教科・領域等をつなげる学び

本稿では中学校の実践について，理科，道徳科，特別活動，放課後課外活動についてご紹介します。ここでの実践は一人一台のPC環境ではないときのものですが，一人一台環境となっても同様の実践，というよりも，これ以上の実践が行えるため，少しでも参考になるのではないかと思います。

筆者の勤務校で活用しているICTを中心とした生徒の学びにおいては，理科室が大きな役割を占めているため，初めに本校の理科室の概略から説明します。理科室は主に理科の学習活動に使用しています。理科の授業は毎時間理科室で行っており，自然の事物・現象を捉えるための観察・実験とレポート作成という学習活動の中にICTが自然と溶け込むように活用されています。理科の授業以外でも，学級活動や総合的な学習の時間，休み時間の自学自習など，あらゆる場面で理科室が活用されています。また，道徳科においては，学年全体で議論する場を設けており，多様な価値観に触れられるようにしています。特別活動でも学年全体での議論を行えるようにしていますが，学級単位での話合いも行えるように配慮しています。

今後は理科室ではなくパソコン室や情報室などがICT活用学習の拠点となっていくと思われますが，本校では理科室がその役割を担っているため，本校の現状のままでご紹介したいと思います。

1 ICT環境

ここでは今回ご紹介する実践を行っているハードウェアとソフトウェア環境について説明します。

⑴ 全体のソフトウェア環境

Google Classroom を基本のプラットホームとして使用し，授業などで学習課題配信に活用するほか，教師間での連絡，家庭向けの各種お知らせの配信にも利用しています（図55-1）。

日常で使用しているアプリケーションの多くは，Google Workspace for Education(旧称 G suite)に無料で付属している Google ドキュメント，Google スプレッドシート，Google スライド，Google Jamboard，図形描画，Google フォーム，Google カレンダー，Gmail，Google Chat，Google Meet などで，それらを必要に応じて活用しています。なお，ファイル共有や学びの蓄積な

図55-1　Google Classroom

どについても Google ドライブの機能だけで実現しています。

課題を生徒に出すときに，教師のほうからアプリケーションを指定してレポートやプレゼンテーション資料を作成させることもありますが，多くの場合は生徒自身にアプリケーションを自由に選択させて，自らが判断して学びをアウトプットする機会を多くもつように心がけています。

有料のアプリケーションとしては，InterCLASS Cloud（チエル社）を導入しています。生徒一人一人のPC画面を教員機のブラウザ上で確認できるシステムで，クラス全体に全員のPC画面を大型モニターやスクリーンなどに投影して，学習の進捗を全員で確認することなどに活用しています（図55-2）。どのようなアプリケーションであってもよい

図55-2　生徒のPC画面の共有

授業実践編

のですが，クラスの状況が一覧できるようにすると，生徒たちはその様子を見ることで，うまく進んでいる生徒のファイルを見て参考にしたり，逆に進みが止まっている生徒に対してコメントをしてあげたりすることが活発になります。

(2) 理科室のハードウェア環境

本校では，前述のとおり Google のシステムを活用するための環境を理科室において行ってきたため，理科室のハードウェア環境について詳述します。

理科室には生徒が必要なときに必要なだけ自由に使えるハードウェアとして，個人で使用できる Chromebook のほかに，共用のiPadとプリンタ複合機を用意しています（**図55-3**）。これらは無線LANで常時接続されています。

ほかにも，共用のハードウェアとして，一般的なプロジェクターとスクリーン，実物投影機「みエルもん」（エルモ社）と付属の無線タブレット「かけるもん」（エルモ社）を常設しています。

教室内にあるプロジェクターや大型テレビモニターは，Google Chromecast やAppleTVと接続されており，PCやタブレットの画面を教室内のどこからでも，用途に応じて数クリックで投影できる環境を構築しています。そのため，発表なども容易に行えます（**図55-4**）。

また，プリンタ複合機はいつでも生徒が自由に使えるようにしており，授業中や休み時間に，誰でも

図55-3 理科室のICT環境

図55-4 生徒のPC画面の全体共有

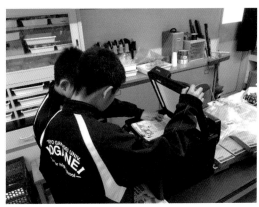

図55-5 授業中のプリンタ複合機の利用

コピーやスキャン，手書きデータのPDF化，クラウドストレージへの保存などができるようになっています（**図55-5**）。

なお，理科室は昼休みに開放しており，理科に限らず，他教科の課題提出やコピー・スキャン，学級を越えたグループの話合いなどを行うために，生徒たちが主体的に集まり，活動を行っています。

これまでにご紹介したようなハードウェア環境があれば何かと使い勝手はよいのですが，ここまでの環境がなくても，一人一台のPCと教員機を投影するための大型モニターが1台あればほとんどのことを達成することが可能です。ただし，日々の授業や休み時間の生徒たちの活用状況を見ていると，「Chromecast で大型モニターに誰でも画面を投影できる環境」と「プリンタ複合機でいつでもデータ化やプリント出力できる環境」がとてもよく活用されています。

生徒だけではなく，教師も Chromecast を用いた画面投影は大いに活用しています。その際は，生徒向けに全体投影するディスプレイを「拡張ディスプレイ」として設定することで，生徒への情報提示と教師の作業や準備を同時に行うことができます。例えば，教員機のメインディスプレイでは生徒への添削や，学びの共有の準備などを授業中に行いなが

図55-6 セカンドディスプレイへの投影

ら，必要な資料だけをセカンドディスプレイである大型モニターで共有するといったことができます（**図55-6**）。できることなら，教員機にHDMI接続等で1万円前後で購入可能な小さいサブディスプレイを接続し，その画面を Chromecast で投影するようにするととても便利に運用することができます。

なお，各自で自由に動画再生を行えるようにしているため，生徒には毎時間イヤホンを持ってくるように伝えています。

2 Classroomでのクラス構成

ここでは授業等で共通プラットホームとして活用しているClassroomでのクラスの基本設計について説明します。

⑴ 通常教科，道徳科，総合的な学習の時間

通常教科は，学年進行による学びの不連続を防ぎ，また，年度更新の際の名称変更や生徒の再登録作業などの手間を省くため，学級ごとではなく，学年全体を一つのクラスとして運用しています。そのため，クラス名を「理科（○年○組）」という表記ではなく「理科（○○期生）」のように，在学中共通のクラス名として運用しています。教師用のClassroomのトップ画面は，教師だけで構成され

図55-7 Classroomのトップ画面

ている「職員室」と，受け持ちクラスを含む学年の「教科・領域名（○○期生）」，それに，生徒会活動を受け持っている場合は「○○委員会」，学級担任を受け持っている場合は「○年○組」といったクラスが存在することになります（**図55-7**）。

これらにより，どのクラスにいても学習について共有することができ，クラス間の差を小さくする上，より多様な意見や実験データを扱うことができ，学習効果が高まります。また，1年生から3年生に持ち上がる際に，クラスメンバーの入替作業を行う必要がないため，一つのクラスに第1学年から第3学年まで学んだものを全てそのまま置いておくことができ，生徒自身がいつでも過去を振り返ることが可能になります。

⑵ 特別活動（学級活動）

学年全体のクラスも作成していますが，学級活動については学級ごとのクラスも作成しています。これにより，学級内の連絡（翌日の時間割と持ち物，学級内での委員会・係からのお知らせなど）に教師，生徒問わず気軽に活用することができています。

⑶ 特別活動（生徒会活動，学校行事）

今までご紹介したクラスのほかにも，生徒会活動であれば委員会ごと，行事であれば行事の役割分担ごとのクラスを立ち上げて，打合せや情報の共有を行っています。メンバーは毎年入れ替えますが，クラスを新しく作成するのではなく，メンバーだけを入れ替える形で運用しているため，過去の資料を新メンバーはいつでも閲覧することができ，効率のよい運営ができています。

⑷ 家庭とのやり取りなど

家庭とのやり取りをするための専用クラスも作成しています。このクラスには学校だよりや学年だより，日々の授業の写真など，保護者と共有したい情報を掲載しています。

3 活用実践事例

⑴ 理科：「生物の進化」の調べ学習

生物の進化について学ぶ授業において，教科書や書籍，インターネットなどを活用して，各自でまとめて，そのファイルを共有することで，進化についての理解を深める授業を行いました。

Classroom上で「脊椎動物の共通点は何だろう？」「生物はどのように変化してきたのだろうか？」などの提起を含む課題を配信し，後は各自で調べて生物の進化について考えたり，気付いたりしたことをまとめます。まとめたものはClassroom

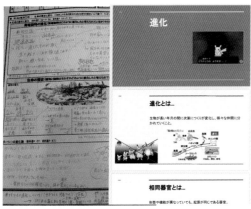

図55-8　紙の写真提出とデジタル提出

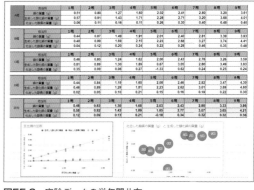

図55-9　実験データの学年間共有

「学級」「学校」という壁を越えた，教科・領域等をつなげる学び

に提出する形となります。ただし，アウトプットをデジタルだけではなく，紙で行いたい人のために，ワークシートも用意します。したがって，生徒はまとめたものをドキュメント，スライドにして提出するか，ワークシートに書き込んだものをスキャンするか写真に撮って提出します（**図55-8**）。

この授業では，進化について調べようとする主体的な態度や，生物の共通点などから思考して，進化について気付くことなどを評価規準としていることから，どの提出方法でも問題なく評価活動を行うことが可能です。

ただし，このような調べる課題のときは，参考文献や引用文献の記載が重要になってきますので，それを楽に行うためにはドキュメントの使用をお勧めします。ドキュメント内にある「データ探索」から調べたものは，ワンクリックで自動的に脚注に引用先を入れることができるためです。慣れないうちはドキュメントで何度か作業をさせて，慣れてきて著作権等に対する意識が高まってきたら他の提出方法を認めるようにするという方法もあるかもしれません。

(2)　理科：「定比例の法則」の実験結果の検討

中学校の化学分野には，定比例の法則を見いだす実験があります。銅を加熱して酸化銅を生成する反応を通して，一定量の銅とそれに結合する酸素との間には比例の関係があることを見いだすものです。この実験では，加熱する前の銅について，1班が0.2g，2班が0.4g，3班が0.6g……のように班ごとに質量を変えて，役割分担をして実験することが一般的ですが，その際にスプレッドシートを利用して学年全体で一つのファイル共有を行いました（**図55-9**）。

この実験では，様々な要因から教科書にあるような理想的なデータが得られにくいため，従来のように実験後にクラス全体で各班の結果を共有したときに，いくつかの班が明らかに外れ値と思われるような結果となっていて，考察のグラフがこの単元が意図するとおりに描けないことがあります。しかし，全クラスで同じファイルを共有することで，実験データの数が多くなるため，データの信頼度が上がり，考察しやすくなります。また，リアルタイムで各班の入力したデータによりグラフ化されるため，自分たちのデータを他班のデータと比較して妥当性を実験中に検討することができます。これらのことにより，再実験を行うかどうか生徒自身が判断することが可能になります。

(3)　理科：「食物連鎖」についての探究学習

食物連鎖についての知識を獲得してから，現在の食物連鎖に関する地球規模での課題について考えて，解決策を探っていく授業を3時間扱いで行いました。

この授業では，後半の「解決策を探る」というところに重点を置いたので，知識の獲得や現在提起されている地球規模での課題のいくつかについては，Classroomの課題に参考リンクを貼り付けるなど

図55-10　食物連鎖の課題の提起

して，授業前半の時間短縮を図りました（**図55-10**）。

食物連鎖の基本を理解した上で，改めて自分自身で更なる課題を発見し，それについて情報交換を行うという流れとなります。

前半部は，「①用語について調べる」「②動画教材を視聴して理解を深める」としています。後半部では，「③理解したことをまとめる」「④食物連鎖に関する現在の課題を見出して，それについて解決策を提言する」といった流れになっています。

このような小論文系の課題の場合は，生徒自身によって，ファイルの共有を行うように伝えています。生徒全員が所属するグループアドレスを作成しておけば，一人一人を入力するのではなく，そのグループアドレスを入力するだけで共有が可能なため，グループアドレスを作成しておくことをお勧めします。共有権限は「閲覧者（コメント可）」を標準としています。そうすることで，行き詰まっている生徒はほかの生徒からヒントを得ることができ，そこにコメントの書き込みを行うことで，自分自身だけで進めている生徒に比べれば受け身に近いとはいえ，授業に主体的に関わるきっかけとなります。場合によっては，個人作業ではなく，共同編集機能を使って，グループごとにスライドを作成するといったことも考えられます。

⑷　道徳科：教科書ベースの道徳科の授業

道徳科においては，1年間35時間分の教科書にある「道徳的価値」に関するテーマをClassroomにアップロードし，授業予定週の金曜日を期限として一気に課題を出しています。

道徳科の授業では，生徒たちが学級の枠を越えて「クラスのコメント」を用いて意見の交換を行います（**図55-11**）。生徒によっては，授業中だけではなく，授業前にコメントを書き込んでいます。

おおよそ意見が出尽くしたところで，もう一度道徳科の時間を通して考えたこと，深めたことなどを，学年全体のスライドファイルの指定された1枚のスライドにまとめます（**図55-12**）。今では，これらの流れを生徒たちが主体的に行うようになりました。

⑸　特別活動：生徒会役員会での活動の蓄積

生徒会活動においては委員会ごとにクラスを設けており，役員会はもちろん，委員長が集う常任委員会（中央委員会），選挙管理委員会，各専門委員会のクラスを作成しています。ここでは生徒会活動の中心である生徒会役員会での活用をご紹介します。

生徒会役員会のクラス内には，トピックとして「規則・規約・規程」「役員会議案書・議事録」「常任委員会（中央委員会）議案書・議事録」「総会議案書・議事録」といったものを立て，その中に話合いの記録を蓄積しています（**図55-13**）。

話合いは長引くことが多く，どうしても在校時間内に結論を出すことができない場合が多いのですが，それぞれ予め議案書に生徒会長が議案を掲載し，時間のあるときに意見を入力してもらうようにすれば，対面での会議のときの時間を大幅に短縮することが

図55-11　クラスのコメントでの意見交換

図55-12　授業のまとめ

図55-13　生徒会役員会のクラス

図55-14 学年クラス内のトピック「相談室」

図55-15 天文科学部のクラス内

図55-16 放課後地域活動

できます。また，そこでの議論を常任委員会に議案を上程するときにも，課題をコピーするだけで行えるため，会議の準備の手間も省くことができ，議論に多くの時間を割くことができます。

⑥　**特別活動：学級活動などの日常生活での活用**

　学級活動では，学年全体のクラスと学級のみのクラスの二つのクラスによって構成しています。学年全体のクラスでは，学校のウェブサイトへのリンク，学年集会で扱うような内容や学年だよりの掲載，進路に関するお知らせ，ICT活用マニュアル（Classroomの使用方法，各種アプリの使用方法，FAQなど），ICTリテラシー講座（「インターネットに潜む危険性」「インターネットに関する犯罪に巻き込まれないために」「参考文献・引用文献の明記の仕方」などの講座），心の相談窓口（子供のSOSの相談窓口，相談窓口のポータルサイトへのリンク，いじめ相談ホットライン，子どもの人権110番など）などのトピックを立てて，いつでも困ったときに見る内容を掲載しています（**図55-14**）。

　今ご紹介したトピックも含めて，学年全体のクラスで立てているトピックを全てご紹介すると「掲示板」「事務室」「資料室」「情報室」「相談室」「進路支援室」「学校だより」「学年だより」「保健室だより」「改善提案箱」「ICTリテラシー講座」「ICTサポートセンター」となっています。各授業に共通する操作方法，学校や家庭で困って身近な人には相談しにくいときの相談先など，学習でも生活でも，困

ったときはここを見ればよいというクラスになっています。

⑦　**課外活動：部活動や地域活動での活用**

　部活動や放課後の地域活動においても，活動単位でクラスを作成しています（**図55-15**）。

　また，放課後の地域活動ではMeetを使用したオンライン講座などを開講して，生徒のよりよい学びにつなげています（**図55-16**）。

　開講している講座は「プログラミング講座」「フィナンシャル講座」「実用資格講座」「イラスト講座」「写真講座」「国際交流講座」などとなっています。本校生徒だけではなく，他校の生徒や海外の同年代の人々と交流しながら，通常の授業では得られない学習を行っています。それぞれの講座の講師は近隣地域の方だけではなく，海外の方も担当しています。

⑧　**自主的な教員研修，共同研究での活用**

　教員同士の情報共有のために，課題やテーマごとのクラスも作成し，活用しています。授業や校務改善のアイディアや教材の共同開発などに活用しています。初任者の先生や若手の先生が気軽に相談できるクラスもあり，生徒だけではなく，教師の学びにもつながっています。

〈大西 琢也〉

55

「学級」「学校」という壁を越えた，教科・領域等をつなげる学び

シームレスな学習環境を可能にする
Google Workspace for Education の活用

1 まずは使ってみるのが一番！
～確認用生徒アカウントを用意する～

授業実践を紹介するに当たって，Google Workspace for Education（旧称 G Suite）の魅力を改めて考えてみました。簡単に言うと，とにかく便利で，もう手放せません。授業の準備も楽になったし，今までできなかったことができるようになって，生徒もより楽しんで授業に取り組んでくれるようになりました。「Google Workspace がない授業なんてもう考えられない！」というのが今の筆者の正直な気持ちです。

ところで筆者には物心がついたときには隣りにいて，高校までを共に過ごした親友がいます。高校卒業後，離れ離れになってしまい，ホームシックよりも親友シックになり，彼女がそばにいないことに慣れるまで長い期間を要しました。当時の彼女と筆者の連絡手段は，手紙か電話です。手紙だと便箋に気持ちをしたためて，切手を貼って投函していました。彼女も同じことをしてくれて，筆者の郵便受けに返事が届くまでには早くても1週間。今の携帯電話のように便利なものもなく，電話代も安くはありませんでした。そこに登場したEメール。相手の都合にとらわれずにメッセージを瞬時に送ることができるメール機能の登場は画期的でした。書いたものが瞬時に届く！　こんなに簡単に彼女と連絡を取ることができるのか!!　と驚きと感動でした。

前置きが長くなってしまいましたが，今，学習環境に同じように大きな変化を起こしているのがWorkspaceに思えてなりません。もちろん，あるときには手紙や電話も大切です。けれど，EメールやSNSによるコミュニケーションは，今の私たちの生活になくてはならないものになっていて，すっかり生活に溶け込んだものとなっています。なぜならば，誰かと連絡が瞬時に取れることはとても便利だからに他なりません。学習環境を大きく変えてくれるWorkspaceという便利なツールがもう既にあるのです。すぐに使ってみたくなりませんか。

筆者と G Suite for Education（当時）の出会いは2018年の春でした。
「次の4月からファイルサーバーを撤廃するので，Google ドライブ を使用するようにしてください」
「ええーっ，ファイルサーバーがなくなるんですか？　これからどうやって授業をしたらいいんでしょう？」
というのが筆者と G Suite の出会いでした。4月から Google Classroom を使うことになったものの，使い方がよく分かりません。今のように解説書も販売されておらず，インターネットで検索しても，使い方が書かれているページは見当たりませんでした。洋書の解説書を購入して臨みました。でも，使ってみるのが一番でした。1か月も使えば，離れられなくなること間違いなしです。同僚たちと相談しながら進められた時間も楽しいものでした。操作方法だけでなく，多くの実践方法が書いてある本書も大いに頼りにしてください。気になったページを開くだけでも，助けになるよう構成されています。

使い出した当時を思い出して，最も不安だったのは，「生徒側からどう見えているのか」でした。Workspaceは教師用と生徒用で役割が異なります。確認用の生徒アカウントを一つ用意して，どのように見えているのか確認しながら進めるのがお勧めです。

2 洋服や眼鏡を自分で選ぶように
～画面の色を変更する～

PCを使うとき，画面は明るいほうが好きですか？　暗いほうが好きですか？

Workspaceを使うようになり，生徒は今までよりも一層夢中になってPCを使うようになりました。でも，授業が終わった後に，「目が痛い」「疲れたー」という声を聞くのも否定できません。筆者はPCでの学習に生徒が少し慣れてきた頃に，画面の明るさと文字の大きさの変更の仕方を伝えるようにしています。自分に合った明るさとフォントサイズや色を調整すると，疲労度が大きく変わります。

筆者は明る過ぎると疲れてしまうので，PCやスマートフォンの画面は比較的暗めにして使うのが好きです。でも，生徒を見ていると，明るいほうが見やすいという生徒と，暗いほうが見やすいという生徒と半々くらいのように思います。授業を通して，人によってこんなに見やすさが違うことを知りました。

一人一台のPCやタブレット端末は，画面の明る

図56-1　画面右下の時刻をクリックし，「色温度」で色を，「輝度」で明るさを調整

図56-2　Chromebook のキーボードの固有のキー

さや文字のサイズを自分が快適と思う状態にカスタマイズすることができます。自分に合った洋服や眼鏡が異なるように，快適なPCの環境も一人ずつ異なるのです。快適な状態は人それぞれ異なりますが，「あまり明るいと疲れるよー」と言うことも必ず伝えるようにしています。

ここまでWorkspaceを使う前提をご紹介してきました。ここからは，筆者がWorkspaceを使ってよかったと思う3点についてご説明していきたいと思います。

3 Workspaceによって変わったこと①
～書く・話す・発表する活動の充実～

Workspaceを使い始めて，自分の授業が大きく変わったなと思うのは，「紙」を中心に進めていた授業をWorkspaceの各アプリに移行して授業を展開するようになったことによる変化です。授業で扱っている題材は全く同じです。しかし，これまでワークシートなどの「紙」を中心に進めてきた授業を，Google Classroom，Google スプレッドシート，Google フォーム，Google スライド，Google カレンダー などのWorkspaceのアプリに移行しただけで，授業が変化しました。最も大きな変化は，書く・話す・発表する活動の充実です。

筆者の勤務校では，授業はアクティブ・ラーニング型で行うことになっています。アクティブ・ラーニング型授業とは，これまでの教師から生徒への一方通行的な講義型授業に，書く・話す・発表する等の活動を取り入れて行う授業のことで，他者や集団を組み込み，学習を社会的なものにしていくことが大きなポイントとされています。また，アクティ

ブ・ラーニング型の授業の流れとして，勤務校では「個」→「協働」→「個」が重視されています。

⑴　Classroomの利用

アクティブ・ラーニング型で，「個」→「協働」→「個」の流れの授業を大きくサポートしてくれるのが，Classroomです。Classroomを使うと指示が明確で，これまでの授業では特定の生徒しか発言できなかった場面で，全員がコメントを書き，全員が全員のコメントを読み，互いのコメントに更にコメントすることができるのです。Classroomを使用していると，授業は教師が展開するものではなく，生徒と一緒につくっていくものであるということを感じます。また，全員の生徒のコメントを共有できるので，生徒自らの「こうしたい」を引き出しやすいと感じています。

一方，Classroomでは授業の流れの型を示すこともできます。生徒は授業中に，ついうっかりすると教師の口頭による説明を聞きそびれてしまうこともあるでしょう。Classroomでは，教師の指示を文字で伝えることができるのも確実な指示につながります。

⑵　フォームの利用

Workspaceを使うようになって，従来の「紙」によるワークシートを筆者は全てフォームに置き換えることにしました。

「個」→「協働」→「個」の授業における最初の「個」では，フォームを使って最初に考えてほしいことについて指示を出しておき，一人で考えて入力させます。次に，一人一人が考えたことを，ペアやグループでフォームの画面を見せ合いながら共有します。互いの考えを聞いた上で，発展させた課題に

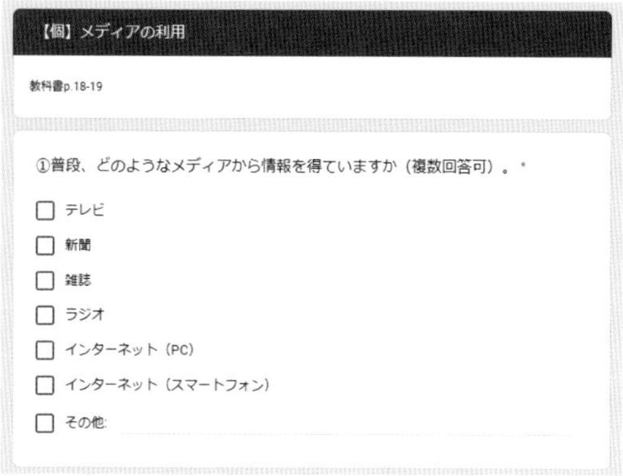

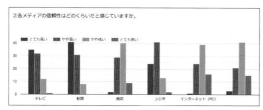

図56-3　授業の「導入」で行ったアンケート

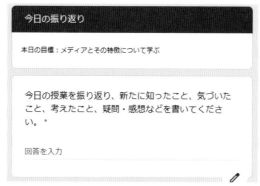

図56-4　瞬時にフィードバックできるアンケート結果

今日の振り返り

本日の目標：メディアとその特徴について学ぶ

今日の授業を振り返り、新たに知ったこと、気づいたこと、考えたこと、疑問・感想などを書いてください。 *

回答を入力

図56-5　フォームによる各授業最後の「振り返り」

取り組むことで、「協働」が深まります。

　また例えば、フォームで授業に関するアンケートを始めに取り、アンケート結果を共有して授業に入っていくということもできます。

　コメントの共有にしても、アンケートの実施と結果の提示にしても、瞬時に結果を共有できるということが「紙」からの大きな変化です。

　授業の最後には必ず「個」に戻り、フォームで授業の振り返りを書かせるようにしています。フォームで振り返りを書くと、教師は回収する必要もなく、授業後すぐに確認し、次の授業に生かすことができます。

(3)　スライドの利用

　「協働」の場面では、スライドが大活躍です。旧来のアプリケーションでは、生徒一人一人がそれぞ

れにファイルをつくり、できたところで、ファイルを一つにまとめるという作業が必要でした。しかし、Workspaceのスライドを使うと、他の人の作業を確認しながら、スライドを作成することができます。友達がどのようなことを考え、どのように形にし、どこまで進んでいるのかを確認しながら、自分の作業ができるのはWorkspaceの革新的な機能の一つです。

　生徒はWorkspaceを使うようになって、「グループで一度につくることができるので、相手がどんなスライドをつくっているのか把握でき、内容が重複するのを防げるため効率的で使いやすい」というコメントをくれました。

(4)　ドキュメントの利用

　ドキュメントは、Classroomよりも書かせたい文が長く、互いの意見を深めさせたいときに利用します。スライドと同じように、グループで分担してレポートを作成させたい場面にも向いています。互いの進み具合や考えを確認しながら、自分の作業を進めることができます。コメントも挿入できるので、相互の確認も行いやすいです。

(5)　スプレッドシートの利用

　「協働」の場面では、スプレッドシートも大変便利です。例えば、総合的な探究の時間の授業において、生徒に研究計画書を作成させるに当たり、筆者は**図56-6**のようなスプレッドシートに書かせるようにしています。通常、初めて取り組む「研究計画書」を書くに当たっては、各項目をどのように書いたらよいのかとまどう生徒もいます。しかし、スプレッドシートで共有しながら進めると、一人一人の取組は別でも、他の生徒がどのように書いているかを知ることで、迷わず書き出すことができます。教師も全員の進捗を随時一覧できるので、生徒がどのようなところで迷っているのか、どの生徒が困っているのか、「紙」のときよりも素早く知ることができるようになりました。

　また、教師が思っていたようなことが書かれない場合、授業中に項目を変更することができます。書いている文字数が少ないと思ったときには、授業中に「文字数」をカウントする列を急きょ追加して、「200文字以上書いてください」といった指示に変更することもできます。これまでの「紙」のワークシートでは、一生懸命ワークシートを考えて準備しても、授業時に生徒が思ったとおりの反応をしてくれるとは限らず、「あー、もっとこのように作成しておけばよかった」ということもありました。しか

授業実践編

1. 課題（リサーチクエスチョン）：疑問形にする	仮説（今の考え）	2. 研究の動機　200文字以上		3. 課題の現状　200文字
SNSは本当に必要なのか？	ない方がいいんじゃないかと思う	SNSというものは、今や色々な情報を得るのに必要不可欠な存在となった。SNSはすぐに情報が拡散し、我々に必要な情報を教えてくれる。しかし、拡散が早いがゆえ、フェイクニュースや不毛な議論が飛び交っている。しかも、情報がすぐに届いてしまうSNSは、我々学生を狂わせつつある。勉強時間や睡眠時間など、優先しなければならない時間をどんどん削がれている。そう考えてみると、もしかしたら、我々にとってSNSというものは、邪魔な存在でしかないのでは？と思い調べようと思った。	230	先行研究で書いた作者の、SNSのトラブルや、どのような事で炎上たかなどを調べており、最近では漫画のキャラクターの名前が第二大戦中の出来事を想像させるというレームがあり、作者と出版社が困しそのキャラクターの名前を変える事追い込まれるという事件が起こったにもSNSを使うことで学習時間な活習慣がどのように変わったか
現代人のスマホ使用による学力低下と年代別の違いはあるのか？	年代別に変化はあり、年が若いほどその影響を強く受けると思う。	スマホなどの電子機器が生活の一部となっている今の社会で若い人から年寄りまで幅広い世代がそういったインターネットの影響を良くも悪くも受けていると思う。その中でもよく耳にするスマホなどが原因となる依存症や精神病。僕たちの世代で言うならば勉強、学力の低下につながる問題。生活の一部になりつつあるスマホやインターネットが及ぼす学力低下とその原因。そしてその影響をより受けるのは年代によって違うのか。身近にある問題だからこそ一番目を向けるべきだと思いこの議題を思いつきました。	234	文書をもとに思考したがスマホ及スタントメッセンジャーの使用がほど若者の学力を著しく低下させだけでなく対人関係にひびを入れて事実があった。また、最近小学生もスマホ等の使用を許可している多く若いころからのスマホの使用は学下と同時にスマホ依存という負のラルに引きずり込まれている。小学点でスマホ依存の高い傾向にある
プログラミング自体はプログラミングによって自動化できるのか？	出来ない。単純化できるものには限度があると思うから。	プログラミングを学んで、様々なものや単純作業を自動化しようと考えたが、そもそもプログラミングが単純作業なので、それ自体を自動化できるのならば仕事が圧倒的に楽になるのではないかと思った。人間はアイデアを生み出して、それをAIに読み取らせてコーディングを任せれば、作業効率が飛躍的に上がるうえに専門知識が必要なくなるので、誰でも好きなものを作れるようになる。そんな世の中が実現出来たら面白そうだと思ったのでこの研究を始めようと思った。	214	今のところは、完全に自動化することできないという考えのほうが多い。として、AIで自動化できるのはあくも人間の想像の範囲内であり、人測を超えた問題が出てきたタイミAIの手は止まってしまうと考えら実際に病院の例では、ある程度知いる定石までは対応できていたが、外の一手には対応できなかった。

図56-6　総合的な探究の時間における「研究計画書」の作成

図56-7

し、Workspaceではこのように授業中の修正や追加が容易なため、授業が止まることが限りなくなくなりました。生徒が修正や追加を行ってくれることもあり、授業の進行役は教師だけでなくなります。

　このように「紙」のワークシートをフォームに置き換え、ドキュメントやスライド、スプレッドシートを使って「協働」を行う授業では、書く・話す・発表する活動が圧倒的に充実しました。

4　Workspaceによって変わったこと②
～タイピングの必然性～

　Workspaceを使い始めて変わったことの二つめは、タイピング入力の必然性が高まったことです。平成25～28年に文部科学省が行った「情報活用能力調査」[1) によると、1分間当たりの文字入力数は小学校5.9文字、中学校15.6文字、高等学校24.7文字という結果が報告されています。

　日本商工会議所によるビジネスキーボード検定[2) では「文書作成には、10分間で1,000字くらい打てるとよいでしょう」と言われて、いずれの児童生徒の文字入力も十分ではありません。また、英検CBT[3) では、「ライティングテストは、パソコンに備え付けられたキーボードで解答を入力して頂きま

す。ライティングテストは、1分間に30文字を入力できるタイプスピードがあれば、タイピングによる解答に支障はありませんが、パソコンや機械操作が苦手な方はよくご検討の上お申し込みください」と試験の進行に書かれており、今後、十分な速度でタイピングが行えないと、試験の解答にも影響が出る可能性があります。

　WorkspaceやChromebookを使った授業では、文字入力をしなければならない場面が必然的に増加するので、タイピング速度も次第に向上してきます。Workspaceを使うと、タイピングが当たり前という学習環境をつくり出すことができるのです。

　また、今後児童生徒が使用するデバイスを選択する際には、タブレット端末よりも、ChromebookなどのキーボードがあるPCがよいと筆者は考えます。

5　Workspaceによって変わったこと③
～生徒及び教師の作業の効率化～

　Workspaceを使い始めて変わったことの三つめは、生徒及び教師の学習に伴う様々な作業が効率化したことです。

⑴　**フォームによるテストの実施**
　フォームによるテストの実施は、採点時間を削減してくれます。同じことを問う内容でも何パターンか用意しておき、クラスや授業の進度に応じて使い分けることもできます。

　また、これまでは、教師が回収して授業時間の合間や放課後に採点する必要がありました。簡単な確認テストであれば、隣りの人と交換して採点ということもありますが、確実ではありません。採点結果は表計算ソフトウェアなどに転記する必要がありま

した。しかし，フォームを使うと，そうした作業から解放されるのです。フォームを使っても，試験の形式によっては，教師が採点する必要があるものももちろんあります。それでも，採点にかかる時間はぐっと短縮されます。

　フォームによるテストが何よりよいと思うのは，試験の直後に生徒に正誤を示すことができることです。生徒にとってテストの結果は気になるものです。時間を空けずに結果を示すことで，正誤がすぐに分かり，学習の定着になると考えられます。教師が生徒の結果をすぐに把握することができるので，特に間違えが多かったところなど，補足説明もしやすいです。時間が経ってから聞くよりも，テストを解き，解答に苦しんだ箇所についてはすぐに説明を聞くことができたほうが，理解も深まります。

進数のテスト
回答を記録しました。
スコアを表示

図56-8　試験直後に表示される「スコアを表示」

(2)　Workspaceがクラウドであることによる効率化
　Workspaceがクラウドサービスとして提供されていることの利便性は計り知れません。これまでは使用しているPCのソフトウェアを使い，使用しているPCあるいはUSBメモリなどにデータを保存する必要がありました。しかし，Workspaceはソフトウェアやデータの保管場所を意識することなく，使用することができます。また，インターネット環境さえあれば，いつでもどこでも，どのデバイスからもアクセスすることができるのです。Chromebookを使うと，Google for Education アカウントでログインするだけで同じ環境で使用することができます。

　保存も自動で行われるため，データが消えてしまう心配をする必要はありません。例えば，これまでの学校のPCルームでは，PCルームの仕様から，再起動すると全ての個人データが初期化されるという設定になっていたことが少なくありませんでした。授業中にPCにトラブルがあると，それまで作成してきたものが消えてしまうのです。この設定は複数の生徒が共有してPCを利用する点においては便利ではありましたが，どれだけ生徒のやる気をなくしてきたことでしょう。このようなPCルームでの授業では，生徒に宿題を出すことも困難でした。自宅にはPCがない，自宅にPCがあってもデータを持ち帰る術がない，教室と同じソフトウェアがない，といった理由からです。

　Workspaceを使うと，保存や保存場所を意識せず，他の環境に移動しても，同じ Google for Education アカウント でログインさえすれば，全く同じ状態から再開することができるのです。Workspaceを使い始めたことにより，次のような質問をされることがなくなりました。
「どうやって保存するんですか？」
「家でもできますか？」
「発表原稿を印刷してもらえますか？」
　Workspaceがクラウドサービスとして提供されていることにより，「紙」と違って紛失の心配もありません。むしろ，確実に簡単に学習履歴を蓄積させていくことができます。

(3)　教材の再利用とペーパーレス化
　Workspaceでは，教材の再利用が容易です。これにより，教材の準備にかかる時間を削減することができます。これまでも日本語文書ソフトウェアや表計算ソフトウェアで教材を作成していた場合，教材の再利用は可能でした。しかし，Workspaceを用いると，ファイルを管理したり，印刷して配付したりする手間を省くことができます。印刷せずに教材を配付することができると時間の短縮につながりますし，ペーパーレス化を図ることができます。

　更に筆者がとても便利だと思っているのは回収です。これまでは，課題や確認テストを生徒から回収した場合，枚数を数え，更に出席番号順に並び替えるということを行ってきました。欠席者がいた場合，欠席者が誰なのかを明確にする必要もあります。これらの作業は5〜10分はかかります。自宅に持ち帰って保護者に何かを書いてもらう配付物の場合，更に回収は大変でした。毎日，持ってきたかの確認を行い，未提出者には提出を促すことが必要でした。学校はこうした配付と回収の積み重ねです。けれど，Workspaceを用いると，配付と回収に関わる時間を大幅に短縮することができます。

(4)　Google Meet や Google Chat での同僚とのつながり
　MeetやChatによる同僚とのつながりも，勤務時間の短縮につながります。これまで，電話したり，実際に顔を合わせたりしなければ相談できなかったことが，MeetやChatでコミュニケーションを取ることができるようになりました。顔を合わせるまでもないちょっとしたことを尋ねるときに，特に便利です。

授業実践編

また，MeetやChatは勤務時間の効率化というよりも，同僚とつながっている，いつでも相談できるという安心感にもつながります。プライベートの連絡先を聞き損ねていた同僚とも，連絡を取ることができます。

6 Workspaceを使うに当たっての注意

ここまで，Workspaceの便利な面ばかりを見てきましたが，最後にWorkspaceを使うに当たって注意したほうがよいと思う点を述べます。

(1) 児童生徒とのPCの共有

教師のアカウントでログインしているPCを児童生徒と共有しないように気を付けましょう。ログインしている状態であれば，児童生徒は教師に代わりその教師の全てのものにアクセスでき，配信することができます。個々の児童生徒や保護者とのやり取り，これから実施する試験問題，実施した試験の結果，成績，教師間での連絡など，教師のアカウントでログインしている児童生徒のPCの利用は，テスト問題やUSBドライブを紛失するよりもリスクがあります。そのため，離席したり，PCから離れたりするときにはロックをかけるようにしましょう。端末自体に保存しているデータがない場合，ログオフしていれば共有しても問題ありません。ログイン情報の保存は便利ではありますが，万が一のため，ログイン情報も保存しておかないようにしましょう。

(2) 共有の設定

上記と同じ理由で，Google ドライブ 上の共有の設定には十分注意しましょう。教師間のみで許可されるべき情報であっても，共有設定を一つ間違えると，児童生徒も閲覧・編集できる状態になります。

(3) 質問やコメントに無限に対応しない

Workspaceによる効率的な作業により，教師はより本質的な教育に力を注ぐことができるようになります。しかし，一人一人の体力には必ず限界がありますから，時間を決めて対応することも大切です。Workspaceによって，いつでもどこでもどのデバイスからでも教材にアクセスすることができます。しかし，夜中に届いた児童生徒からの質問にいつでも対応することが親切なこととは思えません。質問やコメントに対して返事を書く時間は決めておきましょう。学校や学年でルールを定めておくのもよいでしょう。児童生徒にICT上でのマナーを教えていくのも同じく重要なことです。

1) 文部科学省（2015）「情報活用能力調査（小・中学校）調査結果」
http://www.mext.go.jp/a_menu/shotou/zyouhou/1356188.htm（2020年12月9日確認）
2) 日本商工会議所（n.d.）ビジネスキーボード
https://www.kentei.ne.jp/bus/typing（2020年12月9日確認）
3) 日本英語検定協会（n.d.）英検CBT. 受験内容-リーディング・ライティングテスト
https://www.eiken.or.jp/cbt/test/（2020年12月9日確認）

〈登本 洋子〉

個別化も協働も
Google Workspace for Education で

筆者は地歴公民科の教諭として高等学校で勤務しています。担当科目は、倫理、政経と、後述する課題探究講座です。どの科目においても、形成的評価を充実させるため、Google Workspace for Education（旧称 G Suite）の機能を活用しています。その具体的な活用法や、活用に際しての考え方を紹介したいと思います。

1 授業を通して考えたことを記述しよう

(1) 大福帳の概要と背景

筆者は、担当するクラスごとに Google Classroom で「クラス」を作成し、授業に関する情報を集約するプラットフォームとして活用しています。特に、「授業」タブから「質問」機能を使い、毎回の授業の感想や、お題に対する回答を集めています。この仕組みを「大福帳」と呼び、授業ごとに新しい「大福帳」を投稿しています（「大福帳」の詳細は、早稲田大学の向後千春先生のウェブサイトをご参照ください）。

もともとは紙で大福帳を配付していましたが、2018年度からClassroomで運用しています。紙の場合、毎回授業の終わりに回収し、次の授業の冒頭で返却するのですが、その手間も大きい上に、生徒が授業外にふと思い付いたことを共有するハードルが非常に高くなっていました。しかし、Classroom上で行うことで、①自分の好きなタイミングで、②紙幅にとらわれることなく、③ウェブ上の記事をも共有することができ、④クラスメイトの大福帳コメントからも学べて、⑤フィードバックも得やすい、というメリットがあります。一斉授業という枠組みの中ではありますが、総じて、学びの個別化を保障するためのしかけとして、定着していきました。

筆者の勤務校では、Workspaceのアカウントが生徒一人一人に配付されており、BYOD（Bring Your Own Device：個人のデバイスを授業でも使用すること）でICTの活用を進めています。よって、「今日の大福帳を開いてください」と言えば、生徒が各自の端末から大福帳にアクセスできる環境です。簡単な操作であれば、大半の生徒は自らのスマートフォンを利用します。また、学校管理のChromebook が約150台あり、必要に応じて授業で使用しています。以下、大福帳について解説します。

(2) 大福帳の使い方①〜考えたことを記す〜

その日の授業の大福帳をクリックすると、記入欄が現れ、生徒は自分の考えたこと、感じたこと、疑問に思ったことなどを**図57-1**の右上（赤枠）の「自分の解答」欄に記すことができます。単元の終わりや、お題を提示する際は記入必須とし、それ以外の授業では基本的に任意で行っています。思考力、判断力を評価することができ、回数を重ねることで表現力を鍛えることが期待できます。先述の①〜⑤のメリットに加え、ポートフォリオのように機能することも特徴の一つです。ある生徒は「時間をおいて授業の復習や捉え直しができることで、能動的に考えられてよかった。新たな発見もあった」と述べています。

更に、**図57-1**右（黄枠）の「限定公開のコメント」の機能も生徒から支持を得ています。この欄に記入すれば、担当教員とその生徒しか閲覧することができません。この機能が、生徒の心理的安全性を高めることに寄与しています。ある生徒は、「人見知りなので、話さなくていいツールで自分の意見を出せたのは良かった」とその利点に言及しています。

2020年12月現在の注意点として、「限定公開に書くだけでは、システム上は提出したことにならないため、公開コメントの欄に一言入力して『提出』ボタンを押すこと」などの指示を出すことが必要です。加えて、提出ボタンを押すと、既に提出済みのクラスメイトのコメントを読んで学ぶことが可能になります。相互の学び合いを保障するためにも、そのような指示を出しています。実際にクラスメイトのコメントを読んで学びを深め、自ら返信を書き

図57-1 大福帳：生徒に表示される画面（PC）

加える生徒もいます。このように，学びの個別化を保障することで，50分の授業以上の学びの広がりも期待できます。

(3) 大福帳の使い方②〜様々な資料を閲覧する〜

「質問」機能では，教師は関連した資料を添付することができます。筆者の場合は，ホームルーム単位の授業を担当しており，様々な関心と習熟度の生徒が在籍することに配慮し，基礎的な内容をカバーする記事・動画から，発展的な内容を記したものまで，資料として掲載しています。いつでも，どこからでも情報にアクセスできる時代だからこそ，情報を厳選するキュレーターとしての役割を果たすことが教師には求められていると感じます。そうすることが，学びの個別化を保障するための働きかけになるのではないでしょうか。

2 探究のプロセスを共有しよう

(1) 担当科目と対象

・担当科目：課題探究講座・2単位（教員3名で担当）

・対象：高校3年生（選択）1クラス18名

地歴公民科の授業以外に，筆者は課題探究講座という学校設置科目を担当しています。この講座は3年生向けの選択授業ですが，卒業単位には入らず，評定も付くことのない授業です。生徒が自分の興味や関心に合わせて，問い・プロセス・成果物を決めていく自己調整型の学びを目指す授業で，複数の教科の教師がチームを組んで支援する体制を取っています。筆者なりの関心に引き付けていえば，「学習者中心の学びを（その名のとおり）追求できる授業」と言っても過言ではありません。

(2) 探究のプロセスを共有するための下準備をする

この授業において，生徒は基本的に個人単位で自分の探究を進めていきます。しかし，プロセスも成果物も決まっていない探究を一人で進めていくのは至難の業です。そこで，この講座を受講している仲間（peer：ピア）の力が学びをよりよいものにするという学習科学の知見に着眼し，日々の探究のプロセスをオンライン上で記録に残し，互いにフィードバックをできるようにするために Google スプレッドシート を活用しています。これを筆者たちは「みんなの記録」と呼んで使っています（以下でもそう呼びます）。まず，教員が次の3ステップでスプレッドシートを準備します。

① スプレッドシートで新しいブックを立ち上げ，ブック名を「みんなの記録」に変更する。

② 記入項目（「日付」「やったこと」「思ったこと・考えたこと・気づいたこと」「今後やろうと思っていること」等）を明記した記入例のシートをつくる（**図57-2**）。

③ ②のシートをコピーし，シートごとに個人名を付ける。

(3) 探究のプロセスを共有し始める

使い慣れていくと，生徒は自分の使いやすいようにシートを少しずつ編集していきます。例えば，**図57-2**のF列以降の欄に，「ソース」「キーワード」「例」「実際にできそうなこと」「関連テーマ」「思考のメモ」「著書」「困っていること」という項目などをつくり，自分なりにアレンジを加えていっていました。オンライン上ではいつでも編集できるため，書き溜めていく中で新たに項目をつくったり，行や列の幅を編集したりすることができます。違和感があれば，その場で元に戻すこともできるので，試行錯誤するハードルが低い，というのもオンラインツールの魅力です。発展的な使い方の一つとして，**図57-3**のように，自分の Google ドライブ で管理しているドキュメントやスライドのリンクを貼るような生徒もいます。みんなで同じことを，同じペー

	A	B	C	D	E
1		**日付**	**やったこと**	**思ったこと・考えたこと・気づいたこと**	**今後やろうと思っていること**
2	例	4/30	脱学校の社会の第三章を読んだ	文章が難しかった。学校のあり方，その存在意義を考えさせられた。日本の学校の授業はいつから今のような形なのか知りたいと思った。	課題のスライドを作る，読んで考えたことを整理する
3					
4					

図57-2 「みんなの記録」の記入例

| 5/8〜13 | 「はじめての構造主義」第1章と第2章を読んだ | https://docs.google.com/document/d/13gp3VBdUc0pp5LGQAXXSt4jymA8HaTvR88ON8OAcxjk/edit?usp=sharing | 面白い！やっぱり自分はアフリカという地域に興味があるのではなくて，「クラ交換」みたいに，一見なんでわざわざそんなことをする必要があるかはわからないけど，民族の関わりを保つため（？）の文化や儀礼を持つ社会に興味があるのだと思う。アフリカも，なんで7とか8の言語を使い分ける必要があるんだろう，という疑問から始まって，いろんなことを発見できている。この本で取り上げられた「クラ交換」もきっといろんな必要性に応じて生まれたのだろう。この本で読んで感じたのは，確かに交換は「人を巻き込む」力がある。交換すること自体に価値があると人が信じられたら，それをきっかけに「交換」は複数の民族を繋ぐ力にもなる。これまでリサーチしてきたピグミーの人々は，「儀礼」を通して農耕民族と関わっている，というよりは，肉を提供する代わりに農作物をお返しにもらう，という「Out of necessity」の共生の関係のように見えた。だから，一見必要もないように見える儀礼が重要な役割を持っているニューギニアの例は面白かった。 |

図57-3 Google ドキュメント に書いた読書メモのリンクが貼られているシートの例

スで学んでいると，クラスメイトとの比較がどうしても気になりますが，個人で異なるテーマを異なるペースで探究しているため，学びの記録をオープンにしやすいことも後押ししていると感じています。

このように，1人1枚のスプレッドシートをもつことで，スプレッドシート内の自分のシートに「所有感」が生まれるのは興味深いと感じます。GIGAスクール構想で配布される一人一台の端末は，学校単位で見ると全て同じ機種・外見だと想定されますが，生徒が「自分の端末はコレ！」と思えるかどうかがICTの活用を進めていくためのヒントになるかもしれません。考えてみると，学校で生徒たちが使うノートも，生徒たちは自分の好きな装丁のノートを使ったり，デコレーションを施したりするなど思い思いに自分のものにしていっていますよね。この「所有感」を一見無機質に見えるICT端末やクラウド上でもつくれるか，という問いは，教科を問わず考えるべき問いではないかと感じました。

⑷ 探究のプロセスの共有が活発になる

スプレッドシートを使う最大のメリットだと感じているのは，一覧性が高く，手軽に共有できる，という点です。個人的な記録を書き残すだけでなく，一つのスプレッドシートに人数分のシートが入っているため，「みんなの記録」一つで，互いの記録を閲覧したり，コメントをしたりすることができ，教師も含めて履修者が相互に刺激を与え合うことが期待できます。一例として，図57-4は，教育に関して探究を進める生徒の記録です。コメントが付いたセルの右上には黄色の三角のマークが表示されるため，どのセルにコメントが付いているかも一目で分かります。1人目の生徒が付けたコメントに，別の

生徒たちも返信を加えて会話が行われていることが分かります。

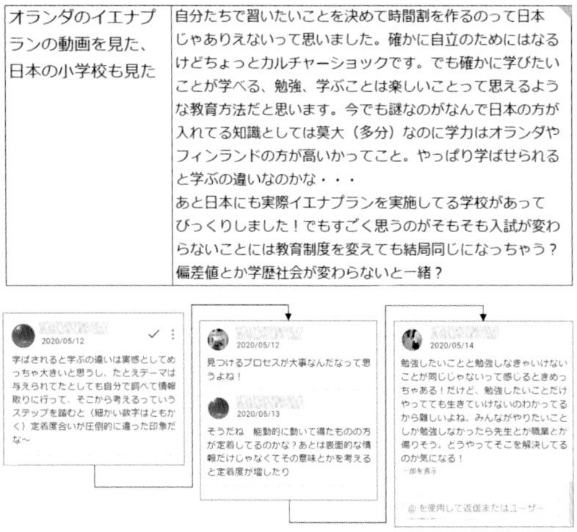

フィードバックが多く得られることで気付きがもたらされ，探究を前に進めるヒントが得られた経験は，「みんなの記録」を活用した生徒の全員が実感した効果でもあるといえるでしょう。例えば，ある生徒の記録を読んで，勧めたいウェブ上の記事がある場合，その記録が記されたセルを選択し，コメントを挿入し，コメント内に勧めたい記事のURLを貼り付けるだけで簡単に情報共有をすることができます。紙媒体で記録や振り返り用紙を提出させた場合，ウェブ上の資料を紹介することが難しいのは言うまでもありません。新学習指導要領下で求められる形成的評価の充実も，このようにオンラインツールを取り入れることで教師の負担を軽減しながら行うことが可能になると考えます。

⑸ 探究のプロセスの共有が便利にできる

また，コメントに返信を付ければ，最初にコメントをした人に自分への返信があることを知らせるGmail上の通知が来ることも便利に感じています。この Gmail との連動が優れている点は，スプレッドシートを開かずとも，Gmail での通知メールを開くと，Gmail 内で当該コメントの履歴が確認でき，返信もその中で完了する点です。図57-5は実際に筆者に届いたメールでの通知です。ある生徒の記録に対し，筆者がコメントし，それに別の生徒が返信を加えた際に，その前にコメントしていた筆者に通知がメールで来た，というわけです。そして，最下部のコメント欄に文字を打ち込み，「返信」ボタンを押せば，スプレッドシートを開くことなく Gmail 上で返信が完了します。

更に，「みんなの記録」のコメント内でタグを付けることも可能です。タグを付ければ，そのコメントを読んでほしい全ての人に通知が届くので，シート上でもメールのようなやり取りが可能になります。

図57-4　教育に関して探究を進める生徒の記録（セル右上には黄色の三角のマーク）と寄せられたコメント

図57-5　コメントへの返信通知（Gmail）

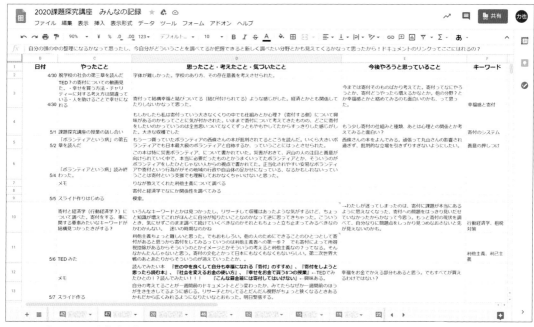

図57-6 「みんなの記録」全体像

実際の「みんなの記録」は**図57-6**のように画面上で表示され，生徒の学びの記録が一覧性の高い状態で残されていることが分かります。**図57-6**の生徒の個人名は伏せていますが，一人一人のシートの頭に表示されている数字は，セルに付けられたコメント数で，基本的には自分以外の誰かがコメントを付けてくれたというサインになります。コメント数が自分のシートの頭に記されているため，新しいコメントが付けば，ブックを開いたときにその数字が増えていることが分かります。

⑥　GIGAスクール構想で更なる活用に期待

図57-7の折れ線グラフは，「みんなの記録」に付けられたコメント総数の推移です。新型コロナウイルスの感染拡大によって2020年4月末に始めたこの取組は，完全オンライン期間であった4〜5月により頻繁に活用されていたことが分かります。学校での対話がなくなったために，互いの取組を共有したり，悩みを相談したりする場所がないという状況から生まれた「みんなの記録」が，探究のプラットフォームとなっていたことが読み取れます。

逆に，学校での対面授業が再開した6月初旬以降はコメント数の伸びが鈍化しています。その理由として，筆者の勤務校でもPC端末の活用が十分に進んでいるとは言えず，生徒のスマートフォンの活用にとどまっており，スマートフォンではスプレッドシートの表示や記入に限界があったからだ，と考えています。しかし，今後一人一台の端末が普及した際には，PCでの学習がより標準化していくことで，このような学びの共有だけでなく，スプレッドシートの様々な活用法が生まれるだろうと期待しています。

⑦　「みんなの記録」が探究学習に与える影響

スプレッドシートの特徴と機能がもたらす肯定的な影響を述べてきましたが，記録を残すことの意義も強く感じてきました。年度当初からの記録を見返すことで自分の探究の履歴を確認でき，メタ認知を促す点は何よりも特筆すべき長所です。「みんなの記録」は，計画どおりにいかず，一直線に進まない自己調整型の探究学習を支えるための貴重な材料になっています。思考や葛藤を記録する習慣が付き，それらがつながって自分の探究の中核となるキーワードが見えてくる，ということも何度もありました。とはいえ，一人で，先の見えない探究の記録を書い

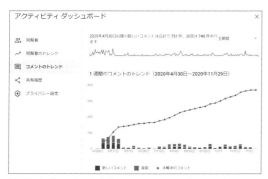

図57-7 「みんなの記録」アクティビティ ダッシュボード

ていくのは，よほど自律的な人間でなければ大人であっても難しいでしょう。しかも，週1回の2単位の授業では，個別にフィードバックを返し，対話をする時間が十分にあるとは言えません。

しかし，「みんなの記録」があることで，教師としても生徒一人一人とのやり取りができている実感をもつことができます。そして何より，生徒同士が刺激を与え合い，クラスとしての成長にもつながっていると感じます。具体的には，①「みんなの記録」でやり取りが行われることで，②主体的に学びに向かい続ける意欲が下支えされ，③他のクラスメイトや教師にも開かれた探究になっていき，④より深いやり取りを行う関係性が生まれる，というよいスパイラルが生まれたと認識しています。

この流れについて，生徒の言葉を借りれば，
「自分のシートを誰かが見てくれてコメントしてもらえるのが嬉しくて楽しみだった」
「今振り返ると自分がこんなことやってたんだ，と励みになる。皆からの刺激をもらえる」
など，「一人でもがいているわけではない」という気持ちにさせてくれる効果があることを，生徒は口々にしています。

また，ある生徒は，「『みんなの記録』で皆の探究のプロセスや葛藤が見えたから，その裏側を知っているので，成果発表もただ成果だけを聴いている人とは違う気持ちで参加できた」と発表会の感想を述べていました。自分の興味・関心をとことん追究する探究学習には，明確な方法論が存在しません。それゆえ，葛藤やもがきがつきものです。しかし，そうした葛藤やもがきが「みんなの記録」を通して共有され，開かれた探究になっていったことが，探究の深まりを生んだのだと思います。このようなプロセスを継続した結果，クラス自体が，クラスメイトの苦い思いをも受け止め合うコミュニティに少しずつ成長していったと感じます。つまり，「みんなの記録」が，探究の共同体を育てていたのです。

教師の立場でも，従来は十分に見取ることの難しかった学びの「プロセス」を丁寧に見ることで，生徒主体の探究をより適切に支援するヒントがもらえたような気がしています。結果として，オンライン期間に始めた「みんなの記録」は，対面授業を再開した今でもなくてはならないツールとなっています。

⑧ 今後の課題など

探究者として必要なオープンマインドと成長マインドセットを具現化するためにも，些細なことでもできるだけ「みんなの記録」に記してほしいと呼び

かけながら実践してきました。とはいえ，呼びかけるだけでは難しいので，筆者を含む担当教員3名も「みんなの記録」内にシートをつくり，自分の興味・関心だけでなく，日々の読書記録や授業の振り返り等を記し，生徒と同じ目線に立とうと努力しています。

しかし，こうした試みが逆効果になる場合もあります。「みんなの記録」のコメント数が探究の進捗をそのまま表すようでプレッシャーに感じられたり，自分の記録を他者と共有することにためらいを覚えたりするケースです。「みんなの記録」を読むことが，逆に探究が思うように進まない生徒の気後れにつながり，探究の意欲を低下させることもあります。この改善策としては，探究の序盤に基礎的な使い方を継続させ，自分で自分の記録を付けることや，クラスメイトの記録にコメントを付けることなど，スモールステップで「みんなの記録」を活用する学習方略の定着を目指すことが挙げられます。そのような習慣が付いて初めて，より積極的な使用をしているクラスメイトから学ぼうという意欲につながるのかもしれません。

このような改善点もありますが，時に孤独を感じ，先の見えない探究を支援するために，Workspaceの機能はもちろん，特に「みんなの記録」は必要不可欠なツールになっています。引き続き生徒の声を聴きながら日々改善することで，「学習者中心の学び」を後押ししたいと思っています。

最後に，この「みんなの記録」を考えるヒントになったのは，国語科のリーディング／ライティングワークショップの授業実践でもあります。ご関心のある方は，ナンシー・アトウェル著，小坂敦子，澤田英輔，吉田新一郎編訳（2018）『イン・ザ・ミドル―ナンシー・アトウェルの教室―』三省堂，をぜひご覧ください。

3 プロジェクト学習の準備から実行までを手がけよう

⑴ Workspaceに支えられた「会いたいプロジェクト」

先に紹介した課題探究講座の学びにおいて，生徒個々人が関心を掘り下げていく過程で，大きく影響を与える人物が現れるケースがあります。その影響を与えた人物をゲストとして学校に招き，体育館など大人数が一堂に会する場で対話をするというプロジェクトが例年見られます。校内では「会いたいプロジェクト」と呼ばれ，通称「会いプロ」として実

表57-1　会いプロで使用したWorkspace等の機能とその用途一覧

使用した機能	用途
Google ドキュメント	ゲストへの依頼メール文面作成と確認，企画書の作成
Google スプレッドシート	準備期間のTo Doリスト，当日のタイムスケジュール，備品リスト
Google スライド	当日の進行用スライド
Google フォーム	参加申し込みフォーム，質問募集フォーム
Gmail	参加者へのリマインド，質問募集フォーム送信，事後アンケート送信，ゲストとのやり取り等を含む事務連絡全般
※Zoom（Google Meet でも可）	ゲストとの事前打合せ

施されてきました。

　2020年度のコロナ禍における会いプロは，これまでにない準備や対策を必要としたため困難が予想されました。しかし，休校によるオンライン期間で培った経験を生かし，準備段階からWorkspaceの機能を活用した結果，むしろ例年以上にスムーズに運営することができました。**表57-1**に具体的に使用したWorkspaceの機能と用途をまとめています。

　このように列挙して振り返って思うことは，決して特別な使い方はしていない，ということです。大学生・社会人になれば，どれもそのような使い方をするであろう機能と用途であり，筆者の勤務校の生徒特有の，あるいは高校生に特有の用途で使っていたわけではありません。しかし，これらの「一見地味に見えるけれど，生徒や教師がこまめに目線合わせができること」や「学校で生徒を呼び出さなくても状況の把握ができること」はプロジェクトのスムーズな進行に大きく貢献したと感じています。実際に使用したTo Doリスト，タイムテーブルの詳細が**図57-8，9**です。

　生徒たちが情報を共有しながら目線を合わせて進めることで，当日補助をする生徒にも準備に必要なことが共有され，自発的な動きにつながっていまし

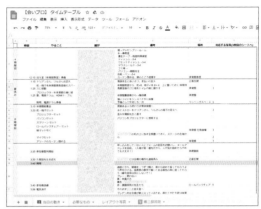

図57-9　タイムテーブルの詳細

た。**図57-8**では疑問点にコメントを付け，生徒同士でやり取りする様子が見られます。オンラインでも重要な話が進み，対面での時間をより有意義に使うことができました。

⑵　生徒の力を引き出すWorkspace

　教師が行ったことは多くないのですが，重要だったのは，To Doリストを生徒と一緒に作成し，操作方法や使い方，メリットなどを簡単に説明したことです。メリットを理解して手を動かせば，生徒たちは試行錯誤しながら，オンライン上での協働にも慣れていきます。その結果，生徒たちで疑問点を解消し，不明点を早い段階で教師に確認しに来る姿が目立ち，安心して当日を迎えられました。このようなWorkspaceの使い方は，「生徒主体」という点で探究学習にとどまらず，今後の学校行事を考える上でも示唆的です。一人一台の端末とWorkspaceの機能が，生徒の主体性を支援し，協働を進めるという利点を今後も生かしたいと思います。

〈鵜飼 力也〉

図57-8　当日の流れを含むTo Doリスト

反転授業を支える Google Classroom の活用
～パフォーマンス評価とカリキュラムづくりの関係性～

この実践紹介では，Google Workspace for Education（旧称 G Suite）を授業でどのように活用するか，という視点はもちろんのこと，学習指導要領の改訂に当たり，生徒の資質・能力の育成を目指すカリキュラム，つまりコンピテンシー・ベースのカリキュラムをどのように実現することができるのか，という視点でも提案したいと思います。

筆者が担当する高校1年生の理科・地学基礎のカリキュラムの中で，ほぼ1年間通して，「反転授業」を実施しました。その際，主に使用したアプリケーションは Google Classroom，Google フォーム，YouTubeなどです。まずは，Workspaceを用いた反転授業の運営の仕方と成功へのちょっとしたポイントをご紹介したいと思います。次に，反転授業の中で，生徒に動画を作成させる課題を設定しました。動画作成の課題などの事例を題材にしながら，パフォーマンス課題と評価，カリキュラムづくりの関係性についても触れたいと思います。

1 反転授業とは～反転授業を行うねらい～

まず，「反転授業」という授業形式について簡単に紹介します。山内・大浦（2014）では，「反転授業（the flipped classroom / the inverted classroom）とは，説明型の講義など基本的な学習を宿題として授業前に行い，個別指導やプロジェクト学習など知識の定着や応用力の育成に必要な学習を授業中に行う教育方法」と表現しています。反転授業の起こりは2000年前後のアメリカで，大学の講義を改善させる取組の中から生まれたもののようです。2010年代に入ると，MOOC（大規模公開オンライン講座）の普及も相まって，対面とオンラインを組み合わせた教育スタイルは高等教育を中心に広がっていきました。日本でも2012年以降，日本の教育関係者の間で反転授業に対する関心が高まり，高等教育や企業内教育を中心に広がりつつあるようです。

筆者が反転授業を実施するに至った問題意識は，わざわざ生徒が教室に40人集まって時間を共にする必要がある授業って何だろう？　という点でした。奇しくも，2020年に爆発的に流行した新型コロナウイルス感染症に伴う休校措置で，日本中の教師や生徒が考えたことではないでしょうか。図58-1には，生徒たちへ説明する際に用いた反転授業の模式図を示しました。学校では「深い学び」を目指すと宣言して，反転授業に取り組んでいます。現在，できるだけ多くの観察・実験や話合い，生徒が積極的に動く場面を対面の授業では設定しています（学校でも講義の授業は当然ありますが……）。

また，反転授業を実施するに当たって，生徒が予習にきちんと取り組んでくれるかは心配な面がありました。しかし，教師がいつも手取り足取りする一斉授業では，計画的に，自主的・意欲的に学んでくれる生徒は育成できないなと腹を括りました。「遮二無二分かりやすい授業だけを目指す教師」と「いつも受け身で言われたことだけをする生徒」の「共依存関係」から抜け出すことを目標に，生徒を信じて，Workspaceなどをフルに活用し，年間を通しての反転授業に取り組むことを決めました。

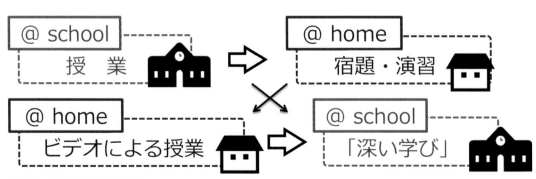

図58-1　反転授業の基本的な考え方

2　反転授業の基本的な流れと成功へのポイント

(1)　予習

　本カリキュラムにおける反転授業では，授業前にYouTube上に限定公開された動画（**図58-2**）を視聴して授業に臨むというのが基本的なルールです。予習を行うために，動画内で説明に使っているパワーポイント（PDF形式），対応するワークシート（PDF形式），YouTubeのURLはClassroomを通して生徒と共有しています（**図58-3**）。また，印刷したワークシートも生徒には事前に配付しています。ですから，生徒たちは家庭にてYouTube上の動画を見ながら，パワーポイントの資料をそばに置いてワークシートに取り組むのです。できる限り生徒が予習しやすい条件を整えたつもりです。更に動画視聴後には，その内容に関してのフォームを用いた視聴アンケートに答えることになっています（**図58-4**）。視聴アンケートの内容は，ごく簡単な小テスト，理解度についてのアンケート，予習のタイミングについてのアンケート（授業前に予習をできたかどうかの確認），質問などの自由記述（**図58-5**），の四つの項目のみで5分もかからずにできるものです。

(2)　授業

　毎回の授業の冒頭では，フォームの視聴アンケートに寄せられた生徒からの質問に答えることから授業を始めています。たくさん寄せられる質問の中から数件の質問に答えるだけなのですが，少しでも予習を踏まえた授業であることを生徒に意識させるためです。Workspaceを用いた具体的な授業実践については「4　Workspaceを活用したパフォーマンス課題の例」にて後述します。

(3)　反転授業の成功のポイント

　上記のような反転授業を成功させるポイントを3点，紹介したいと思います。

　まず，生徒も教師も持続可能な仕組みをつくること，が挙げられます。生徒も教師も無理をし過ぎると，継続できずに，そもそもの反転授業の目標が達成できなくなってしまいます。具体的には，動画を長くとも15分に抑えるようにしました。これは生徒の予習の負担を大きくし過ぎないための配慮です。また，動画作成に当たっては，教師が凝り過ぎないように心がけました。日頃から授業で使っているパワーポイントをそのまま活用し，校内にあった電子黒板BIG PADに映して，それを解説した動画を編集なしで投稿しています。今では撮影にも慣れ，撮り直しもほとんど行いません。これならば，空いている時間にパッと撮影・投稿が可能なのです。

　次に，生徒の声を時々聞き，予習状況を把握して，生徒の要望を取り入れること，をお勧めします。例

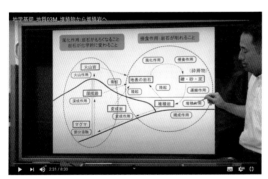

図58-2　YouTubeでの動画視聴

図58-3　Classroomでの資料共有

図58-4　フォームでの視聴アンケート

図58-5　アンケートに寄せられた質問

えば，動画は**図58-2**のように筆者自身が説明している姿も動画に映っています。パワーポイントに音声を吹き込んで動画を作成することもできるのですが，生徒が授業を受けているような気になりやすい，という生徒の声を受けて，このようなスタイルになりました。また，Workspaceは時々にシステムがアップデートされるので，そのたびに問題が発生していないのか，生徒に直接確認しています。

最後に，対面の授業部分の充実を図ること，が反転授業における最も重要なポイントでしょう。基本的な知識は動画を通して教えているわけで，対面の授業が充実しなければ生徒の負担が増えるばかりで，生徒のモチベーションも続かないことでしょう。「けっきょく，授業で何がしたいの？」という，授業者のカリキュラム・デザイン力が問われるのです。どうしても話し過ぎてしまう教師が占有していた授業中の時間を，生徒が活動するために「時間を返す」という意識で，カリキュラムをつくるように心がけています。

また，授業時間が慢性的に足りない高校教育の場では，反転授業が「授業時間を増やすための装置」として利用される危険性もあります。うまくいけば授業進度を上げることも可能かもしれませんが，生徒を潰してしまう可能性も高いでしょう。まさに「パンドラの箱」です。「生徒への負荷」と「教師のやりたいこと」とのバランスは常に意識しなければなりません。

3 Classroomを用いた授業運営
～評価とカリキュラムづくりの関連性～

基本的に本カリキュラムの反転授業の運営は，Classroomを通して行っています。情報や資料を生徒と共有する，課題を生徒に配付する，評価基準（ルーブリック）を生徒に示す，課題を教師に提出する，評価を生徒に返却する，これらの全ての作業をClassroom上で行っています。その中で最も大切にしたい点が，「評価基準（ルーブリック）を示す」（**図58-6**）と「評価を返却する」（**図58-7**）の評価に関わる2項目です。

Classroomでのルーブリックの作成方法に関しては，「共通操作編」を参考にしていただくとして，ここではどのようにルーブリックを活用すれば，資質・能力の育成に寄与できるのかについてお話ししましょう。具体的なポイントは，「ルーブリックを再利用」という機能を使うことです。つまり，課題ごとにいくつものルーブリックを別々に作成するので

図58-6 Classroomでのルーブリックの設定

図58-7 生徒への評価・コメントの返却

はなく，課題を変えながら何度も同じルーブリック（評価基準）で評価するカリキュラムをつくるということが大切なのです。

地学基礎のカリキュラムを例にすると，「論理的な思考」や「客観的・論理的な文章表現」は様々な課題で評価する場面を設定しています。その際，同じルーブリックを何度も使うことで，「このようなことをできるようになってほしい」「このような資質・能力を身に付けてほしい」というメッセージを教師から生徒へ向けて発信することができるのです。また，カリキュラムを通して，「論理的な思考」や「客観的・論理的な文章表現」を身に付けるための練習をしているのだという意識を，教師・生徒共にもちやすくなるのです。

Classroomでの評価の返却については，ルーブリックの採点結果と簡単なコメントを個別に返却しています（**図58-7**）。コメント入力に当たっては「コメントバンク」という機能が便利です。コメントとしてよく使用する文面をバンクに追加して，それを貼り付けてコメントを作成することもできます。課題の大きさに比例して，コメントの量は調整する

とよいように感じます。簡単な課題であれば，コメントは最小限にして素早く返すことが重要です。課題の返却が滞ると，フィードバックの効果は半減してしまうと感じています。筆者自身もこの点が何より課題であり，返却が遅くなってしまうことを反省しています。

4 Workspaceを活用した パフォーマンス課題の例

ClassroomをはじめとしたWorkspaceのアプリケーションを用いることで様々な形でのパフォーマンス課題（生徒の資質・能力の変容を表出させるための課題）を実施することが可能になりました。Workspaceの様々なアプリケーションに加えて，動画ファイル，画像ファイル，Officeのファイル，PDFファイルなどを添付して，Classroomを通して提出・管理させることができるためです。ここでは，地学基礎のカリキュラムの中で実施したパフォーマンス課題の中から，特に教科・科目を越えて活用できそうなものを紹介したいと思います。

(1) 動画を作成する課題

「火成活動」の単元の「結晶分化作用（マグマが多様化するプロセス）」で実施したパフォーマンス課題です。授業では，教師から「結晶化する鉱物の順番に焦点を当てて結晶分化作用」について説明を行いました。それ以前に学習した「鉱物と化学成分の関係性」の内容を踏まえて，生徒には「化学成分に焦点を当てて結晶分化作用」を説明する動画を作成させました。ホワイトボードに化学成分を表した複数色のマグネットを貼り，それらを動かしたり，簡単な言葉や図を書いたりして結晶分化作用を説明し，その様子をスマートフォンなどで撮影させました（**図58-8**）。生徒に真剣に考えさせる課題をつくるポイントは，教師の説明の再生にならないように，ちょっと違った文脈での説明を生徒に強いることです。また，2分以内（短い時間）の動画にする，という条件を付けることも大切です。生徒が自分の説明を吟味することになりますし，評価の際の教師の負担を小さくするためでもあります。

他の教科・科目の授業においても，何か現象に対する理解の度合いを，何らかの方法で説明させる動画を作成させて提出させれば，パフォーマンス課題として有効なのではないでしょうか。パワーポイントを用いて説明する形（**図58-9**）でも，紙を用いて説明する形でも，大勢の前でプレゼンテーションする形でもいいでしょう。学校や教室の状況に応じ

図58-8 現象をホワイトボードで説明する動画

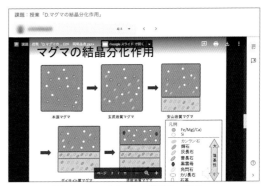

図58-9 現象をパワーポイントで説明する動画

て説明するスタイルは様々です。

更に，このパフォーマンス課題のよいところは，グループワークで一つの資料をつくり，それを共有させたとしても，説明を個別に撮影させて，動画をそれぞれに提出させれば，生徒個人の理解の度合いを別々に評価することができるところです。抽象度の高い課題であればあるほど，同じ資料を使ったとしても生徒間の理解の度合いが説明の違いとしてはっきりと現れてきます。

(2) 文章にまとめる課題

「地層の観察」の単元の「堆積物（砂）の観察」で実施したパフォーマンス課題です。授業では，「海岸の砂」と「砂漠の砂」を双眼実体顕微鏡で観察しました。それを踏まえて，2種類の砂はそれぞれどのような特徴をもつか，またそのような特徴からそれぞれ何が言えるか（両者の違いはどのように生じるか）を240字程度で説明せよ，という課題です。観察後，生徒たちはワークシートに両者の違いを比較するようにメモをし，その内容を基にフォームの入力シート（**図58-10**）に文章をまとめて提出しました。

他の教科・科目の授業においても，ある現象について文章に表現する機会は設定しやすいことでしょう。地学基礎での実践のようにシンプルにフォーム

反転授業を支えるGoogle Classroomの活用 ～パフォーマンス評価とカリキュラムづくりの関係性～

図58-10　フォームでの文章の入力

図58-11　反転授業の資料の共有

図58-12　授業における課題や解説の共有

のシートに入力させることもできますが，Google スプレッドシート で共同編集をしながら入力すれば，他者の入力状況を見ながら入力できるので，学び合いながら文章をつくっていくことも可能です。

5　反転授業を成立させるプラットフォームとしてのClassroom

　ここまでに示してきたような反転授業を実現させるためのプラットフォームとして，Classroomの存在は大変大きいと感じています。様々な生徒と教師間のやり取りを一つに集約することができるからです。特に「授業」というページは便利で，反転授業関連の「資料」（**図58-11**）や，授業での「課題」（**図58-12**）を項目ごとに自由に整理することができて，見やすいつくりになっています。

　最後に，実際に反転授業を受けた生徒を対象に実施したアンケートの結果から，Workspaceを活用したカリキュラムづくりについて成果と課題を明らかにしたいと思います。**図58-13-1**は「反転授業についてどのように感じていますか？」，**図58-13-2**は「動画で事象を説明する課題についてどのように感じていますか？」という問いに対する回答結果です。

　まず，**図58-13-1**より反転授業について8割の生徒が好意的に捉えていることが分かりました。**図58-13-1**にて好意的に捉えている生徒を対象に，その理由を自由記述で書いてもらったところ，以下のように様々な観点での意見をもらうことができました。生徒たちは日頃から動画を視聴することに慣れていて，予備校や個人が作成した講義の動画は溢れるように存在しています。反転授業形式の塾もあると聞きます。生徒たちにはこのような形式での授業に対するアレルギーはほとんど見られないようです。

　動画コンテンツのメリットに関する記述
「何度も見返したり，自分のタイミングで動画を見たりすることができるため，予習にも復習にも便利である」
「わからなかったことは巻き戻して確認できて，図表を見たり検索したりしながら自分のペースで進められるから」
「反転授業で基礎的な知識をおさえ，学校の授業ではその復習と発展ができ効率的だから」
「基本事項を自分のペースで確認できる」
　反転授業に伴う授業改善に関わる記述
「授業で考える時間や作業の時間をたっぷり取ることにつながるから」
「予習をすることで，授業内容が当日体にすんなりと入るから」
　自主的な学習に関わる記述
「授業を受けるにあたって必要とされている基礎知識で自分に足りないものをあらかじめ補えるから」
「家で勉強する機会が増えるから」
「授業後も必要に応じて，自主的に確認できるから」

　それに対して，**図58-13-1**にて好意的に捉えていない生徒を対象に，その理由を自由記述で書いてもらいました。すると，その多くは予習に対する負担が増えることへの記載でした。

授業実践編

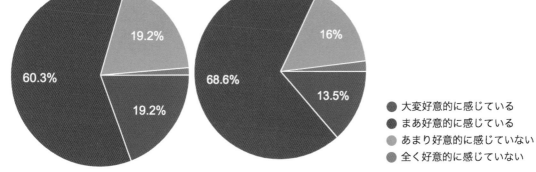

図58-13-1（左）　生徒への意識調査への回答：「反転授業についてどのように感じていますか？」
図58-13-2（右）　生徒への意識調査への回答：「動画で事象を説明する課題についてどのように感じていますか？」

予習に対する負担に関わる記述
「予習の時間を確保しなければならないから」
「動画を見るのが面倒くさいから。動画を見るのを忘れてしまう」

次に、**図58-13-2**より動画を作成する課題について8割強の生徒が好意的に捉えていることが分かりました。好意的に捉えている理由を書いてもらったところ、以下の二つの観点に集中し、授業や課題の意図がうまく達成できているといえます。
現象に対する理解が深まることに関する記述
「自分で説明してみると、わかっていなかったところが浮き彫りになると感じたから」
「自分の中で整理できていなかったことが、言葉にしようとすることで整理でき、理解が深まるから」
資質・能力の育成に関する記述
「自分がどの位理解しているか、自分自身で説明をすることで知ることが出来た。他の人に分かりやすく伝えるスキルも大切だと思う」
「言語化することで新たな気づきも得ることができた」
「他の人に分かりやすく伝えるスキルも大切だと思う」

同様に、好意的に捉えていない理由を自由記述で書いてもらいました。考えを表現する重要性が伝わ

っていない面が見られたり、分かりやすい授業を求められたり、今後につながる課題も見られました。
考えを表現する重要性に関わる記述
「いざとなると説明したかったことが緊張で飛んでうまく説明できないし、自分自身の中で理解していれば良いのではと思う」
分かりやすい授業に関わる記述
「事象の仕組みは場合によってはわかりにくく混乱しやすいものであるため、できれば授業中生徒の反応を見ながら説明してほしい」

以上のように、Workspaceを日常的に活用して反転授業を実施することを通して、対面での授業の価値を引き上げることができたと感じています。この実践を見ていただければ、どのようにICTを活用するのかという視点よりも、主体的に生徒に学んでもらうためにはどうすればよいのかという視点のほうが、授業づくりには大切なことが分かってもらえるのではないでしょうか。引き続き、授業の中でWorkspaceをフル活用しながら、魅力的なカリキュラムづくりに取り組んでいきたいと考えています。

〔参考文献〕
・山内祐平，大浦弘樹（2014）「序文」，ジョナサン・バーグマン，アーロン・サムズ著，山内祐平，大浦弘樹序文・監修，上原裕美子訳『反転授業』オデッセイコミュニケーションズ，pp.3-12

〈齋藤　洋輔〉

執筆者一覧

【編著】

高橋　純（たかはし　じゅん）
東京学芸大学教育学部准教授
独立行政法人教職員支援機構客員フェロー（2020年〜）

1972年神奈川県生まれ。横浜国立大学大学院教育学研究科修士課程修了，富山大学大学院理工学研究科博士後期課程修了。博士（工学）。富山大学人間発達科学部准教授等を経て，現職
中央教育審議会臨時委員（初等中等教育分科会，2019年〜），文部科学省「教育の情報化に関する手引」作成検討会委員（2019年），文部科学省「学校業務改善アドバイザー」（2017〜2020年），文部科学省「教育データの利活用に関する有識者会議」委員（2020年）等を歴任。第17回日本教育工学会研究奨励賞受賞。日本教育工学会理事，日本教育工学会副会長
著書に，『広島市立藤の木小学校　未来の学びへの挑戦Ⅱ 「鍛えて発揮する」』（監修，教育同人社，2018年），『これが知りたかった！　すぐにできるプログラミング授業実践　小学校理科』（共編著，東洋館出版社，2019年），『教育方法とカリキュラム・マネジメント』（編著，学文社，2019年）他

【執筆】（執筆順。所属等は2021年1月現在）

高橋　純（上掲）　はじめに，理論編01〜03，06

大村龍太郎（東京学芸大学講師）　理論編04，05

水谷　年孝（愛知県 春日井市立高森台中学校校長）　理論編07

菅野　光明（北海道 札幌市立稲穂小学校校長）　理論編08

村上　唯斗（東京学芸大学大学院2年）　共通操作編09〜23

登本　洋子（桐蔭学園中等教育学校・高等学校教諭）　共通操作編24〜29，授業実践編56

石原　浩一（愛知県 春日井市立松原小学校教諭）　アプリ活用編30〜32

久川　慶貴（愛知県 春日井市立藤山台小学校教諭）　アプリ活用編33〜35，授業実践編52

井村亜紀子（愛知県 春日井市立高森台中学校教頭）　アプリ活用編36〜38

小川　晋（愛知県 春日井市立高森台中学校教諭）　アプリ活用編36〜38

長縄　正芳（愛知県 春日井市立高森台中学校教諭）　アプリ活用編36〜38

内村　昌史（埼玉県 川口市立芝西中学校教諭）　アプリ活用編39〜41

仲渡　隆真（愛知県 春日井市立出川小学校教頭）　アプリ活用編42〜44

望月　覚子（愛知県 春日井市立出川小学校教諭）　アプリ活用編42〜44，授業実践編51

久保田　淳（宮城県仙台二華中学校・高等学校教諭）　アプリ活用編45〜47

大西　琢也（東京学芸大学附属小金井中学校教諭）　アプリ活用編48〜50，授業実践編55

五十嵐俊子（東京都 町田市立町田第五小学校校長）　授業実践編53

余語　亮（東京都 町田市立町田第五小学校主幹教諭）　授業実践編53

西田　智晴（東京都 町田市立町田第五小学校教諭）　授業実践編53

長野　健吉（京都教育大学附属桃山小学校教諭）　授業実践編54

鵜飼　力也（国際基督教大学高等学校教諭）　授業実践編57

齋藤　洋輔（東京学芸大学附属高等学校教諭）　授業実践編58

【協力】

Google for Education

はじめての授業のデジタルトランスフォーメーション

～ Chromebook と Google Workspace for Education を活用した授業改善～

2021（令和3）年3月28日　初版第1刷発行
2021（令和3）年6月 1 日　初版第3刷発行

編著者：高橋　純
発行者：錦織　圭之介
発行所：株式会社東洋館出版社
　　　　〒113-0021　東京都文京区本駒込5丁目16番7号
　　　　営業部　電話03-3823-9206　FAX03-3823-9208
　　　　編集部　電話03-3823-9207　FAX03-3823-9209
　　　　振替　00180-7-96823
　　　　URL　http://www.toyokan.co.jp

組版・デザイン：株式会社明昌堂
印刷・製本：図書印刷株式会社

ISBN978-4-491-04343-2
Printed in Japan